U0115556

话说 内蒙古

乌兰察布市

丰镇市

史慧芳 ◎ 主编

内蒙古人民出版社

图书在版编目 (CIP) 数据

话说内蒙古·丰镇市 / 史慧芳主编． -- 呼和浩特：
内蒙古人民出版社，2017.9
　ISBN 978-7-204-14972-8

　Ⅰ．①话… Ⅱ．①史… Ⅲ．①丰镇－概况 Ⅳ．
① K922.6

中国版本图书馆 CIP 数据核字 (2017) 第 228316 号

话说内蒙古·丰镇市

HUASHUO NEIMENGGU FENGZHENSHI

丛书策划	吉日木图　郭　刚
策划编辑	田建群　张　钧　南　丁　王　瑶　贾大明
本册主编	史慧芳
责任编辑	李月琪　张　钧
责任监印	王丽燕
封面设计	南　丁
版式设计	安立新
丛书名题字	马继武
蒙古文题字	哈斯毕力格
出版发行	内蒙古人民出版社
地　　址	呼和浩特市新城区中山东路 8 号波士名人国际 B 座 5 楼
印　　刷	内蒙古恩科赛美好印刷有限公司
开　　本	710mm×1000mm　1/16
印　　张	17.75
字　　数	285 千
版　　次	2017 年 12 月第 1 版
印　　次	2017 年 12 月第 1 次印刷
印　　数	1—4000 册
书　　号	ISBN 978-7-204-14972-8
定　　价	66.00 元

图书营销部联系电话：(0471) 3946267 3946269
如发现印装质量问题，请与我社联系。联系电话：(0471) 3946120 3946124
网址：http://www.impph.com

《话说内蒙古·丰镇市》
编撰委员会

主　　任：曹思阳　　王志勇
副主任：曹彦林　　杨季春　　张文广

《话说内蒙古·丰镇市》
编写组

主　　审：杨季春
主　　编：史慧芳
撰稿人员：赵琦娟　　赵国栋　　乔世卿　　程建军
　　　　　高雁兵　　姚　娜
资料提供：张　勇　　杨名声　　王福堂
图片提供：周军平　　赵　柯

总　序

　　内蒙古自治区是我国第一个省级少数民族自治地区。全区辖9个地级市、3个盟、2个计划单列市，下辖52个旗（其中包括鄂伦春、鄂温克、莫力达瓦达斡尔3个少数民族自治旗）、17个县、11个盟（市）辖县级市、23个市辖区，共103个旗、县、市辖区。首府呼和浩特市。

　　内蒙古东西直线距离2400千米，南北跨度1700千米，土地总面积118.3万平方千米。广袤的土地蕴含着丰富的自然资源：从东到西的森林、草原、沙漠等地形地貌是天然独特的旅游资源；丰富的煤、铅、锌、稀土等矿产资源和风力、太阳能等清洁能源，为煤化工产业、有色金属产业、清洁能源产业的发展提供了支撑。地跨"三北"（东北、华北、西北），毗邻八个省区，与俄罗斯、蒙古国接壤，国境线长达4200千米，是我国向北开放的重要桥头堡和充满活力的沿边经济带的天然区位优势。气候适宜、土壤优质、草类茂盛、水源充足等优势，使农牧业的现代化建设不断走向深入。

　　这是一方丰饶的沃土，是我国北方少数民族世代生息繁衍的福地。它孕育了游牧文明，也是农耕文明与游牧文明的碰撞融合地带，在这里，不同文化相互碰撞、熠熠生辉，共同谱写了中华文明的恢弘乐章。这片土地上孕育出的仰韶文化、红山文化是中华史前文化的一部分，战国时期赵武灵王着胡服、学骑射，两汉与匈奴交往、和亲，两晋南北朝的鲜卑建立了雄踞北方的北魏王朝，隋唐与突厥建立了宗藩关系，契丹民族建立了辽代政权，蒙古民族创立了疆域广阔的大元王朝，明清与鞑靼、瓦剌等民族建立了藩属关系——历史上，北方少数民族或雄踞一方与中原交好，或入主中原，在不断风起云涌中铸就了内蒙古丰富、厚重的历史文化魂魄。进入近现代以后，内蒙古也走在抗敌御侮的前沿，为中华人民共和国的成立做出了巨大贡献。

　　这份丰厚的历史积淀当中，涌现了诸多杰出人物：他们或是一方霸主、统领一域；或是一代天骄，建万世之基；或是贤良能臣，辅助建国大业；或是时势英雄，救人民于水火；或是在各自领域堪称巨擘的名人雅士。这些人有耶律阿保机、成吉思汗、忽必烈、哲别、术赤、耶律楚材、乌兰夫、李裕智、尹湛纳希、玛拉沁夫、纳·赛音朝克图等等。

物华天宝，人杰地灵。广袤的土地除了养育了一代代的草原人，也成就了它丰富的地域文化：马头琴音乐、呼麦、长调等民族音乐，好来宝、二人台、达斡尔族乌钦等曲艺，安代舞、顶碗舞等民族舞蹈，刺绣、剪纸、民族乐器制作、生活用具制作等传统工艺，蒙医药、正骨术等传统医药医术，婚丧嫁娶等独特的礼仪习俗。内蒙古在音乐舞蹈、民间艺术、文学史诗、传统医药、手工技艺、民俗风情等方面都创造了独有的成就。

悠久历史文化滋养下的内蒙古，在党的领导下，迈向新的历史征程。内蒙古自治区成立以来，党和国家一直重视内蒙古的发展，也给予各类政策和经济支持。内蒙古也不负众望，各项事业均取得了令人瞩目的成就：经济保持平稳增长，人民的生活水平不断提高；民主法治得到有效推动；建立了独具特色的民族教育体系，民族教育水平不断提高；民生改善工作成绩斐然；生态文明建设取得较大成就；四通八达的立体交通网，把内蒙古与世界各地拉得更近……

纵观几千年历史，内蒙古在历史的长河中扮演了重要的角色，这不仅源于自然条件的得天独厚，也源于草原儿女的自立自强。虽然这片沃土上的民族大多以口耳相传的方式传承着自己的文化，但是仍有不少历史的碎片撒落在当地的史籍当中，这些史料汇集成册，将成为向世人介绍内蒙古的名片。为此，我们组织全区103个旗县（市区）的有关部门和专家学者，借助各地的丰富史料，把散见于各种资料中的人文历史、民俗文化、民间艺术、壮丽风光、当代风采、支柱产业等等汇编在一起，编纂出一套能够代表内蒙古总体面貌、能够反映时代特色和文化大区风范的大型读物——《话说内蒙古》，以展示我区经济发展、文化繁荣、民族团结、边疆安宁、生态文明、各族人民幸福生活的六大风景线。

一本书浓缩的仅仅是精华中的精华，万不足以穷尽所有旗县（市区）的方方面面。若本书为你敞开一扇了解内蒙古之窗，那么，读万卷书不如行万里路，内蒙古将以最大的热情迎接你：

赛拜侬——

欢迎你到草原来！

序

　　回想昨天，展望明天，时代的发展确实值得我们"厚今"，但也不能"薄古"。在丰镇这片广袤的大地上，先人们用智慧和勤劳，为我们开辟了美好的家园，积淀了丰富的物质财富和独特的文化遗存。如今34万朝气蓬勃的丰川儿女，继承了前人的辉煌，以坚强的斗志和顽强的拼搏精神，为丰镇市创造了车水马龙、高楼林立的繁荣景象。面对沧桑巨变，我们为之振奋，然而当历史的车轮缓缓碾过之后，我们又能给后人留下什么呢？

　　《话说内蒙古·丰镇市》一书，作为我们庆祝内蒙古自治区成立七十周年的礼物，不仅是为了让全区人民了解丰镇、支持丰镇的建设与发展，还为了告诫后人在推动丰镇经济社会跨越发展的同时，不能一味地索取资源，要以史为鉴，为丰镇经济社会实现创新发展、协调发展、绿色发展、开放发展和共享发展创造条件、积累经验，给后人留下更多宝贵的财富。

　　鉴往知未来，探古以兴今。丰镇的历史悠久，文化底蕴深厚。总览全书，只是丰镇历史长河中的一粟，难以反映丰镇的历史全貌，但它从不同角度折射出丰镇悠久的历史、繁华的商贸、厚重的文化、浓郁的乡土风情以及丰镇人民生生不息的战斗精神……

　　古有北魏孝文帝巡旋鸿池、薛刚反唐屯兵地、明嘉靖十八年丰镇境内筑长城等历史往事，这些都为丰镇的历史增添了浓重的一笔；近有胡一新、刘耀宗等革命烈士可歌可泣的英雄故事，再现了血与火的革命斗争场景，展示了老区人民的博大胸怀和奉献精神；长江三峡工程总指挥贺恭，弓德荣、高玉葆、赵进才等一批行业知名人士，更是展现出丰镇人民的智慧与才华，这些都为后人留下了宝贵的精神财富，激励他们为祖国各项事业的发展去拼搏、去创新。

丰镇市的传统文化源远流长，中国历史文化名镇、全国首批传统古村落之一的隆盛庄镇就坐落在丰镇市境内。镇内民间文化积淀深厚，从清代延续至今的"隆盛庄庙会"，已经有200多年历史，现已列为内蒙古自治区首批非物质文化遗产名录；"四角龙舞""隆盛庄月饼"被内蒙古自治区列为第二批非物质文化遗产；南庙、隆盛庄清真寺等已被列入文物古迹保护范围，现已成为地域文化的显著标志。它们不仅承载着丰镇地区丰富的历史文化信息，同时也是丰镇各族人民历经沧桑而奋斗不息的象征。

丰川美景秀美、宜人，古有八大胜景：青山藏宝、碧海风涛、云门古洞、烟浦灵泉、牛心独秀、马脊双流、海楼夜月、山寺朝霞，其中拥有"海楼夜月"美景的金龙大王庙最早可上溯到辽天庆五年，至今保存完好，已有900多年历史。随着岁月的流逝或地域的归属变化，一些古建筑胜景已消失，取而代之的是当代丰镇人民创造的更加绚丽壮观的美景：人民公园，山水相间、绿树成荫；红山林场，夏有江南风光，冬有雾凇气象，群山起伏、泉水纵横、森林茂密、气爽宜人；小南梁绿色生态旅游区，环境优美，空气清新，漫步山间小路，体会落叶归根的美感。

独特的区位优势、晋蒙文化的交汇相融，不仅造就了独具特色的丰川西口文化，还为丰镇市的商贸业发展提供了便利条件。早在清乾隆年间，丰镇市的"板车贸易"就开始发达起来，并一度成为当时塞外草原与内地联系的交通要道和物质交流中心。京绥铁路开通后，丰镇市被称之为"塞外旱码头"，当时丰镇城内商号、货栈云集，粮食、皮毛、牲畜贸易极度发达；城外商旅、驼队不断，是旅蒙商道上张家口与归化城之间最大的一座贸易城市。如今，丰镇市成功融入了京津冀4小时经济圈、呼包银榆2小时经济圈和蒙晋冀（乌大张）1小时经济协作区。在沿海发达地区产业大转移和北京非首都功能疏解的背景下，全市各级领导干部以及各族人民群众，齐心协力谋发展，把转方式、调结构作为主攻方向，引进了一大批绿色环保和产业延伸项目，工业形成了电力、氟化工、清洁能源、绿色环保资源综合利用、精细化工、冶金钢铁下游产品开发六大优势特色产业，园区企业存量资产达到230亿元，年综合生产能力260万吨；农业形成了设施农业、特色农业和高效畜牧业为主的现代农牧业体系，良种改良率达97%，初步形成集观光、采摘、农家乐于一体的设施农业产业带；以现代物流运输、高档商业主体为代表的第三产业取得了进一步发展，增加值达到36.5亿元；城市建设累计投资近百亿元，建成区绿化覆盖率达到36.21%；社会管理事业全面进步、民生工作扎实有效、城乡居民生活水平日益提高……这一切充分体现了丰镇人民抢抓机遇、乘势而上的决心和毅力。

回顾过去，我们激情满怀；展望未来，我们任重道远。我们相信，有着光辉历史的丰镇市和有着拼搏精神的丰镇人民，一定会以更加饱满的热情和昂扬的斗志，为实现"生态立市、产业强市、科教兴市、和谐稳市"的发展目标，为祖国的安宁，为边疆的稳定与繁荣发展作出新的、更大的贡献。

中共乌兰察布市委常委　秘书长
中共丰镇市委员会书记

中共丰镇市委员会副书记
丰镇市人民政府市长

目录 **C**ontents

历史渊源

概况 /3

丰镇市 /6

隆盛庄镇 /10

黑土台镇 /14

巨宝庄镇 /16

三义泉镇 /18

红砂坝镇 /19

浑源窑乡 /23

元山子乡 /25

官屯堡乡 /28

南城区办事处 /30

旧城区街道办事处 /31

新城区街道办事处 /33

工业区街道办事处 /35

北城区街道办事处 /37

丰镇的近现代革命

丰镇地区的抗日斗争 /41

解放战争时期 /43

革命家的足迹 /47

怀古幽思

古镇拾遗 /51

民居文化 /56

庙宇文化 /60

丰川美景

人杰地灵之宝地 /71

旋鸿池 /72

八大胜景 /73

薛刚山风景区 /76

饮马河绿色文化长廊 /79

北山文化公园 /84

人民公园 /86

鱼儿湾公园 /88

红山森林公园 /89

滨河公园 /91

新华广场 /93

蛤蟆沟 /95

小南梁 /96

传统习俗

宗教概况 /99

饮食文化 /100

婚嫁与丧葬 /105

庙会 /108

社火 /113

游艺 /117

传统节日 /121

风味特产

丰镇月饼 /131

白酒 /135

啤酒 /137

有机蔬菜 /138

传统农业 /142

资源优势

地理环境优越 /149

土地资源富饶 /151

气候资源独特 /154

交通条件便利 /158

矿产资源丰富 /161

电力资源充足 /166

水利资源 /169

植物资源 /175

动物资源 /178

旅游资源 /181

建设成就

经济总量 /187

工业化建设 /188

城镇化建设 /195

农牧业产业化建设 /202

第三产业 /214

社会建设 /219

文化建设 /227

政治建设 /231

生态建设 /234

丰川人物

诗咏丰川

古代诗词 /259

当代诗词 /262

后记

历史渊源

HUASHUONEIMENGGUfengzhenshi

历 史 渊 源

LISHIYUANYUAN

丰镇市位于内蒙古东南部，区位优越，交通便利，素有内蒙古自治区"南大门"之称，境内资源丰富，经济发达，各项社会事业全面进步。

概况

丰镇市地处晋冀蒙三省交界处，区内与兴和县、凉城县、卓资县和察哈尔右翼前旗毗邻，区外与山西省的阳高县、左云县、大同市接壤，是内蒙古自治区对外开放、发展外向型经济的窗口和前沿，也是内地经济向边远少数民族地区转移的过渡地带。全市辖地总面积2722平方千米，东西长86千米，南北宽56千米，地貌特征以山地、丘陵及冲积、洪积平原为主，地形由西、北、东向中南部呈阶梯状递降。有耕地79万亩，其中有效灌溉面积18.5万亩。全市平均海拔1400米，多年平均气温5.4℃，年有效积温2100℃—2900℃，无霜期124天左右，年降雨量400毫米，年日照时数为2800—3100小时，

年平均风速3米/秒。全市辖5镇3乡5个街道办事处、27个社区居委会、91个行政村、757个自然村，总人口34.4万，其中农业人口18.8万，城区人口15.6万，有蒙、汉、回、满等15个民族。

区位优越，交通便利。市境内有京包、大准两条电气化铁路和二广高速、208国道、512国道，铁路、公路纵横交错。东距首都北京380千米，西距首府呼和浩特市160千米，南距山西大同市40千米，北距乌兰察布集宁区70千米，融入了京津冀

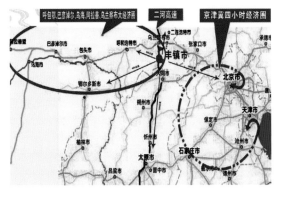

4小时经济圈、呼包银榆2小时经济圈和蒙晋冀（乌大张）1小时经济合作区。

资源丰富，能源充足。境内已探明的矿产资源有27种，主要矿种有玄武岩、石墨、铁、银等。玄武岩矿石遍布全境，储量达百亿立方米，石墨储量110万吨，铁矿储量40多万吨，银储量在1200吨以上，已达到国家大型银矿标准。全市水资源总量为2.8亿立方米，其中地下水资源1.48亿立方米，日可开采量9.6万吨，矿泉水日涌流量达1400吨以上，是低钠、偏硅酸和锶含量较高的天然优质矿泉水。丰镇是华北地区的重要电力基地和西电东送的重要出口，现有3家发电厂，总装机容量达到260万千瓦，年发电量150亿度，同时也是晋煤和准煤的运销汇集地，煤炭供应也极为便利。

历史悠久，文化底蕴深厚。远在新石器时代就有人类在此活动生息，境内留有新石器时代石器、骨针和契丹、辽代的古墓以及明长城、烽火台、古城堡等古文化遗址，集中反映了丰镇人民代代相传、岁岁积淀的劳动和生活的文化轨迹。丰镇在清代以前无行政建制，多为少数民族游牧地，隶属大同府管辖，北魏时曾为京畿地，辽京时为部都。

清雍正十三年（1735年）设行政建制，乾隆十五年（1750年）设丰川厅，民国元年（1912年）改厅建县。中华人民共和国成立初期，曾两度设丰镇市，为中共绥蒙区党委、政府和绥远省委、省政府所在地。中华人民共和国成立后又恢复为县建制。1990年经国务院批准撤县设市，1998年被国务院批准为对外开放城市，2003年经国务院批准由内蒙古自治区直辖乌兰察布市代管。丰镇是草原文化、农耕文化和晋商文化的结合地带，境内文物古迹遗存较多，其中明长城遗址被列为国家文物保护单位，金龙大王庙、牛王庙、南阁三处古建筑列入自治区重点文物保护单位，隆盛庄"六月廿四"传统庙会、隆盛庄月饼已被自治区列入非物质文化遗产名录。境内旅游资源极具开发潜力。红山林场有林面积16万亩，是乌兰察布市保存最完好的高山草甸草原之一，被称为"国家红山森林风景区"。景区内自然风景优美、生态环境良好，天然次生林茂密，植被类型丰富多样，野生动物众多，到处都有奇峰绝壁，最高峰黄石崖山海拔2335米，风光秀丽，引人入胜。

经济发展，社会和谐。近年来，丰镇市抢抓机遇，认真贯彻中央、自治区和乌兰察布市重大战略部署，加快转变发展理念，不断完善发展思路，经济社会呈现出科学发展、跨越发展、率先发展的态势。工业经济形成了以电力、氟化工、冶金钢铁、清洁能源、绿色环保资源为主导的产业体系，农牧业产业化水平明显提高，现代商贸服务业快速发展，城市承载能力显著增强，各项社会事业全面进步，实现了打造地区经济强市和跻身西部百强县的两大跨越。2016年，全市地区生产总值完成146.2亿元，同比增长6.8%。公共财政预算收入完成5.53亿元，同比增长12%。固定资产投资完成29.5亿元，同比增长14.1%。城乡居民人均可支配收入分别达到25360元和10726元，均同比增长8%。社会消费品零售总额达到34亿元。全市民族团结，社会稳定，人民群众安居乐业。

青山绿水红土地，淳丰古韵绣乾坤。在丰镇市这块孕育着希望、生机勃勃的沃土上，有着发展工农业生产的不竭动力。充足的地下水资源和饮马河两岸肥沃的土地资源，是发展现代农业和无公害绿色蔬菜的理想之地；丰富的矿产资源和电力是发展工业经济的坚实基础；独特的区位优势、便利的交通条件、完善的基础设施、优良的社会环境、雄厚的发展实力和良好的优惠政策，

有利于丰镇市筑巢引凤，以产业项目助推丰镇经济再腾飞。

"十三五"时期丰镇市将深入学习贯彻习近平总书记系列重要讲话精神和考察内蒙古重要讲话精神，不折不扣地落实好中央、自治区党委和乌兰察布市委的决策部署，紧紧抓住"一带一路"、中俄蒙经济走廊、京津冀协同发展、（蒙晋冀）乌大张区域发展、呼包鄂协同发展等国内外开放和区域合作，以及国务院《关于支持内蒙古经济社会又好又快发展的若干意见》的历史机遇，坚持以"四个全面"战略为统领，贯彻"创新、协调、绿色、开放、共享"发展理念，立足"五化"（工业化、信息化、城镇化、农牧业现代化、绿色化）同步、推动经济转型发展定位，深入实施"生态立市、产业强市、科教兴市、和谐稳市"发展战略，精心构筑"四个基地"（全国最大的氟化工产业基地、华北地区重要的电力能源基地、蒙西地区重要的冶金钢铁生产基地和绿色家畜产品生产加工基地），努力实现美丽与发展双赢。到2020年，预计全市地区生产总值年均增长9%、达到230亿元，固定资产投资年均增长13.3%、达到520亿元，公共财政预算收入年均增长9%、达到7.6亿元，社会消费品零售总额年均增长

11%、达到57亿元，城乡居民人均可支配收入年均增长9%和10%、分别达到36000元和16500元，确保如期全面建成小康社会。

丰镇市

丰镇市历史悠久，据境内南城区黄土沟遗址考古发现证实，远在新石器时代就有人类活动。夏代殷商之时，丰镇属冀州，西周为戎狄族所据，东周、春秋时期为林胡族和楼烦族属地。

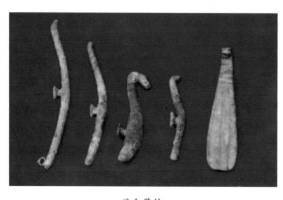

鎏金带钩

战国时期，赵武灵王实行"胡服骑射"，向北开拓疆土，打败林胡、楼烦，修筑长城，并置云中郡、雁门郡、代郡，丰镇当时属赵国代郡。

秦统一六国，秦王嬴政建立中国历史上第一个封建王朝，确立和完善了战国时期的郡县制，分天下为三十六郡，今丰镇的东部、北部属代郡，西部属雁门郡。

西汉时期，丰镇东部属代郡的高柳县、疆阴县马邑县管辖。

三国、两晋时期，北方鲜卑族兴起，丰镇为鲜卑族属地。

南北朝时期，丰镇为北魏京都畿郊地，隶司州，其西部和西北部属旋鸿县，东部属高柳县，南部属永固县。

隋初，丰镇地区为马邑郡的云内县，后丰镇北部被突厥所据，南部仍归云内县。

唐朝，丰镇北部地区为突厥游牧地，东南部属云州云内县。

宋朝，丰镇为契丹族属地。

辽代，改云州为西京道（今山西省大同市），丰镇的南部属西京道大同府奉义、大同、长青三县，西部和北部属德州，东北一带属奉圣州。

金代，丰镇隶属西京路，分属大同县、白登县、威宁县、宣宁县管辖。

元朝，改蒙古政权初期所设西京路为大同路，直属中书省。丰镇西部属大同路宣宁县，南部属大同路大同县，北部、东部属兴和路威宁县。

明朝，丰镇东部属兴和守御千户所，西部归宣德卫，南部归阳和卫所；正统年之后，丰镇大部地区

新石器时代骨器

为蒙古族属地。当时，明王朝大量修筑长城，以防御北方游牧民族的骚扰和入侵，丰镇境内留存3道明长城遗址（现分别称头道边、二道边、三道边）。

清朝康熙年间，丰镇为太仆寺旗及察哈尔右翼正黄旗、正红旗驻牧场，牧场养的军马专供清廷征伐时征调之用。

清朝雍正十三年（1735年），丰镇分属丰川卫（今兴和县高庙子乡）、镇宁所（今丰镇市区），隶属大朔理事通判管辖。

清朝乾隆十五年（1750年），撤销丰川卫、镇宁所建制，改设丰镇厅（亦称马厅），厅所设在丰镇（今丰镇市区），仍隶属大同府阳高通判驻管辖。

清朝光绪十年（1884年），丰镇厅改属山西省归绥道管辖。

中华民国时期，民国元年（1912年）丰镇厅改为丰镇县，隶属绥远特别行政区。民国3年（1914年）丰镇县改归察哈尔特别行政区管理。

当时，丰镇与归绥、包头并称绥远三大重镇，北洋政府在各省要地设置镇守使，察哈尔特别行政区设立多伦、察西、察东三个镇守使，察西镇守使署衙设于丰镇县城，所辖一个混成旅驻防丰镇、兴和、陶林、凉城四县。民国14年（1925年）划出县境北部，另置平地泉设治局。民国18年（1929年）丰镇县划归绥远省管辖。民国26年（1937年）9月被日军侵占，民国27年（1938年）归伪蒙疆联合自治政府巴彦塔拉盟管辖。民国34年（1945年）抗战胜利后，仍属绥远省。

抗日战争时期，中国共产党于1938年开始在丰镇地区开展游击战，曾先后建立丰东、丰西和大（同）丰（镇）左（云）工委、兴（和）丰（镇）抗日民主政府、丰（镇）凉（城）县委县政府、丰（镇）集（宁）抗日民主政府及民主政权，中共领导下的抗日游击队伍在丰镇地区敌后抗日根据地进行艰苦卓绝的抗日斗争，为抗战胜利做出了积极贡献。1945年抗战胜利，丰镇地区光复，丰镇人民在中国共产党的领导下，反对内战，开启了实现祖国统一、民族解放的不懈斗争。

1945年10月，聂荣臻率晋察冀野战军挺进归绥，解放了丰镇城，丰镇仍属绥远省，中共绥蒙区党委、

代金花银碗

绥蒙区政府进驻丰镇城。

1946年1月，国民党破坏"国共停战协议"，贺龙以中共山西区代表身份从凉城抵达丰镇，参加军调处执行部大同执行小组在丰镇举行的国共军事冲突停止会议（当时贺龙元帅驻丰镇泽落沟村）。1月28日，会议在丰镇城区内顺城街一座旧衙门举行。参加会议的有：中共代表李波，国民党代表温天和，美国代表霍雷，中共山西军区司令贺龙、指挥员陈正湘，国民政府山西北部地区司令楚溪春、骑兵司令马占山的参谋长。会议上贺龙元帅义正辞严，舌战群敌，最后达成在大同小组辖区内山西北部、河北西部、绥远东南部及察哈尔西南一带，所有军事冲突完全停止的协议。70

多年前贺龙元帅在丰镇舌战美、蒋军事调停代表团的故事，至今仍让人们津津乐道。

1947年5月1日，内蒙古自治区宣告成立，中共丰镇县地下党组织积极筹谋丰镇地区的解放事业。

1948年9月，晋察冀野战军三兵团一纵队与绥蒙军区解放丰镇全境，建立丰镇县人民政府，中共绥蒙区党委、绥蒙区政府再度进驻丰镇城，丰镇城区设立市建制，农村设县建制。次年，中共绥蒙区党委、绥蒙区政府改为中共绥远省委、绥远省政府，绥远省委、省政府仍驻丰镇县，丰镇城区撤销市建制，统一改为丰镇县。县人民政府废除保甲制，全县设2市6区。

1949年"九·一九"起义后，

绥蒙区政府旧址

中共绥远省委、省人民政府从丰镇迁往归绥市（今呼和浩特市），遂撤销丰镇市和隆盛庄市的建制，改为城关区和隆盛庄区，丰镇县所辖增设成 8 个区。

1950 年后，绥远省政府决定，将丰镇县的第六区张皋区划归兴和县管辖，将云门等 13 个自然村划归山西省阳高县管辖，将丰镇县三区全部划归察右前旗管辖，二区的麦胡图等地划归凉城县管辖，将凉城县的马家库联等地划归丰镇县管辖。至 1953 年，丰镇县辖 10 个区、79 个乡。

1954 年 3 月，丰镇县归内蒙古平地泉行政区管辖。1956 年后，按照平地泉行政区要求，历经撤区划乡、乡镇政社合一，1958 年秋全县建成 13 个人民公社。

1958 年 4 月，平地泉行政区与乌兰察布盟合并，丰镇县隶属内蒙古乌兰察布盟管辖。

1962 年，进行城乡调整，全县由 13 个人民公社调整为 21 个人民公社。

1984 年改社建乡，在原社、队行政区划不变的原则下，取消人民公社，改建成 19 个乡、2 个镇。

1990 年 11 月 15 日，经国务院批准丰镇县撤县设市，丰镇市（县级）仍隶属乌兰察布盟。撤县设市后，全市设 19 个乡、1 个镇和 3 个办事处。城区设新城区、旧城区、工业区 3 个街道办事处，农村设新城湾乡、粒峨村乡、黑圪塔洼乡、官屯堡乡、元山子乡、黑土台乡、新五号乡、大庄科乡、浑源天乡、对九沟乡、永善庄乡、柏宝庄乡、红砂坝乡、九龙湾乡、三义泉乡、麻迷图乡、巨宝庄乡、马家库联乡、新营子乡和隆盛庄镇。

1998年12月，丰镇市（县级）被国务院批准为我国第三批对外开放城市。

2001年，经内蒙古自治区人民政府批准，进行撤乡并镇，全市设6镇、6乡和4个街道办事处，即隆盛庄镇、三义泉镇、巨宝庄镇、新城湾镇、黑土台镇、红砂坝镇，元山子乡、浑源窑乡、永善庄乡、马家库联乡、黑圪塔洼乡、官屯堡乡和新城区街道办事处、旧城区街道办事处、工业区街道办事处、北城区街道办事处。

2003年12月，经国务院批准，丰镇市（县级）由内蒙古自治区直辖，乌兰察布市托管，2004年改由乌兰察布市托管。

2006年3月，丰镇市第二次进行撤乡并镇，撤销新城湾镇改设南城区办事处，黑圪塔洼乡并入官屯堡乡，马家库联乡并入巨宝庄镇，元山子乡并入浑源窑乡，永善庄乡并入隆盛庄镇。全市辖5镇、2乡和5个街道办事处，即隆盛庄镇、黑土台镇、巨宝庄镇、三义泉镇、红砂坝镇、浑源窑乡、官屯堡乡和南城区街道办事处、工业区街道办事处、新城区街道办事处、旧城区街道办事处、北城区街道办事处。

2012年6月，元山子从浑源窑乡划出，恢复成立元山子乡。至此，丰镇市辖5镇3乡和5个街道办事处，即隆盛庄镇、黑土台镇、巨宝庄镇、三义泉镇、红砂坝镇，浑源窑乡、官屯堡乡、元山子乡和南城区街道办事处、工业区街道办事处、新城区街道办事处、旧城区街道办事处、北城区街道办事处。

经过历史沉淀和改革洗礼的丰镇，踏上了全面建成小康社会的伟大征程，在新一轮跨越发展的实践中，以更加铿锵的步伐迈上辉煌的征途，以更加澎湃的激情抒写绚烂的华章，创造新纪元的辉煌，打造祖国北疆一颗璀璨的明珠！

隆盛庄镇

隆盛庄镇是乌兰察布市现存最古老的古镇之一。2012年被确定为全国首批传统村落，2014年被评为全国历史文化名镇。

隆盛庄镇地处丰镇市东北部，处于旧208国道和兴隆公路交汇点，北距乌兰察布市集宁区50千米，南距丰镇市区40千米，西距察哈尔右翼前旗20千米，东距兴和县47千米，是丰镇市东北部地区经济文化交通中心。

这里曾经是庙子沟新石器人类聚集生活过的地区，它孕育了远古文明。明洪武二十九年（1396年）开始不断有晋人来此耕种屯粮。乾隆十二年（1747年），山西、河北、陕西、甘肃等地的大批移民聚集定居，各谋生业，逐渐成了牲畜、皮毛、粮食的集散地。到乾隆三十三年（1768年）在此设庄，以兴隆昌盛吉祥之意取名"隆盛庄"，也有乾隆盛世之意。隆盛庄在历史上的繁荣主要源于商业贸易，从乾隆、嘉庆直到光绪年间，商业发展到鼎盛时期，是当时内地通往蒙古草原的重要交通枢纽，是晋商文化向草原文化过渡的一个重要集镇。据史料记载，在光绪年间，隆盛庄已基本形成一个繁华集镇，商号盈街，"八大行"业领先，"六大街"巷纵横。当时南街到北街有近1千米之长的铺面，鳞次栉比，仅挂有牌匾的商号就达3000余家，经商人口2万多人，行业涉及范围甚广，从粮食到牲畜、从皮毛到药材、从烟茶糖果到绸布鲜果，应有尽有，各地商贾和手工业者云集，形成了百业兴旺、兴隆昌盛的繁荣景象，成为闻名退迩的商业重镇。

历史上隆盛庄镇行政建制及区划变动较大，清时期开始属山西边镇厅州所辖，后属丰镇厅管辖，民国时期属丰镇第四区管辖。1948年，绥蒙区党委、政府进驻丰镇，隆盛庄曾设市。1949年底改称镇，后设人民公社。1984年撤社建乡镇时恢复镇建制，属丰镇县管辖。1990年属丰镇市管辖。2001年乡镇改革，与原柏宝庄乡合并。2006年撤乡并镇，又将原永善庄乡并入隆盛庄镇。辖区总面积421平方千米，其中陆地面积420.2平方千米、水域面积0.8平方千米，东西距离26千米，

南北距离 21 千米。全镇辖 1 个社区（团结社区）和西窑、和平、三应坊、南泉、富家乡、柏宝庄、大东营、四十号、东官村、永旺庄、永善庄、十号、二号 13 个村委会，下设 58 个村民小组。镇政府驻地团结社区大南街。全镇总人口 38212 人，其中常住人口 18900 人，有汉族、蒙古族、回族等 12 个民族，是丰镇市第二大人口集聚地。

境域是浅山丘陵区，属温带干旱半干旱气候。年平均气温 3.7℃，年平均无霜期 115 天，年平均日照时数 4200 小时，年平均降水量 384.6 毫米，降雨集中在每年 7 月至 9 月，8 月最多。境内河道属永定河大流域、黄旗海小流域，主要河道有西河湾和北河湾 2 条四级河道，总长 26 千米；已探明的地下矿藏有玄武岩、花岗岩。

隆盛庄是一座历史文化古镇，古建筑有南庙、北庙、清真寺、回民义坟和四合院，现南庙、清真寺、回民义坟和部分四合院保存完好，北庙中华人民共和国成立初期已毁。南庙初建于嘉庆年间，始为关帝庙，近代改作佛教活动场所，庙内碑文牌匾、雕梁画栋保存完好。清真寺建于清道光十年（1831 年），是内蒙古自治区第二大清真寺，已被列为自治区重点文物保护单位。其建筑既保持了阿拉伯风格，又有地方

脑阁

特色，布局合理，工艺精巧，威严壮观。厅门上悬牌匾一幅，碑文"开天古教，其尊无对"，系绥远总督马福祥所作。古民居四合院主体保存完好的有卢家大院、段家大院等，占地面积有7000多平方米，民房装修大量使用富有装饰效果的砖雕、木雕，成为隆盛庄传统民居和民间工艺的一大特色。隆盛庄民间文化源远流长，民俗文化活动规模较大的有"三官社"（扭秧歌）、"民间社火"、"四脚龙舞"（民间舞蹈）、"四月八"（奶奶庙会）、"六月廿四传统古庙会"等。食俗文化也颇具特色，有"上三元"干货系列行社传承下来的民间小吃，其中月饼、蜜麻叶、回民油香等食品颇有名气。"六月廿四庙会"、"上三元"

干货系列、"四脚龙舞"已被列为自治区级非物质文化遗产名录，"跑毛驴""五鬼闹判""民间社火"已被列为乌兰察布市级非物质文化遗产项目。隆盛庄不仅文化底蕴深厚，而且人杰地灵。原三峡工程副总指挥贺恭就出生在此。2006年隆盛庄镇被确定为内蒙古自治区重点镇，2012年被国家住建部、文化部、财政部确定为全国首批传统村落，2014年被评为全国第六批历史文化名镇。

全镇有耕地11.7万亩。在农牧业发展方面，加大基础设施建设和科技扶持投入力度，努力提升农牧业发展水平。粮食作物以马铃薯、玉米为主，正常年份粮食总产量5000吨左右，农业总产值5330万元。畜牧业以生猪、牛羊育肥为主，建设了5处配种改良站，改良覆盖率达到85%以上。2016年末，生猪饲养量达1.5万头，年末存栏0.3万头，肉羊饲养量5.6万只，肉牛饲养量0.57万头，畜牧业总产值2860万元，占农牧业总产值53.6%。同时，加大了退耕还林草保护等生态建设工程力度，截至2016年底，全镇可利用草地面积达24.3万亩，林地面积29.115万亩，林草覆盖率达44.24%。

辖区内有幼儿园1所，在园幼

儿86人；有小学2所，在校生271人。有邮政网点1个，乡村通邮率达100%；电信企业1家，服务网点2处，宽带接入用户276户，网络通信普及率98.3%。有兴隆文化协会1个、放映单位1个，建筑面积300平方米的文化站1个；公共图书室14个，建筑面积共485平方米，藏书50多万册。有卫生院2所、村卫生室14个，新型农村合作医疗参保率达84.6%。

黑土台镇

黑土台镇位于丰镇市东部，距市区30千米，是典型的滩川产粮区，具有悠久的历史和美丽的滩川风光。

黑土台镇东西最大距离27千米，南北最大距离23千米，东与革命老区元山子乡毗邻，南与官屯堡乡接壤，西与南城区办事处相连，北与古镇隆盛庄交界，丰浑公路贯穿境内，交通便利。

2006年撤乡并镇，将原新城湾乡的寿阳营、粒峨村两个村委会划归黑土台镇。全镇总面积262平方千米，辖段家营、南瓦窑、典青庙、帽儿山、太平庄、羊富沟、常山窑、新五号、寿阳营、粒峨村10个村委会，106个自然村，户籍人口30832人，常住人口10862人。

境域以丘陵、滩川为主，西部、北部为丘陵区，腹地为滩川区；土壤类型以灰褐土、栗褐土为主；气候为温带大陆性季风气候，春秋季多风温差大，夏季短促而温凉，冬季漫长而寒冷，多年平均气温5.09℃，多年平均有效积温2300℃，无霜期平均为110—120天，年均降雨量350—400毫米，降雨集中在6—8月份。

全镇有耕地12.7万亩，其中水浇地3.3万亩，林地8.3万亩，退耕种树种草10万亩。种植业除了传统作物马铃薯外，重点打造玉米、蔬菜和特色订单农业。全镇覆膜玉米种植稳定在3万亩左右，采取"合作社＋农户＋基地＋订单"的经营模式，种植露地蔬菜4000亩，积极引进金海农业开发有限公司，由村党支部协调公司牵头，农户以土地入股或租赁的方式，建立了特色

菊花采摘

果蔬园区。已建成温室50亩，大棚500亩，恒温库1500平方米，蔬菜加工车间2000平方米，主要种植葡萄、樱桃、紫甘蓝、无丝豆等9个特色品种，反季节销售。以万寿菊、甜菜、药材为主的特色订单农业渐成规模，其中万寿菊种植面积达到了3000亩，已经成为名副其实的致富花、幸福花。依托龙头企业博甜糖业前旗分公司和专业合作社带动，甜菜种植面积逐年扩大，已达到1.2万亩。引进内蒙古广一药材公司，种植以黄芪、板蓝根为主的中药材，面积达2000亩，基地生产的药材已通过了GAP认证，直接销往广州白云药业集团。紫花首蓿成为全镇的重要支柱产业，种植面积达到1.8万亩。积极与中泰农旅投资有限公司磋商，建立了生猪订单养殖模式，全镇生猪存栏在2000口以上。值得一提的是引进了内蒙古自治区扶贫龙头企业飞宇特色养殖。飞宇特色养殖是一家集良种鸽研发、繁育推广、加工销售为一体的养殖合作社，合作社占地46800平方米，总投资1500多万元，建有较大的鸽业养殖基地，现有肉鸽3万羽、獭兔5000只。合作社带动周边162户农户、32户贫困户从事特色养殖，就近转移劳动力20多人，实现了合作社与农户

的双赢。这些龙头企业的引进和主导产业的培育，年可实现1500多人次农民就近务工，为促进全乡经济发展奠定了基础。

近年来，黑土台镇在新农村建设方面累计完成危房改造1500户，硬化街巷145千米，解决了15个自然村1610人的安全饮水问题；安装"户户通"2432套；建成标准化卫生室8处、卫生院2所；翻修了文化剧场，建起乡村大舞台6个，新建村级文化活动室11处，便民连锁超市11处，文化活动广场10处，新建农村幸福互助院6处，新建移民集中安置点9处、202户。切实改善了水、电、公路等基础设施和公共服务条件，打造了美丽宜居的黑土台镇。

巨宝庄镇

巨宝庄镇地处丰镇市西部，距市党政大楼办公区9千米，属城郊结合镇，丰镇市氟化工业西园区坐落于境内。

清朝乾隆年间，清政府放地时命名"聚宝庄"村，原指聚集财富宝藏的地方，后为书写方便，演变成"巨宝庄"。

巨宝庄镇东与南城区办事处紧靠，南与山西大同市境接壤，西与凉城县毗邻，北与红砂坝镇相连。境内呼阳省道、丰准电气化铁路、二广高速公路贯穿其中，区位优越，交通便利。

2001年撤乡并镇，将原巨宝庄乡、原新营子乡合并为巨宝庄镇；2006年第二次撤乡并镇，又将原马家库联乡并入巨宝庄镇，镇政府驻地马家库联村。现辖巨宝庄、铺路、丹州营、西十八台、东十八台、张字、新营子、四十二号、九墩沟、马家库联、北五泉、十二沟、洪字13个村委会，下设33个村民小组。辖区总面积317平方千米，其中陆地面积315.7平方千米，水域面积1.3平方千米；总人口39215人，人口密度为每平方千米124人。

樱桃采摘

巨宝庄镇是典型的滩川区，属干旱半干旱大陆性季风气候，年平均气温 5.09℃，有效活动积温 2250℃，年平均无霜期 110 天，年降雨量为 385 毫米左右。

全镇耕地面积 8.7 万亩，其中水浇地 1.8 万亩；可利用草地面积 2.3 万亩，林地面积 25 万亩。按照经济和社会发展分为城建区、工业园区、农牧业产业化区。主要农作物有玉米、马铃薯、豆类、胡麻等。近年来，巨宝庄镇充分发挥城郊结合的地域优势，大力发展现代设施农业和高效畜牧业两大产业。引进中泰华丰、绿田现代、绿康源生态农业三家公司，建设巨宝庄、马家库联、北五泉三个蔬菜种植基地，面积达 1500 亩，形成了"支部＋公司＋农户""支部＋合作社＋农户"的发展模式，社会与经济效益凸显。高效畜牧业发展成规模、上档次。截至 2016 年底，全镇存栏大畜 1.9 万头（匹），小畜 6.5 万只，生猪 0.8 万口；建成年出栏 1000 口以上生猪养殖场 2 处，年出栏生猪 500 口以上养殖场 3 处，年存栏 5000—10000 只蛋鸡饲养场 5 个，年饲养肉羊 200 只以上大户 135 户，农民来自畜牧业收入占总收入的 75% 以上。

在抓好经济建设的同时，镇党

委特别注重统筹兼顾发展社会事业，结合新农村建设，认真抓好危房改造、道路硬化、安全饮水、校舍安全改造、广播电视、村卫生室和文化活动室、村容村貌整治等工作，确保经济与社会发展相适应、相协调。截至2016年底，全镇完成危房改造1800户，街巷硬化132.3千米，解决1.1万人的安全饮水问题，新增广播电视"户户通"1728户，新建文化活动室12处，新建标准化卫生室11处，新建便民连锁超市13处，完成马家库联小学、巨宝庄小学校舍安全改造，广播电视村村通和常住人口医疗保险实现全覆盖。

三义泉镇

三义泉镇位于丰镇市西北部，境内农业发展突出，是丰镇市典型的产粮区之一。

这里曾是察哈尔右翼正黄旗、正红旗蒙古族游牧地，很多村因此而取蒙古语村名，比如海流素太、麻迷图、卓素图等；这里也曾是丰镇地区商业的集中地，历史上买卖字号较多，古有永昌茂、巨井店、天德永、杏成园、三义泉等著名商号，故三义泉就是以当时的商号定为村名。

三义泉镇东与察哈尔右翼前旗接壤，北倚卓资县，西南与凉城县为邻，东南与红砂坝镇相靠。土麦公路贯穿镇区，距丰镇市区50千米，距乌兰察布市集宁区77千米，距呼和浩特市180千米，距大同市100千米，距凉城县36.4千米，区位优越，交通便利。

2001年撤乡并镇，将麻迷图、三义泉两乡合并为三义泉镇，镇政府所在地席麻滩村。现辖天德永、三义泉、四道咀、海流素太、卓素图、山岔河、麻迷图、庙卜、饮马泉、大泉、甲拉、十里库联12个村委会，下设111个村民小组。辖区面积366.2平方千米，户籍人口22238人，常住人口12200人，有汉族、蒙古族、回族、满族、土家族等民族。

境域滩川区与浅山丘陵区相结合，西部为岱海滩冲积平原，东部为丘陵区，土质为暗栗钙土，多年平均无霜期为130天，年大于10℃有效积温为2560℃。滩川区地下水资源丰富，极适宜于玉米、蔬菜、杂粮种植和林木育苗；山区拥有丰富的墨玉矿藏；年平均风速5m／s，风力发电优势明显，中节能4.95MW风电供热项目正在建设中。

三义泉风力发电

全镇耕地面积 8 万多亩，其中水浇地面积 1.3 万亩。近年来，该镇紧紧围绕"积极调整产业结构，发展优质高效农业"的发展思路，以增加农民收入为目标，以土地流转为突破口，大力发展特色经济和订单农业，促进农业增效、农民增收。2016 年，全镇农民人均纯收入达 6000 元。种植业主要以马铃薯、玉米、杂粮杂豆以及万寿菊、甜玉米、甜菜等特色农业为主，马铃薯种植稳定在 2.5 万亩，玉米种植 2.2 万亩，杂粮杂豆 1 万亩，甜菜 2500 亩，万寿菊 1500 亩，甜玉米 5000 亩。林木育苗 5000 亩，万亩人工造林曾得到国家林业部的表彰。

境内有幼儿园 1 所、小学 1 所；

建成已投入使用的文化广场 5 个、文化活动室 12 个；农村互助幸福院 150 户，完成农村危房改造 1115 户，已建成投入使用的卫生院 2 个、医务室 12 个；全镇居民社会养老、农村医疗参保人数分别达到 5000 人、1.3 万人，社会保障覆盖面不断扩大，新型农村合作医疗实现了常住人口全覆盖。

红砂坝镇

红砂坝镇位于丰镇市区北部 30 千米处，境内矿产资源丰富，主要有墨玉、云母、浮石、铁矿等。

红砂坝镇东与古镇隆盛庄紧靠，南与城南办事处相连，西与巨宝庄镇、三义泉镇毗邻，北与察哈尔右翼前旗接壤。208 国道、二广高速公路以及京包铁路横贯全境，区位优越，交通便利。

2001 年撤乡并镇，将原九龙湾乡和红砂坝乡合并为红砂坝镇，镇政府设在坝沟村。全镇总面积 376 平方千米，辖王家卜、十八台、土城、砂卜、丰乐窑、三义永、向阳、石庄沟、西边墙 9 个村委会，下设 34 个村民小组。户籍人口 6180 户、17600 人，

现代化喷灌

常住人口 2816 户、5860 人。

红砂坝镇地处温带大陆干旱半干旱地区，属温带大陆季风气候区，是典型的山川丘陵区，多年平均无霜期 108 天，有效积温 2500℃，年降雨量 400 毫米左右。

全镇耕地面积 5.8 万亩，其中水浇地 5000 亩。种植业方面，主要作物有玉米、马铃薯、胡麻、杂粮杂豆。全镇种植覆膜玉米 1.2 万亩、马铃薯 8000 亩、油料作物 2 万亩，其他作物 1.8 万亩。在设施农业建设上，重点打造了后洼、十八台、壕堑三个蔬菜园区，以礼品西瓜和反季节蔬菜为主。畜牧业方面，全镇牲畜总头数稳定在 3.3 万头（只）左右，主要畜种以肉牛、肉羊、肉驴及生猪为主，通过优化布局、扩张规模、提高效益等措施，全力打造畜牧业大镇。林草业方面，为了加强生态建设和促进畜牧业发展，全镇大力实施京津风沙源治理工程和退耕还林草工程，退耕还林面积 3.82 万亩，人工种植紫花苜蓿 2.1 万亩。

在抓好经济建设的同时，红砂

坝镇社会事业全面进步。近年来，按照新农村建设布局规划，政府对全镇 25 个自然村基础建设进行高标准打造，改造危房 262 户，拆除危旧闲置房 950 间，整治院墙 37.2 千米，街巷硬化 62 千米；新建标准化卫生室 2 处、文化活动室 3 处、便民连锁超市 3 处和文化广场 7 处；参加城乡居民社会养老保险 4282 人，新农合参合率达到 100%，安全饮水、广播电视"户户通"全覆盖。

浑源窑乡

浑源窑乡地处丰镇市最东部，距市区 51 千米，境内旅游资源丰富，红山林场自然风景优美、生态环境良好。黄石崖山海拔 2335 米，是乌兰察布市境域内的最高峰。

浑源窑乡南与山西省阳高县接壤，东、北与兴和县分界，西与元山子乡毗邻，辖区东西最大距离 18.7 千米，南北最大距离 29.7 千米。

境内丰浑通乡油路，577 县道贯通全境，再加上即将打通的丰兴公路，形成南进阳高、北上兴和、西下丰镇的公路网络，交通十分便利。

2001 年撤乡并镇，将原对九沟乡并入浑源窑乡，2006 年第二次撤乡并镇又将原元山子乡并入，2012 年元山子从浑源窑乡划出单设。全乡总面积 298 平方千米，乡政府驻地浑源窑村，辖浑源窑、旗杆梁、老官坟、天花板、石咀子、二道边、西施沟 7 个村委会，61 个村民小组，户籍人口 3489 户、12764 人，常住人口 2188 户、5885 人。

浑源窑乡全境以山地为主，属典型的内陆山地气候，平均海拔 1700 米，昼夜温差大，气温较市区温度低 4℃，年无霜期平均为 90 天，年降水量 450—500 毫米。内蒙古自治区中西部地区最大的人工林场黄石崖森林公园就坐落在该乡，公园

东西宽 20 千米，南北长 30 千米，有林面积 16 万亩，森林覆盖率达 68.8%。风景区内不仅有樟子松、落叶松、油松、云杉等人工栽种树种，还有白桦、山杨树等天然乔木，虎榛子、胡枝子、山杏、山榆、山柳、山樱桃、山槐、绣线菊、刺梅等野生灌木茂密。植物百余种，可食用植物如黄花、木耳、蕨菜、蘑菇等 10 多种，有远志、山参、柴胡、黄芪、贝母、当归等药用植物 80 多种，其中野生黄芪属纯正的"正北黄芪"，在国内中草药材市场上享有较高声誉。同时，这里还是野生动物繁衍生息的乐园，有梅花鹿、狍子、獾子、野兔、老鹰、杜鹃、百灵、半雉、啄木鸟、黄鹂等走兽飞禽穿绕林间。境域矿产资源丰富，已发现的矿种有 20 多种，其中铁、钼、云母、石墨、有色金属储量较为丰富。

全乡有耕地 5.2 万亩，林地 3.48 万亩，草地 32.3 万亩。境域土地主要以河湾沟坝地和坡梁地为主。根据自身土地条件，近年来，浑源窑乡党委及时提出大力发展种植业保温饱、养殖业谋致富和采摘业创增收"三条腿走路"的发展思路，加快经济社会全面发展步伐。种植业以马铃薯、杂粮杂豆、油料等作物为主，以种促养，为养而种。养殖业以肉牛、肉羊为主，为了保护生态，全面实行禁牧舍饲圈养，全乡现有大小畜 5.3 万头（只），紧紧依托黄石崖旅游资源优势，把当地野生蘑菇、蕨菜、黄芩茶以及本地鸡蛋等无污染绿色土特产作为农民的增收点，特别是景区周边农家乐、观光采摘等多种与旅游相关的致富门路蓬勃发展，不仅解决了当地村民的增收和就业问题，也促进了旅游业的发展。同时，乡党委、政府高度重视生态环境的保护与修复治理工

作，对境内现有的9家铁矿选矿企业进行了监督治理，避免生态环境和矿产资源的破坏和浪费，全力打造"天蓝、地绿、水清"的良好生态环境，实现了经济和生态协调、健康、可持续发展。

社会事业全面进步。全乡有商业网点36个、学校1所，供电所、邮电所、信用社等便民服务网点俱全，国营红山林场驻在森林公园风景区内。新建中心卫生院1处、面积1000平方米，卫生室6个、面积360平方米，新农合参保人数6258人，全乡60周岁以上领取农村养老保险人数2237人。建成文化活动室6个、360平方米，广播覆盖率达75%。结合新农村建设，维修自来水管路2处，危房改造430户，街巷硬化13100延长米，安装路灯60盏，新建护村护地坝2600延长米，新建公厕5座，建成便民超市6个，基础设施的建设极大地方便了群众的生产生活。

元山子乡

元山子乡位于丰镇市东部，距市区30千米，是典型的革命老区，自古以来就是"守口出入要路"，是丰镇区域东境屏障和秦汉之后的军事要塞。革命战争年代，元山子

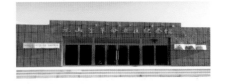

地域成为大青山革命根据地的重要组成部分，为绥远和平解放做出了历史性贡献。

元山子乡东与浑源窑乡相接，北与古镇隆盛庄毗邻，南与官屯堡乡为界，西与新兴小镇黑土台接壤，境内丰浑通乡油路穿乡而过，区位优越，交通便利。

2006年的乡镇改革撤销了元山子乡，合并于浑源窑乡，2012年8月经上级批准又与浑源窑乡分设，恢复元山子乡，乡政府驻地元山子村。辖区总面积300.4平方千米，全部为陆地，东西距离16.1千米，南北距离32.7千米。全乡辖元山子、沙沟沿、土堡子、大东沟、满州窑、忻州窑、巴音图、大庄科、盂县营9个村委会，下设82个村民小组。现有户籍人口8196户、21753人，其中常住人口2984户、8841人。

境域山地、丘陵、滩川梯次分布，东部为丘陵区，西部为滩川区，土壤类型以灰褐土、栗褐土为主；气候为温带大陆性季风气候，春秋季多风温差大，夏季短促而温凉，冬季漫长而寒冷，多年平均气温4.5℃，有效积温2300℃，无霜期110天，东部丘陵区无霜期为95天，年均降雨量350—400毫米，降雨集中在6—8月份。境内矿产资源丰富，有硅石、萤石、高岭土、方解石、石灰石等。

全乡耕地面积7.1万亩，其中水浇地1.9万亩；有林地8.8万亩，退耕地3.48万亩。近年来，元山子乡紧紧围绕"产业富乡、文化兴乡、民生稳乡、生态靓乡"的发展思路，以增加农民收入为目标，以土地流转为突破口，切实加大农业结构调整力度，大力发展特色经济和订单农业，全面建设优质草业、规模养殖、特色种植和爱国主义教育"四个基地"，农牧业产业化水平和农民收入都有了显著提高。2016年，全乡人均纯收入突破万元大关，达到10093元，比2012年6360元增

长 58.7%。种植业主要以马铃薯、玉米、杂粮杂豆为主，养殖业以肉牛、肉羊为主，全乡新增规模养殖户 10户，新注册农民专业合作社 23 家。引进了内蒙古青青草元、新疆生产建设兵团和天创农牧业等大型农牧业公司落户投资兴业，累计完成土地流转 1.7 万亩。特别是青青草元公司种植万亩优质紫花苜蓿，使全乡紫花苜蓿种植面积达到 1.6 万亩，成为丰镇市最大的紫花苜蓿种植区，为规模化养殖提供了充足的饲草料来源。这些龙头企业的引进，年可实现近 2000 多人次农民就近务工，为促进全乡经济发展奠定了基础。

近年来，按照新农村建设标准要求，完成危房改造 937 户，拆除土房、附房和棚圈 955 间，改造棚圈、凉房 180 间，新砌院墙 3.26 万

延长米，整治院落 426 户，为 10 个村硬化街巷 24.75 千米，铺设人行道 14.6 万平方米；安装"村村通"和"户户通"2600 户，广播电视覆盖率达到 97% 以上；全乡有小学 1 所；新建便民服务超市 18 处；卫生院 1所、卫生室 11 处，参加新型农村合作医疗 12951 人，常住人口参合率达 100%；翻修了乡文化剧场，建起乡村大舞台 6 个，并配套建设了文化活动室 12 处，文化场所实现了全覆盖。充分发挥文化基础设施平台作用，每年举办物质文化交流会、"农民运动会"和"元宵节文艺汇演"等大型活动，活跃乡村文化生活，得到了群众好评。

同时，乡党委、政府还提出了"发挥老区优势、挖掘革命文化、打造红色旅游、建立丰镇市重要爱国主

义教育基地"的工作思路，围绕境内有重要影响的胡一新、刘耀宗两位革命志士和战斗遗址等老区"红色文化"，建起了以"两园两场一馆一厅一林一墙一室"为主的多位一体爱国主义教育基地，分别是：占地7000多平方米的老区文化园和100多亩的小北山生态公园；占地5000平方米的胡一新广场和3500平方米的综合性体育场；占地300平方米，布展面积1000多平方米的革命老区纪念馆；占地400平方米，布展面积1200多平方米的革命老区民俗展厅；占地200多亩的革命烈士生态纪念林和60多延长米的党建文化墙；占地84平方米的刘耀宗生平陈列室。重新修缮了革命烈士纪念碑，对纪念塔生态公园及其周边区域进行了绿化、美化和亮化。2015年，元山子乡被命名为全市爱国主义教育基地、党风廉政教育基地、党员干部教育基地和法制教育基地，被乌兰察布市老促会评为老区工作先进集体，并申报了民政优抚工作自治区级先进单位。

官屯堡乡

官屯堡乡位于丰镇市境东南部，距市区25千米，该乡在历史上是各个朝代的必争之地，是官军的屯兵场所，境内明长城旧址保留得仍比较完整，已被列为国家文物保

明长城遗址

护单位。

官屯堡乡东与山西省阳高县接壤，南与大同市毗邻，西接南城区办事处，北连革命老区元山子乡，乡政府驻地官屯堡村。境内省道呼阳公路横贯全乡，区位优势明显，交通便利。

2006年撤乡并镇，将原黑圪塔洼乡并入官屯堡乡，全乡总面积284平方千米，辖区东西距离30千米，南北距离14千米。辖小庄旺、南井、黑圪塔洼、孟家营、后营、官屯堡、獾子窝、王家营、口子村、南沟10个村委会，下设56个村民小组。户籍总人口11266户、30020人，现常住人口5742户、14320人。

官屯堡乡属温带大陆性季风气候，年降雨量340—400毫米，日照时间短，年平均积温2400℃—2800℃，全年无霜期120天左右；境域是典型的丘陵旱作农业区，全乡耕地总面积7.86万亩，西五村委会土质为红钙土，东五村委会为栗钙土与砂石地，地力不足，保水保

肥能力差，主要农作物有玉米、马铃薯、胡麻、谷黍豆类等。

近年来，官屯堡乡认真贯彻落实各级党委、政府决策部署，加快推进经济发展。种植业方面，重点壮大三大主导产业，巩固和扩大马

铃薯种植面积，大力发展旱地玉米全覆膜种植，继续加大甜菜、甜玉米、葵花等订单农业种植面积。脱毒马铃薯种植面积稳定在 2.3 万亩以上，旱作全覆膜玉米种植面积稳定在 1.5 万亩左右，甜菜等特色农业种植面积达 0.5 万亩。累计流转土地 9000 亩，形成种植大户 13 家，通过土地流转，使土地得到合理化、集约化利用。养殖业方面，重点是扩大生猪、肉羊养殖规模，新改建圈舍 1 万平方米，建设羊人工受精站 3 处，肉羊存栏 100 只以上专业户达 20 户，年出栏肉羊 1.8 万只、生猪 1.5 万口。林草业方面，全乡有退耕还林地 4.29 万亩，人工种草 0.8 万亩，苗木种植 1.86 万亩，苗木产业成为官屯堡乡的又一大创收主导产业。新农村建设方面，2015 年，全乡共废弃院落 2095 处、8032 间，土院墙 12.5 万延长米、附房 4018 间，修缮危房 258 户，新建砖瓦房 2773 间、附房 2935 间，新砌院墙 11.6 万延长米，整治院落 1294 户，街巷硬化 70.543 千米，新建文化广场 6 处、9300 平方米，完成呼阳公路两侧植树 3.5 万棵。

社会事业全面进步。境内有寄宿制小学 2 所、幼儿园 2 所，有卫生院 2 家、村卫生室 9 个，全乡参加新型农村合作医疗人员 18498 人，常住人口参合率达 100%。

南城区办事处

南城区办事处位于丰镇市区东南部，与市区仅一河之隔，属市区近郊涉农办事处。境内有薛刚山风景区、自治区级重点文物保护单位（金龙大王庙）、明长城遗址以及贺龙同志当年驻扎过的旧址。

南城区办事处南与山西省堡子湾和得胜堡接壤，东与黑土台镇、官屯堡乡相邻，西与市区相连，北与隆盛庄镇分界。办事处驻地在饮马河畔、薛刚山下的东园村，距市区仅1千米。境域京包铁路、二广高速、208国道、呼阳省道以及丰浑、丰兴、云丰公路纵横交错，地理位置优越，交通优势明显。

2001年乡镇机构改革，将原新城湾乡、粒峨村乡合并为新城湾镇；2006年撤乡并镇又将原粒峨村划归黑土台镇，撤销新城湾镇，设立南城区办事处。辖区总面积84.6平方

薛刚山

千米，辖五台洼、四城洼、毛鱼沟、新城湾、东园、二号沟、铺路、沟门8个村委员会、33个村民小组，现有户籍人口28020人，常住人口23181人，人口密度每平方千米322人。

境域处于浅山丘陵地带，属典型的干旱、半干旱大陆性季风气候，四季分明，日照充足，年平均气温为4.7℃，全年无霜期一般在130天左右，年平均降水量为384.6毫米，地下水资源和山区浅表玄武岩储量极为丰富。拥有耕地面积1.6万亩，其中水浇地0.5万亩；退耕还林

（草）1.6万亩。农作物以玉米、马铃薯、杂粮杂豆为主，并兼顾传统蔬菜种植。辖区驻有市广播电视局、市交通局、丰镇发电厂、京隆发电厂以及市氟化工业园区。

近年来，南城区办事处认真贯彻落实"四个全面"战略布局，牢固树立"五大发展"理念，坚持以人为本，全力关注民生，经济社会发展取得长足进步。一是大力调整种植结构，积极推进区域化特色种植。在饮马河沿线水利条件好，距离城区较近的东园、新城湾、圪塔等村庄，发展保护地蔬菜种植；在离城区相对较远的山区，发展马铃薯、玉米、杂粮豆种植。二是加大实用技能培训力度，解决失地农民的就业问题。针对四城洼、五台洼、毛鱼沟失地农民多，靠近氟化工业园区的实际，积极争取劳动就业部门支持，加大对失地农民的培训力度，先后介绍2000多人入园务工。三是加大招商引资力度，为群众就业搭建平台。近两年来，先后引进

二手车交易市场、清真牛羊屠宰场、万吨储窖、恒达物流四个项目，共完成投资7200多万元，解决当地600多人就业。四是以推进美丽乡村建设和精准脱贫工程为契机，大力发展各项社会事业。

旧城区街道办事处

旧城区街道办事处位于市老城区，是丰镇市的商业中心，境内有被列入自治区级重点文物保护单位的古建筑南阁。

南阁

1990年撤县设市后，丰镇市城区设旧城区、新城区、工业区3个街道办事处。2001年撤销城关镇人民政府，成立北城区街道办事处，将原旧城区办事处管辖的马桥街以北的7个居委会划归北城区街道办事处管辖。旧城区办事处现辖文庙街、平安街、顺城街、东巨墙街4个社区居民委员会，34个居民小组，办事处机关驻地旧城区西巨墙街1号。辖区总面积3.3平方千米，总人口28956人，其中常住人口27744人，流动人口332人，人口密度每平方

千米 8455 人。辖区驻有市党校、安监局、农业银行、农发行、工商银行、火车站、汽车站、运管站、邮政局、市医院、中医院、丰镇一中、丰华小学 14 个单位。辖区有批发零售个体工商户 1642 家，有街道文化站 1 个、社区和居委会文化中心 1 所、社区图书室 4 个、文物古迹 1 处（南阁）。

近年来，旧城区办事处以抓基础设施建设为重点，以发展社区服务为龙头，以方便群众生活、提高居民生活质量为宗旨，进一步整合社区规模，健全管理体制，完善工作机制，强化服务保障，推进基层民主，维护社会稳定，社区建设健康发展、亮点纷呈。文庙街社区曾荣获内蒙古自治区"创先争优"先进基层党组织，东巨墙街社区曾先后被评为乌兰察布市创建文明社区示范点、文明社区和先进基层党组织等。

东巨墙街社区现有办公活动场所 1600 平方米，形成了集服务居民、居民活动、居民议事、党员活动为一体的综合服务楼。2014 年，按照乌兰察布市"社区场所建设年"的要求，丰镇市委将东巨墙街社区列入重点社区进行重点打造，深入开展三级示范抓引领推进服务群众常态化，落实从严治党"1+3"制度体系。

社区支部以"党建引领、民生为先"为目标，以"始于群众需求、终于群众满意"为宗旨，以"三有四化、六园一港"为载体，以建设服务型社区为抓手，把"知民情、解民忧、化民怨、暖民心"作为社区工作的出发点和落脚点。最终，社区在工作实际中总结出了"走进来、沉下去、请进来、送下去"的十二字工作法。"走进来"就是社区居民走进社区后，不仅能享受到方便快捷优质高效的"一站式"服务，还能够参与各类健康向上的文体活动。同时，社区为了提升居民的文化情趣，组建了一支 40 余人的老年艺术团，不仅下街道演出，而且多次为全市居民进行汇报演出，极大地丰富了居民的文化生活；。"沉下去"就是社区

腰鼓表演

工作者、网格长和网格员，坚持每周对网格内所有住户、个体工商户、企业等拉网式走访一遍，对特殊群体走访两遍，全面掌控网格内信息，并通过"干部了解、居民反映、台账记录、分析办理、反馈结果"五条途径，将居民的大事小情兜在了网中，实现网格管理全覆盖，民意收集零盲点，处理反馈阳光化。"请进来"就是把社区单位代表、居民党员、流动人口等志愿者请进来，开诚布公地进行讨论、沟通，共话群众的困难和诉求，共商社区的当前工作，共议社区的发展大计，架起了联系和服务群众"最后一公里"的连心桥。"送下去"就是通过"送关爱、送温暖、送技能、送岗位"四条途径，将党的温暖和关怀送到社区内年老体弱、下岗失业、大病残疾、生活困难等弱势群体中，送的是小温暖，汇聚起的是无穷尽的大力量。

通过开展"十二字工作法"，东巨墙社区解决了一批群众关心的热点、难点问题，改善了社区面貌，走出了一条以居民满意为出发点、以完善社区服务为重点、以创新社区管理为动力、以提高居民指数为目标的社区管理新模式。

新城区街道办事处

新城区街道办事处所辖范围为铁路以西市区，是丰镇市辖区面积最大的办事处，行政办公区、居民住宅小区大都集中在本辖区内，境内有二广高速丰镇出入口，交通便利。

辖区东与北城区街道办事处、

旧城区街道办事处以铁路线为界，南与工业区街道办事处相连，西北与城郊巨宝庄镇相邻。办事处驻地南新建街铁南路 80 号，辖区总面积 16.5 平方千米，常住人口 68352 人，人口密度为每平方千米 4124 人。辖区内驻有市委、人大、政府、政协等 60 多个党政机关和行政事业单位，商业门店、医院、学校、银行等公共服务区和酒店、文化广场、公园等休闲娱乐场所。

办事处现辖南新建、新华、迎宾、建设、北新建、浦江 6 个社区，36 个居民小组，设 6 个居民委员会和

10个党支部、31个党小组，直管党员445名。近年来，新城区办事处把社区建设作为重中之重来抓，6个社区全部设有党支部、居委会、民情室、警务室以及集党员管理、社会事务管理、市民学校、业余党校等为一体的综合服务场所，开设了社区卫生计生服务站和社区图书室，每个社区都有一支社区志愿者队伍，使社区真正成为倾听群众呼声、化解基层矛盾、畅通民意、沟通政府与群众的桥梁。社区服务工作成绩

斐然，办事处连续荣获丰镇市综合先进奖、乌兰察布市先进党委，特别是在维稳综治方面连续保持全市先进水平，并荣获乌兰察布综治"大乡大镇"表彰，西新建社区还获得内蒙古自治区"长安杯"嘉奖殊荣，明珠社区先后获得丰镇市和谐社区、党风廉政建设先进集体、全国和谐示范社区等荣誉称号。

明珠社区成立于2013年6月，辖区面积3.12平方千米，共有明珠、奥威、浦江等23个住宅小区，现已入住居民7512户，20123人。明珠社区全面落实自治区从严治党"1+3"制度体系，建立完善了"三包一联"、三级民情工作会议和区域化党建等制度，解决了联系服务群众"最后一公里"的问题。一是完善"三包一联"工作责任制。在示范抓引领

工作中，制定了《明珠社区关于深入开展示范引领活动推进联系服务群众常态化工作实施方案》，明确了引领工作的总体要求、工作思路、方法和措施。社区两委班子成员每人负责一个网格、一个街巷、一个楼栋，并联系一户特殊群体，使矛盾在一线化解，问题在一线解决，做到"小事不出网格，大事不出社区"。二是完善三级民情工作会议制度。网格、社区、街道建立民情工作会议制度，网格每周一至周四收集社情民意，社区和街道在周五、周一分别召开民情工作会议，集中研究解决群众意见和问题。三是完善区域化党建制度。按照全市构建区域化党建工作格局的要求，明珠社区成立了社区联合党委，并且将17个驻区单位党组织的886名党员吸纳进了社区联合党委，并认领了岗位，建立健全了每年召开两次区域党建工作例会制度，驻区单位的体育场和健身活动室等场所免费向社区居民开放，真正实现了党员共管、资源共享、活动共搞、共驻共建的目标。

工业区街道办事处

工业区街道办事处地处老城区南部，是丰镇市老工业企业的聚集地。

辖区北至一中路、经委路，南至丰镇发电厂，东至208国道，西至技校路。办事处驻地同丰路23号，现辖东南、新标路、拖修路、电厂路4个社区居委会，下设34个居民小组。辖区总面积10.8平方千米，常住人口32728人，人口密度为每平方千米3035人。辖区驻有丰镇发电厂、市交通局、市质量技术监督

局、市供销社、盐业公司等单位。主要街道有电厂环城路、208国道、技校路、环城南路。

近年来，工业区党工委始终坚持"以人为本，服务居民"的宗旨，适应新形势，创新基层组织建设，进一步加大社区建设力度，提升服务水平，提高服务质量，切实增强社区凝聚力，努力营造稳定的社会环境、良好的治安环境、规范的法制环境和适宜的人居环境。先后新建了新标路社区，改建了东南社区，扩建了拖修路社区，搬迁了电厂路社区，各社区服务党员群众的功能得到极大的提高，为开展"五城联

创"，创建平安丰镇、和谐丰镇奠定了坚实基础。社区建设扎实推进，多个社区荣获先进殊荣，尤其是拖修路社区曾荣获内蒙古自治区治安先进社区，乌兰察布市综合治理、民政、再就业、计生等多项工作先进社区和先进集体称号。

拖修路社区总建筑面积680平方米，社区机构设置有：党员活动室、科普活动室、市民大舞台、文化图书阅览室、多功能活动大厅、信访接待室、社区警务室以及集社会救

助、住房保障、困难救助、医疗救助、社会保险、法律援助、人口计生、劳动就业等为一体的服务中心。社区党支部从"想群众所想、急群众所急，一切为了群众、为了群众一切"的服务宗旨出发，按照把握关键、多元参与的原则，将各类服务资源进行整合，积极拓展服务领域，认真开展"五联共建"，形成了优势互补，上下联动的服务新格局。一是服务联办顺民意。社区党支部与

社区服务中心联合行动，为社区居民建立健康档案，为586名60岁以上老人和182名慢性病患者提供无偿或低偿诊疗服务。这种联合方式，顺应全国医疗卫生改革的方向，便于居民在社区范围内享受低廉、便利的医疗服务。二是环境联抓改面貌。社区党支部协调城市建设管理部门，利用物业资源、保洁队伍及水电暖技术团队，开展修补社区路面，整治社区卫生，美化社区环境等工作，共同打造优质的人居环境。

三是法务联动促和谐。社区党支部配合司法所积极开展法制宣传活动，对社区范围内假释人员进行教育矫正，妥善处理调解民事纠纷，推动社区法治建设，提高居民依法维权意识。四是治安联动保平安。社区党支部与社区民警联合行动，开展铲毒禁毒、打击传销诈骗、取缔赌博场所等治安管理工作，形成社区协查、及时联络、公安执法的互动机制，共同构建平安社区。五是活动联搞暖民心。社区党支部整合各项支助资源，积极帮扶社区贫困户和残疾人，把党和政府的爱心与温暖送达弱势群体，让困难家庭感受到社会关怀，共建温馨有爱社区。

北城区街道办事处

北城区街道办事处位于老城区北部，是丰镇市重点棚户改造区，辖区内有北山公园风景区、自治区级重点文物保护单位牛王庙古建筑。

辖区西至京包铁路，东至208国道，南至马桥街，驻地北城区解放路1号，现辖马桥南街、义和、北山、土塘4个社区居民委员会、51个居民小组。总面积5平方千米，常住人口26204人，人口密度每平方千米5240人。辖区驻有公安局、林业局、电大、乌兰牧骑、新华书店、建设银行、包商银行、武仓街小学、逸挥小学、治安大队等单位，有基督教堂1处、文物古迹2处，有个体工商户1203户。

近年来，北城区街道办事处结合地处老城区的实际，针对老年人等弱势群体居多、社区阵地小、功能不完善、文化生活落后、社区工作向心力差的问题，按照乌兰察布市"推进三有四化、创建六园一港"的要求，以阵地建设为突破口，以提升服务水平为目标，以建设"和谐社区、温馨家园"为主题，在社区阵地建设、人员配备、经费保障和功能打造四个方面不断加大工作力度，提升社区管理服务水平，不断强化社区功能，完善社区服务，解决社区问题，有效实现社区建设的规范化、制度化和科学化，为辖区经济发展营造了一个稳定、和谐的社会氛围。截至2016年底，办事处所辖的4个居委会全部建成，并拥有文化活动中心、社区图书室等标准化社区阵地，形成了"有场所议事、有人管事、有钱办事、网络化管理、精细化服务"的格局，社区各项工作取得了新进展。特别是义和社区先后获得丰镇市文明社区、精神文明建设先进集体、先进基层党组织等荣誉称号。

义和社区始建于2001年，是一个典型的弱势群体居多、老年人居多的老城区社区。在功能建设上，紧紧围绕"和谐社区、温馨家园"这一主题，将社区活动场所划分为4大块，即"一谷、一岛、一地带、一大厦"。"一谷"即"欢乐谷"。

针对居民生活水平低，参与文化生活少的问题，建起了全市最大的集戏曲、电影、仪式、服务培训为一体的占地160平方米的"欢乐谷"。通过丰富多彩的文化生活将居民聚集到一起，使社区成了居民群众生活中不可或缺的"第二个家"。"一岛"即"开心岛"。社区开辟了占地700平方米的有氧运动空间，建起了篮球场，配齐了各类体育器材，为居民锻炼身体、强健体魄提供了方便。"一地带"即"阳光地带"。社区积极为辖区居民提供方便快捷的服务，本着办公场所无限小、服务群众无限大的原则，设置了集党员连心桥、民情直通车、揽事厅、和事堂为一体的服务厅，为联系和沟通党员群众提供了桥梁和纽带；建起了集化解矛盾、服务居民和震慑犯罪于一体的警务室，为群众提供了安全保障。在此基础上，还与有关部门联系建起了"便民驿站"，让居民进入"阳光地带"就能享受到便捷温暖的服务，增强了社区工作的凝聚力。"一大厦"即"温馨大厦"。社区着力打造"义文化"和"和文化"长廊，以"仁义""和谐"的理念教育群众，提高群众的正义感。还建起了与居民群众生活息息相关的文体活动功能室，让居民群众真正体会到"社区就是自己的家"，真

正让居民群众的生活变得五彩缤纷、充满希望与活力。

同时，以服务居民为宗旨，坚持"三走动"工作法，即：社区两委班子成员召集社区工作者每周一按既定路线到辖区居民中集中走动，社区网格长每周二、四集中网格员到各自网格分组走动，楼院长每周三、五到楼院居民中入户走动。在走动的过程中，实行"听、看、问、记、办"五步走，要倾听、观察、询问，切实了解群众的所需所盼，并原原本本记录在案，每天下午集中研究解决。在解决问题的过程中，与全市推行的"11235"工作法紧密结合，通过市委政府、办事处、社区三级联动，采取社区能解决的问题及时解决，社区不能解决的问题，

联系有关部门或工作人员帮助解决，重大复杂问题由市委、政府指派相关部门解决的方式，有效解决了居民的生产生活困难，优化了服务效能，提升了服务质量，切实解决了联系服务群众"最后一公里"问题，使社区真正成为到处充满和谐阳光的居民之家。

丰镇的近现代革命

HUASHUONEIMENGGUfengzhenshi

丰镇的近现代革命

FENGZHENDEJINXIANDAIGEMING

丰镇地区地域宽阔，民风淳朴，在历次革命战争中都有光荣的战斗历史，铭刻着彪炳史册的光辉业绩。

丰镇地区的抗日斗争
丰镇地区的抗日斗争反帝大同盟

"九·一八"事变后，东北三省沦陷，全国抗日的浪潮逐日高涨，丰镇人民毅然投入抗日救亡运动中。1932年1月，丰镇籍的共产党员胡一新接受党的派遣，返回家乡进行抗日工作，在丰镇县官屯堡乡十五坡村组建了大阳丰（即大同、阳高、丰镇三个地区）反帝大同盟，这个组织是抗日斗争的先进组织，也是丰镇最早的抗日组织。随着大阳丰反帝大同盟声势日益扩大，经上级指示，该抗日组织改为雁北反帝大同盟中心委员会，雁北反帝大同盟不仅联络了丰镇县的抗日志士，也联合整个雁北地区的抗日力量，开创了抗日救亡运动的新局面。

马头山根据地

马头山位于左云、右玉、凉城和丰镇四县的交界处，由于山高地险，再加上日伪统治力量薄弱，所以马头山是开辟和发展抗日游击根据地的理想区域。1937年，八路军一二〇师警备六团宋时轮支队约二百人进入丰西和凉城地区，开辟了马头山抗日游击根据地，点燃了丰西地区的抗日烽火。根据地先后组建成立了中共左右凉丰工作团、左右凉丰抗日民主县政府、中共大丰凉左县政府、中共丰集县委和县政府、中共丰凉县委和抗日民主政府，全面开展了抗日游击斗争。1942年，由于日寇对各抗日游击根据地的扫荡更加频繁，实行惨绝人寰的"三光"政策，制造"无人区"实行经济封锁，马头山抗日游击根据地及丰镇地区各抗日组织进入了最艰苦的斗争阶段。为了打开抗日斗争新局面，马头山抗日游击根据地决定主动出击，创造战机打击日寇，实行反扫荡，最终粉碎了日寇

的五路围剿计划，保存了革命力量，巩固了马头山抗日游击根据地。

夜袭红砂坝

红砂坝火车站是乌兰察布集宁区和丰镇市之间的重要站口，它是晋绥要道的关口，战略地位很重要。日军侵占丰镇后，即在红砂坝火车站修建坚固的碉堡，日伪军日夜防守。1938年9月，八路军一二〇师警备六团奉命截断平绥铁路的交通，遂决定夜袭红砂坝火车站。这次战斗毁坏了红砂坝火车站的部分设施，使其不能正常运作，切断了平绥铁路运输线，消灭日伪军百余人，缴获了一部分武器弹药和军需品，补给了六团的装备，极大地打击了日寇的嚣张气焰。

偷袭敌人据点

1939年7月，八路军警备六团决定偷袭丰镇东山的大庄科和巴音图两个日伪重要据点。大庄科和巴音图日伪据点常年有十几个伪军驻守，遇有情况，日军即时赶到增援，同时，大庄科和巴音图村子里都驻有二三百人的自卫团骑兵，武装力量较强，这两个据点日寇控制也相当严密。战斗方案确定后，警备六团集中主要兵力从右玉西山出发，穿过平绥铁路，然后兵分两路，分别袭击大庄科和巴音图。六团的行动严格保密，行动神速，大获全胜，消灭了100余日伪军，两个据点的炮楼全部炸毁，缴获了两个据点的全部物资和枪支弹药。这次成功袭击日伪据点，无疑相当于在日寇的后院放了一把火，对其震动极大。

剿匪除奸战

亮马台事变后，匪首徐喜和杨永胜投靠了日寇。日寇利用土匪武装在东山一带建起了一套伪政权，同时在黑土台、元山子、大庄科、官屯堡、巴音图等地建立敌伪据点，修筑碉堡，在各大村组建自卫军，沿长城一线也建起镇川堡、镇川口和镇边堡据点。几个据点的日伪兵力合起来近1500余人，而且土匪武装大部分是骑兵，装备好，因此很是猖獗，经常配合日伪军进行扫荡。日寇实行"三光"政策，土匪则大肆烧杀掳掠，无恶不作，东山地区一时乌云满天，哭声遍地。1939年初，八路军警备六团深入丰东了解到人民的疾苦，配合中共丰东工作团打击日伪军，但是与敌军力量悬殊，几次攻击都未奏效。后改变战略，东奔西战，明打暗袭，掳了一些土匪小头目，也镇压了一些汉奸恶霸。三五十人的小股土匪不敢明目张胆地危害百姓了，但大股的匪部仍未收敛，专与抗日游击队和百姓为敌。1940年2月，警备六团改编为彭八旅九团。他们再次进入丰东寻找战机，突袭巴音图，剿灭驻守徐喜土匪部，生擒50余人，徐喜只身逃脱。3月，八路军一二〇师六支队骑兵营在张生瑞和王林元的率领下，进入丰东配合丰东工委剿匪。邢安民匪部受到毁灭性的打击，虽然几个匪首逃脱，但其势力一蹶不振。8月，六支队骑兵营突然袭击元山子据点和杨永胜匪部，除消灭部分敌人外，还截获了日伪骑兵的战马200余匹，缴获了大量的军需物资，此战告捷。

丰东游击战

丰东山高沟深，重峦叠嶂，虽然是日伪军重点防范之地，但仍然是游击队活动的好地区。丰东的土匪多如牛毛，日寇利用钱物收买土匪武装，将他们改编为自卫团，建立伪政权，构筑碉堡，修建据点。土匪变成官匪之后更加猖獗，他们残害百姓，破坏抗日行动，专与八路军游击队作对。1939年初，警备六团派丰东工作团进入丰东开展工作，创建丰东抗日游击根据地。警备六团属党中央指挥的军队，部队成员老红军多，作战勇敢，富有经验。他们两次出征丰东，穿过平绥铁路，越过长城，全部开赴丰镇东山，分

别驻扎在大庄科、官屯堡、浑源窑、对九沟一带的山区里开展游击战争，除土匪，攻据点，开辟了以采凉山和盘羊山为中心的丰东抗日游击根据地，打开了丰东的局面，为丰镇的抗日战争取得全面胜利奠定了基础。

小林宽澄丰镇情

抗战时期，作为侵华日军的一员，小林宽澄于1940年被八路军俘虏，在中国共产党政策的感召下毅然反正，加入反战者同盟，后在山东加入中国共产党。抗战胜利后，小林宽澄帮助政府做遣返战俘和日侨工作。1953年，小林宽澄调入丰镇县人民医院任副院长。1955年回日本。2008年12月5日，90岁高龄的小林宽澄从北京返回第二故乡丰镇，看望他曾经工作过的地方和同事，实现了他几十年来的夙愿。2015年，小林宽澄受中国政府邀请，参加了抗战胜利70周年阅兵式。小林宽澄现任日本八路军、新四军老战士协会会长，用他毕生的精力为中日友好贡献着力量。

解放战争时期

1945年10月29日，丰镇第二次解放。中共绥蒙区党委、区人民政府、晋绥军区暨晋绥野战军司令部进驻丰镇城。区党委书记高克林、副书记苏谦益，委员吴开章，绥蒙

区政府主席杨植霖、副主席阎秀峰，晋绥军区司令员贺龙、政委李井泉、政治部主任甘泗淇、参谋长张宗逊等都住在丰镇城内。随晋绥军区来的还有朱德总司令的儿子朱琦及其未婚妻赵力平，当时朱琦任晋绥司令部通讯科长，赵力平任文书科参谋（1946年3月，贺龙司令员批准朱琦同志与赵力平同志在丰镇完婚）。

中共绥蒙区党委、区政府把丰镇当作解放全绥远的指挥中心，专门设置了丰镇城防政治部和隆盛庄市，把丰镇作为平绥铁路的一个城市节点，开辟绥远新的解放区。1946年10月，国民党撕毁"停战协议"，大举向解放区进犯，丰镇县被国民党部队占据，中共绥蒙区党委、区政府撤离丰镇。

绥蒙军区在丰镇

1945年2月17日，贺龙和林枫致电中共中央拟在晋绥地区组建3个区党委和军区，中央批准并下达通知，中共绥蒙区党委、军区是其中之一。1945年10月，绥蒙军区随区党委、区政府进驻丰镇城，司令部设在城隍庙后街的北洋堂内。绥蒙军区所辖地有雁北的平鲁、左云、右玉和绥远的丰镇、集宁、陶林、凉城等7个完整县，还有雁北的朔县、山阴、怀仁、大同，绥远的清水河、托县、和林、归绥、武川、兴和、

萨县、固阳、包头等地各一大部分。驻地丰镇也成了这一地区的军事指挥中心。1946年6月，蒋介石公开撕毁"停战协定"和"政协决议"，向解放区全面大举进攻，集宁战斗失利，八路军失去集宁、丰镇、凉城等解放区，绥蒙军区机关撤出丰镇，转到大青山和马头山根据地开展游击战争，后军区机关和骑兵旅转移到雁北进行休整。1947年5月初，绥蒙军区骑兵旅掩护地方游击队和政府开辟丰东根据地，恢复重建了丰东工委、大阳丰工委。1948年2月，中共中央军委批准晋察冀野战军前委关于出击察南、绥东的作战计划。绥蒙军区配合作战，于3月27日攻占了丰镇城，绥蒙军区占领丰镇和凉城广大区域，晋察冀野战军达到了配合辽沈战役诱敌傅作义部西援的目的，奉命移师雁北，绥蒙军区也撤出了占领7天的丰镇城。8月，中共中央、中央军委命令绥远军区所属部队改为中国人民解放军西北野战军第八纵队，姚喆任司令员，高克林兼任政委，绥蒙军区机关仍然保留。9月14日，察绥战役解放了绥东的丰镇等8个县，使绥蒙解放区更为扩大。12月25日，晋绥军区奉中央军委命令，姚喆兼任绥蒙军区司令，高克林兼任政委。第八纵队和绥蒙军区与华北野战军

第三兵团于10月上旬扫清归绥外围，包头和归绥成为孤城，迫使困守于归绥和包头的国民党第九兵团开始谈判绥远和平起义。

丰镇三年拉锯战

1945年8月15日，日本宣布无条件投降，丰镇也随之解放。8月26日，国民党傅作义部3000余人攻占丰镇，中共晋绥军区和晋察冀部队奉命撤退驰援归绥，丰镇县委、政府随军撤出丰镇，重上马头山，展开游击战争。1945年10月，晋察冀部队由聂荣臻统一指挥，集中主力39个团、5.3万人合击傅作义部，攻占了丰镇城。同时，贺龙率晋绥部队在凉城、卓资山展开战斗，两军在丰镇再次会师，中共绥蒙区党委、政府和绥蒙军区司令部同时进驻丰镇城。1946年1月，国民党王英部进犯丰镇城，丰镇市党政机关撤出丰镇城。晋察冀纵队三旅击败王英后，丰镇市党政机关回驻丰镇城，中共绥蒙区党委决定撤销丰镇城防政治部，改组成丰镇县委、县政府。6月，蒋介石撕毁《双十协定》，公开发动内战，傅作义部倾巢东犯，向八路军控制的解放区大举进攻，集宁战役失利后丰镇随之失守，丰镇县委、政府撤到马头山游击区，中共绥蒙区党委、政府撤到雁北。1947年，丰镇和凉城再次合并成立丰镇县，活动于马头山和蛮汉山游击区。1948年3月7日，晋察冀野战军和晋绥野战军各一部先后进行了察南、绥东、临汾等战役。察南绥东战役结束后，野战部队跨过长城向北挺进，丰镇第三次得以解放。为了切断国民党军华北和东北的联系，配合东北战场，中共丰凉县委、政府根据形势主动撤出丰镇，重回马头山游击根据地。4月4日，国民政府县长魏纯美重回丰镇城，残杀无辜群众近百人，实行"白色恐怖"。1948年8月，随着辽沈、淮海战役的胜利结束，100万人发起平津战役。9月25日，晋察冀部队最终解放了丰镇，中共绥蒙区党委、政府和晋绥军区司令部再度进驻丰镇城。

革命家的足迹

在历时13年的抗日战争和3年的解放战争中，丰镇作为华北战场的重要组成部分，许多老一辈无产阶级革命家的足迹踏遍了丰镇的山山水水，其业绩彪炳史册，给丰镇的历史文化留下了一笔浓墨重彩的革命遗产。

抗日战争中，一二〇师师长贺龙、政委李井泉、政治部主任甘泗淇开辟了晋绥抗日根据地，曾先后多次驻扎丰镇周边，巩固和发展了晋绥抗日根据地。宋时轮，作为一二〇师七一六团团长，率先赴山

贺龙在泽落沟生活过的地方

西抗日前线与日军作战。同年9月，率领七一六团的一个营组成雁北支部队，开辟雁北抗日根据地，经常活动于阳高、左云、右玉、丰镇和大同等地区与敌周旋，建立了丰镇东山和丰凉县马头山抗日游击根据地，打开了雁北绥南的抗日局面。

在解放战争中，丰镇作为平津战役的一部分，特别是作为绥蒙政府的驻地，汇集了许多战争名将和文化人士，在共和国战争史上有名的将领中，有许多人曾在丰镇留下了足迹，如贺龙、聂荣臻、李井泉、杨植霖、罗瑞卿、高克林、张宗逊、姚喆、宋时轮等。特别值得一提的是，作为绥蒙区党委和绥蒙区政府主要负责人的乌兰夫同志在丰镇的历史上占有重要的地位。作为中华人民共和国成立后内蒙古自治区主要党、政、军负责人，乌兰夫同志曾先后多次踏入丰镇这块土地，对丰镇给予了很多的关注。20世纪80年代，作为党和国家的重要领导人，乌兰夫同志为丰镇改革开放建设指明了方向。此外，丰镇作为解放战争中绥蒙区党政驻地，还吸引了许多著名的文化界名人，如著名作家丁玲、翟强、非垢、朱丹、刘伍、杨戈、王焰、霍建及著名电影导演严寄洲等。丁玲在丰镇市（由于绥蒙区驻地的原因，解放战争时期，丰镇曾一度被划为市）举行的"一·二九"运动会上作报告，推动了当地积极分子"反内战、争和平"运动的发展。

怀古幽思

HUASHUONEIMENGGUfengzhenshi

怀 古 幽 思
HUAIGUYOUSI

丰川文化历史悠久，底蕴深厚，特别是有建制史的 300 年来晋冀人口的西迁，造就了丰川西口文化的精髓。境内的民居文化、庙宇文化元素构造了内蒙古中西部地区独特的县域文化特色。

古镇拾遗

丰镇是一座有着厚实年轮的塞外古镇，在绿意的掩映下，安谧与喧嚣、古老和现代在这里交织碰撞。同样，传统文化积淀和新潮时髦在这里融合。在漫长的历史发展中，在丰川这块土地上，留下了大量的历史痕迹，沿着古长城那依稀的踪迹，寻找古镇厚重历史的点滴，浸润徜徉于古文化的灿烂，将那些尘封已久的历史痕迹再次向世人展现。丰镇的主要历史遗迹有：三角城遗址（建于战国时代）、汉墓、明代烽火台、摩崖石刻（大明洪武二十九年山西行都指挥使司建筑）、藏兵洞、隆盛庄明长城遗址、战争遗址等。

明长城遗迹

三角城遗址—建于战国时代

汉墓

明代烽火台

摩崖石刻

隆盛庄明长城遗址

藏兵洞

战争遗址

民居文化

丰镇的民居在周边地区有其特别的内涵。清朝中叶，伴随着设立厅治，以及山西、河北人口的迁移，特别是晋商的涌入，丰镇市建起了许多商号，这些走南闯北的晋商在建筑艺术上追求尽善尽美的唯美主义，建筑造型富丽堂皇、装潢考究。

20世纪20—30年代，一些商人在北京购置了大量的民居，返回丰镇后，把京式四合院又复制回丰镇，构成了丰镇地区宏大的特色民居。在全国第二批历史文化名镇的名单里，隆盛庄榜上有名，离不开保存完整的古街巷和四合院。

丰镇有着厚实的历史文化，整

座城市建筑精美，规格甚高。从清乾隆十八年（1753年）开始建筑城墙，乾隆三十八年（1773年）、道光二十年（1840年）、民国五年（1916年），曾数次扩建城墙。城墙周长拓展为5576米，东、西、南为夯土城墙，北城墙为石砌城墙，高3米，建城门九座，现存于一中院内的南

阁，即为大南门，是丰镇通往内地及草原的官道。

丰镇旧时有大街十六条、小街巷二十五条、巷子四十六条，有名的街巷有：大东门街、人市街、城隍庙街、马桥街、老爷庙街、顺城街、洋沟沿街、通顺桥街、芦官巷、毛店巷、忻州巷、八大股巷、盛记巷等，

平安古商业街

此外还有南、北两个小广场。

丰镇因商而起，所以商号在城内比比皆是，商业、手工业、畜牧业、运输业极其繁盛。其中，大东门街因兴和、陶林（今中旗）等地的粮食和跑后草地（今蒙古乌兰巴托）的商贩必经之路而繁华起来的；人市街是每天各种雇工集中的地方；城隍庙街因城隍庙和财神庙的存在，吸引了众多摊贩和商铺落户，是城内的娱乐中心；马桥街是城内东西走向的一条大街道，店铺众多，商号林立，各业兴旺；老爷庙街是城内唯一的古官道，又因武庙在此，

各种社火常年不断，这里集中了许多有名的商业老字号，此外，这条街还有一座三门过街牌楼，集中了"丰川书院""接官厅"等建筑，是官、教、商、庙集中的一条街；大西门街是全城粮食行业最为集中的地方，这条街的中段建有一座巨大的迎街照壁，它的背后即是大西门；顺城街是城内的金融一条街，通顺桥街，从清代到1949年前后，一直是政府机构和慈善机构的驻地，此外有名的几条大巷主要集中了富人居住区和商贸制造业。

丰镇的民居之所以有名，和山

西人过日子的特点分不开，山西人在吃、穿上非常节俭，但盖起房来却特别奢华，丰镇的美宅就是在这种思想的驱使下而兴建起来的。丰镇的民居有以下几个特点：

一、方大门：此门多见于店院，如粮店、货栈、车马店等，主要是为出入方便。比较有名的是西阁脚下的南家大院，此院有正房十七间、东西房十一间，他们的院落大多数为土木结构，比较朴素，具有浓厚的农村文化习俗。

二、圆拱大门：此门建筑高大，有六米高，外圆里方，取天圆地方之意，外墙装饰华美，门面造型还融入了欧洲建筑元素，有立柱、柱

方大门

顶等，在当时来说比较新潮。

三、二虎头街门：这种门在丰镇的门楼建筑中是最具考究的一种形式，建有此门的多为富户人家，内建房屋顶上有房脊、兽吻、瓦顶、挑檐，地面有台阶、上马石、明柱、明柱上挂牌对、石鼓、户对。

圆拱大门

照壁

此外还有仿木结构和砖雕的街门、土街门等。

四、照壁：院落中几乎都要建照壁。照壁不只是一种装饰，按照过去迷信说法，建照壁是用以抵挡外来邪气的。丰镇地区的照壁多数在东靠厢房的南山墙建造，它通体由砖瓦砌成，石基座，四周建有浮雕，中间有一"福"字，照壁中心建有一座土地神龛。

五、正院：基本上是仿京式建筑，多数为四合院建筑，正房多为单数，五间居多，屋脊很高，上面镶有砖雕图案，如兽吻及文字"吉星高照"等，正房门窗装饰华丽，东西厢房也均为单数，三到十一间不等，院内青砖墁地。

庙宇文化

丰镇历史悠久，文化底蕴深厚，是草原文化、农耕文化和晋商文化结合地带，境内文物古迹遗存较多。

随着时代的发展，在物质文明得到基本满足之后，人们的精神追求便得到了进一步的释放。在以满足精神生活为主要目的的建筑中，如祭祀自然神和祖先的坛庙、安葬出现的陵墓、寄托宗教情怀的佛寺、道观和佛塔，当然就不容忽视了。实际上，在史前就有了自然神崇拜和祖先崇拜。进入文明社会以后，这种崇拜被保留了下来，并被儒家小心的加以改造而得到强化，其中以神权和族权来烘托皇权，成为维护封建迷信的重要精神支柱。

丰镇地处塞外，是内地通往草原边地的主要通关隘口。清代中期，由于山西、河北等早期走西口人口的迁徙涌入，丰镇这个放牧之地便逐渐被农耕文化所替代。由于晋商文化与当地文化的磨合，丰镇地区的经济得到了极大的发展和繁荣，经济的发展，也为当地人们的精神寄托提供了强大的土壤。随着丰镇正式设厅治（1750年），庙宇文化在丰镇得到了极大的发展，以致后来在一段相当长的历史中，丰镇地区成为内蒙古中西部地区县域中庙宇最为集中、最为辉煌的地区。2015年，内蒙古自治区文联在命名第三批"文化品牌县"即一旗（县）一品的活动中，在考察丰镇文化发展的过程中，即把丰镇庙宇文化作为一个很重要的考察内容。（注：丰镇在2015年被命名为自治区级"丰

川西口文化品牌县）

　　丰镇的庙宇建筑承袭了中原地区的庙宇建筑风格，城内外曾经有大小庙宇十六座，涵盖了道教、佛教、基督教、伊斯兰教等，其中大部分为道观庙宇。比较有名的寺庙有文庙、武庙、正觉寺、城隍庙、灵岩寺、大王庙等，此外还有奶奶庙和隆盛庄的南北庙、清真寺等。现仅留存的有灵岩寺、大王庙、南阁和隆盛庄的南庙、清真寺等几处，其中灵岩寺、大王庙、南阁三处古建筑已被列入自治区级重点文物保护单位。

　　文庙　作为儒家文化的集大成者，丰镇文庙建于光绪十九年（1893年）。孔子作为儒家的鼻祖，其供奉孔子的庙宇遍及全国南北东西，全国尤以孔子的故乡山东省曲阜的孔庙最为壮观，此外著名的还有北京的孔庙（现首都博物馆）。虽然文庙皆为祭祀孔子，但大江南北由于历史文化不同，其建筑风格有一

文庙

些细微差异（如云南省建水县文庙），一般来说，全国的文庙方位一般在东面（即有文东武西之说），但丰镇的文庙有一些特别，因其建在了城西。这是丰镇城最早由东向西扩展的结果，还有一个原因由于关羽是山西人，晋商把他放在第一位，先建武庙便顺理成章了。所以便有了丰镇文庙建在城西的缘由。

　　丰镇文庙门前有城内家喻户晓的名胜水阁凉亭，文庙建有正门，是一座三楼三门的牌楼庙门，庙门东西是八字影壁。进庙门后，分内外二进院结构，外院有一巨大的椭圆形砚池，砚池中建有三座石拱桥，

文庙（杨名声绘）

61

正对石桥的是三层很陡很高的石砌台阶，上面是五间高大的过厅，过厅后就是内正院，正北面为一凸字形的平台。台周围建一圈石雕围栏，围栏上浮雕有仙桃，台上建九间宏伟的大明殿，上供大明至圣文宣王及其他七十二位大弟子神位，大殿东西各有配殿六间。

武庙 丰镇的武庙实际上是龙王庙、火神庙、老爷庙三庙合一的建筑。它的建庙时间是清乾隆七年（1742年）和丰镇建城同步。庙内各式建筑结构复杂，除众多的石狮、牌楼外，还有三座戏台并列。一庙三戏台，这在全国的庙宇建筑中极为罕见，庙门前立有一对生锈铁旗杆，立体圆柱的盘龙栩栩如生，煞是威风。三庙共有的特点是：庙内所有的殿廊门房顶都设有兽吻和屋脊，全部为清一色的拱式卷顶房，而正殿却建有抱厦。

龙王庙 建于清乾隆七年（1742年），后又经历朝不断扩建和修葺。庙前面正对广场，并设三间大小的牌坊作为天山门，坊门障以朱漆木板将庙宇与广场分隔开来，牌坊的左右分别建有钟楼与鼓楼。庙前旗杆、石狮分立东西边，庙内东西为廊。其东西壁上分别绘有青龙、火龙。因历年祈雨塑碑，廊内石碑林立，甚为壮观。龙王庙占地面积较大，建筑开阔，飞檐斗拱，楹柱雕龙，彩绘纷呈。

火神庙 正殿三楹，殿前建有抱厦。殿内供有太上老君、鲁班、孙膑、吴道子。

老爷庙 中国历史上的武圣人有三位：关羽、岳飞、达摩老祖。本庙主祀为关、岳。由于关羽原籍为山西，晋人称关帝为关老爷，因

武庙（杨名声绘）

此俗称为老爷庙。该庙建于清乾隆八年（1743年）历时三年建成。庙内塑坐骑两匹。南一间塑黄骠马，北一间塑赤兔马。

正殿东西各有配殿两间。西为财神殿，东为圣母殿。

圣母殿祀三霄娘娘，殿中为龛，朱漆棂柱，金描雕牙，帐帷重叠。三霄娘娘居中端坐，两旁塑两奶母，膝下立两小童：一为痘哥哥，一为痘姐姐，龛前右立曹奶奶，肩扛搭链，内装泥塑小人，男女婴皆有。曹奶奶有前后脸，前脸白而含笑，脑后黑而瞋怒，她送子夺子各现一副脸。曹奶奶对面立送嗣哥哥。

值得一提的是，武庙这座三庙为一体的组合式庙宇建筑所供奉的神像比较多，各庙的结社更多，各行各业每年都要以自己所结社的名义，在自己会首的主持下举办着各种各样的庙会。在他们的各种祭祀活动中，为所供奉之神唱大戏是必不可缺少的。所以，每座大庙前都要建一座阅楼（戏台）。这样一庙就有了三座阅楼，三座阅楼的建筑结构基本一致，这在全国寺庙中也属少见，早些年间，这三座阅楼每年要唱一百八十台大戏，确是热闹非凡。

正觉寺　俗称南庙，庙址在丰镇城东南，建于清嘉庆三年（1798

正觉寺（杨名声绘）

年），重修于嘉庆二十一年及道光元年。咸丰五年（1855年）正觉寺毁于大火，咸丰七年重建。民国八年（1919年），僧人无边和尚，誓志重修寺院，再塑金身，数载奔波，广求布施，始修葺一新。正觉寺是城内唯一的一座佛教寺院。正门有匾，蓝底漆鎏金字，遒劲楷书"正觉寺"。

城隍庙　始建于清乾隆三十七年（1772年），乾隆六十年（1795年）增设抱厦禅室，重新彩绘内外殿宇。道光八年（1828年）重修。

城隍庙（杨名声绘）

城隍庙前广场是一片旗杆林，在这十多对旗杆中，只有一对以木为杆，以铁为斗，其余都是用青石雕成，精工细琢，各具特色。旗杆跌座，上下沿多琢莲花图案，或雕人物故事，各具式样，无一重复。杆身多为三节两斗，高低错落，竟上直指，最短的也在两丈开外。

财神庙 位于城隍庙东侧，与城隍庙紧邻。财神庙原附设于老爷庙正殿之西配殿，清光绪二年（1876年）夏，专建于此。庙门三间，中间为正门，左右两间是封式的，只在正门走道对面开门，钟鼓楼分列庙院两角。

正殿三间，前有抱厦，建在一个三尺高的石砌高台上。殿内供武财神、黑虎赵功明和文财神比干。东西两侧的高台下建有比正殿低矮的两间金银库，东为金库，西为银库。东西禅房各五间，东西厢房南各续建一间小房。庭院偏南建一座用石砌的八角亭，曰聚宝盆，实则是全院的蓄水池。院中有两棵参天古树。财神庙小巧玲珑，建筑紧凑，庄严肃穆。

吕祖庙 在城南小南门外（俗称南栅），靠城墙而建，建于民国

十一年（1922 年）。

　　集宁到兴和之间有一个村叫康巴圈，民国九年（1920 年）发现古墓群，村民挖墓淘金，挖出许多器物，卖给了丰镇再礼公所开的古物店。此店收了许多古物，后一只金碗就在北京卖了七千银元。礼公所的掌柜认为此钱来之神助，便用这笔款盖了吕祖庙，以还神愿。

　　马王庙　建于光绪元年（1875 年），它建在西阁的城门楼上。殿广三间，内供马王爷，七手八脚三只眼，形象很吓人。马王庙由马王社管理。它平时不开门，只有在庙会时才开启。它的梯道深入马王社院内，马王社坐西向东一个小街门。庙院很窄，只有一排南房五间。西阁门的正面是西向，门前有一对石雕青狮蹲踞，雕工精细，很是威武。左右有旗杆一对树立。

　　大仙庙　建于大仙庙街（西巨墙街）中段一个丁字路口的北面。是一座两层楼建筑，它虽叫庙但没有庙院围墙，是因为它建在路边，路面窄而未能建更多的建筑，它上下各三间，建在一个平台上。庙内没有塑像，只供狐仙的牌位、画像。用木栅栏围成一个小院，院中有石狮一对，旗杆一对，铸铁香炉一个，西边还有一个陪祭的小五，即五道庙。庙的南面还建有一座阅楼，庙

虽小还建有戏台，可见供祭人们的重视。城内建阅楼的庙宇仅有三座，即武庙、牛王庙、五道庙。五道庙原建在人市街北巷，后迁到此。

灵岩寺 俗称牛王庙，位于丰镇北山东北角的巉岩壁上，随山势而筑，层层拔高，设计精巧别致。灵岩寺建于清咸丰二年（1852年）。山寺正对太阳升起的地方。每当东方破晓，太阳犹如火球冉冉升起，金光耀眼，霞光满天，眼前山川披金，村镇镶金，树木挂金橘，饮马河水金波粼粼，犹如置身于童话世界，胜似庐山观日之景。山寺朝霞成为当时丰镇八大胜景之一。

灵岩寺南侧山崖有一山洞，曰紫霞洞，是道士修炼的地方，现在遗址尚存。

金龙大王庙 辽天庆五年（1115年）建，在小元山侧，五股村南不远处的山坡上，方门向西，直径不及一丈，全以石条圈砌而成，形状像蒙古包，这座小祠，就是金龙大王庙的前身。清嘉庆十九年（1814年）重修时移于飞来峰山巅后才真正祭祀金龙大王。金龙大王姓谢名绪，兄弟四人，即纪、纲、统、绪，谢绪最小。它是宋代会稽人，宋亡后是一位力图复国的民族英雄。复国失败，投水而死。明太祖主朱元璋在1368年建立明朝，太祖为了纪念他封谢绪为金龙四大王。这座庙供祭的就是宋人谢绪。大王庙建在一座很小的、孤立的石山上，建庙者独具匠心，依山的自然形势，铺阶石，起殿阁，建筑峻峙而灵秀，密集而不砌滞，飞檐高脊，肖然向西而立，气势雄伟，是丰镇的胜景之一，是游人游览的好去处。

在大王庙的诸多建筑中，最引

人的是吕祖阁,吕祖阁又名望海楼,耸立于飞来峰的最前端,似凌空悬浮。它建于道光七年(1827年)。阁内塑吕祖坐像,金面长髯,壁悬佩剑。阁上雕梁画栋,色彩斑斓,金碧辉煌,阁前原为一片海水,水清如鉴,后来海水退去,海底变为草滩,滩中留下几眼清泉,俗称灵泉。清晨,透过轻纱似的薄雾,站在望海楼上,城市轮廓尽收眼底,犹如观赏海市蜃楼一般,使人心旷神怡。"海楼夜月"是丰镇古代八大胜景之一。

隆盛庄寺庙 隆盛庄具有特色的古建筑有南庙、北庙、清真寺和回民义坟,现南庙、清真寺和回民义坟保存完好,北庙在中华人民共和国成立初期已毁。南庙初建于嘉

金龙大王庙

隆盛庄清真寺

庆年间，始为关帝庙，近代改为佛教活动场所，现保存较好，庙内现存碑文牌匾，雕梁画栋，很有特色。清真寺建于清道光十年（1831年），其建筑既保持了阿拉伯风格，又有地方特色，布局合理，工艺精巧，并树有碑文、牌匾，画栋雕梁，威严壮观，亭门上悬牌匾一幅，匾文"开天古教其尊无对"，系绥远督统马福祥所书。隆盛庄清真寺现已被列为内蒙古自治区重点文物保护单位，是内蒙古自治区规模较大的清真寺。

丰川美景

HUASHUONEIMENGGUfengzhenshi

丰 川 美 景
FENGCHUANMEIJING

丰川大地风景秀丽，空气清新，气候宜人，自然、人文景观颇多，古有旋鸿池、八大自然胜景等，今有典型的高山草地、湿地草地，林海、水域、鲜花、野果遍布全境，生态、自然、和谐融于一体，吸引古今游客观光游览。

人杰地灵之宝地

丰镇是草原游牧文化和蒙古族生活最具特色的体验区，是蒙汉文化相互交融、晋蒙通商交流最具代表性的地方。在这里，不仅可以倾听悠扬的蒙古长调，感受体验蒙古族民族文化的古朴和自然，还可以流连在幽静的农家小院，享受绿色的田园风光，同时，还能挖掘出晋商文化的真谛，探寻那走西口路上漫漫的驼铃。

丰镇地区在距今8000年左右就有人类活动。在北魏道武帝拓跋珪天赐三年（406年）八月，拓跋珪从魏都平城（今山西省大同市）出发，途经今丰镇市西幸武要北原（今辉腾锡勒），观看了九十九泉的风光。

清朝康熙九年（1670年），太仆寺在今丰镇市境内设置察哈尔右翼牧场，豢养军马，供清廷征伐时

人民公园

征调之用。康熙十四年（1675年）迁蒙古察哈尔部右翼正黄旗、正红旗于境内驻牧。光绪十八年（1892年）3月4—6日，俄国蒙古学学者、旅行家阿·马·波兹德涅耶夫从张家口经今兴和县境内进入丰镇市的隆盛庄、永善庄、丰镇城、巨宝庄等地作科考之旅，考察了当地的风土人情。他认为隆盛庄、丰镇是张家口至库伦（今蒙古国乌兰巴托）大道上商贸繁荣的两座城镇。

在民国4年（1915年）7月，平绥铁路修至丰镇，丰镇成为平绥线的临时终点站。民国8年（1919年）9月，冰心、文藻夫妇等8位文化名人组成平绥沿线旅行团，来丰镇旅游，他们的目的是考察平绥沿线经济、宗教、风俗、物产、风景及古迹的种种状况。冰心在民国24年（1935年）1月29日撰写的《平绥沿线旅行记》中记述他们一行游览丰镇城内文庙、灵岩寺、牛王庙等地的情况。民国24年（1935年）日本考古委员会江上波夫等人沿张家口到归化城、百灵庙、四子王旗、凉城、丰镇沿线进行科考旅游，他们10月12日5点半从丰镇西门入城，看到丰镇景色秀丽，城内热闹非凡，一片繁华的景象。1998年12月28日，经国务院批准，丰镇市对外国人开放，外国人来丰镇市只持有效签证或居留证件即可，不必申办旅行许可。

旋鸿池

旋鸿池东西二里，南北四里，云霞之间常有鸟道，有山有水，环

饮马河

境优美，不仅是北魏皇帝游览观光的地方，也是他酝酿决策国家大事的地方。

北魏明元帝拓跋嗣在泰常元年（416年）率大部人马途经今丰镇赴九十九泉巡幸观光。北魏太和年间（477—500年），今丰镇市境域属旋鸿县县地，隶凉城郡，孝昌时（525—527年），为六镇居民攻陷而废。天平二年（535年），复置旋鸿县。旋鸿县因今丰镇市境域属旋鸿池而得名，在今市驻地西巨宝庄镇境内，是当时的游览胜地。其中，北魏文成帝拓跋濬于和平三年（462年）2月，前来旋鸿池观看渔猎盛况。

北魏孝文帝拓跋宏（元宏）在太和八年（484年）4月，巡幸旋鸿池和崞山（今山西省大同市境内）；太和十八年（494年）8月，又巡幸了旋鸿池。这两位皇帝对旋鸿池的巡幸，不光是观渔畋猎、游山玩水，同时也是带有浓厚的政治色彩的北巡，都与稳定政局、整治官吏有关。旋鸿池虽今已被湮没，但它在北魏历史上留下浓重而辉煌的一笔。北

魏后期，中国著名的地理学家、散文家、旅行家郦道元前来今丰镇市作科考之旅。隋唐时期，今丰镇市境域隶云州、北恒州管辖，在唐高宗永淳元年（682年）后，旋鸿池由突厥、回纥占据，是突厥与唐朝贸易往来的必经之地。

八大胜景

光绪七年（1881年），丰镇厅理事同知德溥主持总纂《丰镇厅志》，记载了丰镇八大胜景，属今境内的有五景，即烟浦灵泉、海楼夜月、山寺朝霞、牛心独秀、马脊双流。"碧海风涛"已属凉城，"云门古洞"

灵岩寺（杨名声绘）

划归阳高，"青山藏宝"实指在兴和境内部分大青山。

乾隆七年（1742年），在饮马河西岸修龙王庙一座，次年修筑关帝庙，与龙王庙、火神庙组成一个有机的建筑群。乾隆十五年（1750年）设立丰镇厅。

烟浦灵泉：古时，地平泉涌，泉水清澈甘冽，四时不竭，汇聚为浦，广有数里。《丰镇县志书》载称："其地有泉，深不见底，天旱祷雨，投瓶其中，如有神物倾瓶，水满即雨。"故次得名灵泉。烟浦灵泉实为温泉，寒冬不冻，热气腾腾，数里之内如霜如雾，环绕大王庙和薛刚山之间，蔚为壮观；春夏之季，碧波粼粼，鸥鸟飞鸣，游鱼凭跃，绕岸杨柳垂荫，水光山色交相辉映，令人心旷神怡；

如遇久雨初霁，雨雾朦胧，阳光折射，薛刚山和大王庙隐现飘忽，山庙海楼似有似无，恍若蓬莱仙境，引人遐思。清人范大元先生题诗："依依垂柳复重渊，一勺能参造化权。础结灵根三尺润，瓶添仙路十分圆。几经酷暑炎风日，倏作翻云覆雨天，自有甘泉神庙祀，边城无岁不逢年。"古人遇此，无不赞誉，范大元还有一首诗题曰："石元山下海楼前，寻得丰川第一泉。夜静浮沉边塞月，朝来呼吸满城烟。龙蛇有感随萍出，鸥鹭忘情傍石眠。莫谓荒陬无胜地，此中灵异已多年。"还有一位叫吴宗周的人也写诗称赞："烟浦微芒古刹前，清泉不竭水涓涓。流来画本无双地，泻出丰川别一天。云雾酿成三日雨，波澜溉遍四周田。会

金龙大王庙

灵岩寺

看人庆丰年乐，灵异能参造化权。"

海楼夜月：在金龙大王庙望海楼上。望海楼耸立飞来峰上，楼高数丈，低头俯瞰，楼前浦平如掌，纵横数里，水光天色，相映成趣，蔚为壮观；当遇长烟一空，皓月千里之时，浮光耀进，静影成璧。文人墨客会于望海楼上，对景抒情，感时觥筹交错，至更深露冷，仍高歌低吟，不忍离去。现存望海楼，而缺水色，确属憾事。

山寺朝霞：在城东北的灵岩寺上，灵岩寺殿宇楼阁倚山拔起，正对着东升而起的太阳。

每当东方破晓，太阳犹如火球冉冉升起，金光耀眼，霞光满天，眼前山川披金，树木似挂金橘，东河湾水金波粼粼，犹置

于童话世界，胜似庐山观日之景；积雨初霁，彩虹长挂，游云飞渡，霞光折射，河东场浦；右侧大王庙、薛刚山云霞缠绕，阁楼树石，俱成仙境，实为丰镇之胜景，誉满塞外。难怪古人杨子华不无赞叹："山寺楼台近碧空，晴明风景望无穷。远山遥送千层翠，旭日初临一点红。河抱晓光来塞北，树含秋色如园东。倚阑最是怡人处，万丈飞霞射彩虹。"如今只存古庙遗迹，然胜景

牛青山

仍可观赏。

牛心独秀：在城北红砂坝境内。牛青山形状似牛心，孤峰耸翠，远望甚为奇峭。登上牛青山，仿佛置身云端，日月可揽，星辰可摘。俯视远近，尽在脚下，彦卓海收入眼底，红娘远峰犹如屏障。层峦叠峰围护四周，确有一番风光可以领略。关于此时此景有诗《牛心独秀》一首：牛心上下水涓涓，高卧重霄不计年。林角触时青霞地，峰头昂处碧摩天。泉微静喘云边月，壁峭难耕陇上烟。自放桃林归未得，牧童村指杏花巅。

马脊双流：马脊山在城东南7.5千米处，山如马脊，清泉二股各从东西绕山而南。一脊分流两泉，世上少见。泉水如带，山如马脊，泉水流经田地、农家、村庄，树木更加郁郁葱葱。虽不比桃花源，但山之秀，景之趣，色之浓，足以畅叙抒情，养心静神。

薛刚山风景区

薛刚山，形如圆石，四周平坦如砥，孤峰突起，山形浑圆，山底如盘，被誉为"平野独秀"，极有神韵。它不仅是古城丰镇的标志，更是丰镇人心中的圣地。

薛刚山，原名元石山，位于城东1千米处的饮马河畔。远望薛刚山，山顶像刀削一样平整宽阔，正中有一古寨遗址，当时出土了唐代

贵妇棺椁和大量随葬品，正屋、廊房、马厩依稀可辨。山巅四周用巨石垒砌，很像古代的防御工事，险要陡峭，历来为军事重地。

据《丰镇县志》载，五代周德威曾屯兵于此，但均无史料为证。就其传说又由来已久，深入民间却跃然纸上。旁有古井，深不可测，以小石投之，铿锵振荡，良久乃寂。古代往西北出塞的一些迁客骚人，来此见薛刚山雄伟壮观，争相作诗赋词，吟咏不绝。清人王士祯有诗："峰头古寨旧遗痕，唐将名声今尚存。马道半留驰射迹，阵云无复战兵屯。英雄堪壮山河色，姓字空传父老言。岭外夕阳回照处，寒流日夜听潺湲。"

周德威，历史上确有其人，五代名将，字镇远，小字阳五。朔州马邑人（今山西朔州城区），勇而多谋，随晋王李克用久在云中（今山西大同），屡建战功，说他在这里屯兵，亦有可能。石元山巅屯兵遗址为正北方形，长约75米，有东、北两门，各同教场。遗址正厅基础曾出土过汉唐时期绳纹砖、素面砖

薛刚山

和布纹砖等；同时也出土过辽代沟纹砖。民国十五年（1926年），驻丰国民军的一位连长私自带兵偷挖薛刚寨址，挖出了唐代贵妇人棺葬及大量陪葬物品。出土的文物有：盘、碟、盅、盏、带钩等。头饰主要为金银宝石，十分精致，金器的含金量都在七成以上。从这些出土文物中可以推断这里是唐代以前修筑的，后来一直沿用。不过，作为兵寨，也只能设立中军大帐或指挥机关，所在之处属弹丸之地，不可能屯驻千军万马，尽管这样，古人却仍旧相信其真有如此阵势。清朝丰镇举人范大元吟诗《周德威屯兵处》："昔日屯兵处，苍苍乱石横，如今风雨夜，犹作战场声。"可谓想象之丰富大胆。

另一传说薛刚山是唐朝大将薛刚出关征西时在丰镇驻扎屯兵之地，薛刚山也因此而得名。至今还流传着薛刚一箭定阴山，饮马河畔收番邦的传说。有关薛刚和薛刚山的传说在民间众口相传，世代不绝。相传唐将薛刚，正月十五闹花灯，踢死太子，惊动圣驾，逃至塞北，这一日来到丰川之地，抬眼望去水天相连，汪洋一片，无路可走，无船可渡，他躺在沙滩上自叹命苦，因多日逃奔，疲惫不堪，不一会儿就鼾声大作，没曾想到惊动了正路过此地的八仙之一铁拐李，铁拐李看到薛刚，爱他是一位武艺高强、忠肝义胆、可担大任的英雄，决定助他一臂之力，此时天色已亮，铁拐李潜入天庭，急请月神将曙光压住，于是，夜幕四合，天空再度暗了下来，他趁夜色悄然进入天庭御膳房盗得一口铁锅，出了南天门，挥手将铁锅扔向凡间薛刚身边的水面上，薛刚猛然惊醒，定神一看，一口铁锅漂在水面上，他用力一跃，身体落在了锅里，正要划水，哪知铁锅忽然翻转过来，口上底下直往下沉，将薛刚翻入水中，薛刚大惊，连忙扑腾，直呛口水，叫苦连天，以为一命休矣，就在他拼命挣扎之时，奇迹出现了，身边的水极快地退去，出现了水底的山丘和平原，同时，铁锅也越变越大，顷刻间变成一座突兀的山峰，方圆有二里许，高千米，山边清泉流淌，四周草木葱葱，真是天赐的福地，之后，薛刚便在这里驻扎下来，取名石元山。他广纳四方豪杰，招兵买马，积草屯粮，率兵操练，积蓄力量，他娶当地女英雄红娘为妻，把大帐和亲兵设在石元山上，又分设九堡十八洞，派重兵镇守丰镇门户、官屯堡和二卜洞等要塞。薛刚妻子红娘则率重兵占据张家湾堡、红娘山与石元山三点一线，遥相呼应，经过几十年卧薪尝胆的苦练和精心谋划，薛刚夫妇终于带兵攻入长安，推翻了武则天的统治，结束了唐王朝李家的天下。后来人们为纪念薛刚和红娘就把石元山叫作薛刚山，把距薛刚山以东30多千米的红娘峪（又名五严图后山）称作红娘山，直至今日。美丽而神奇的传说，虽然是文人墨客们笔底的升华，世人巷议的口舌，但多少年来传承不衰，且愈传愈真，

足以表明丰镇人民崇拜英雄、追求美好、善恶分明的精神。此外，薛刚山上还留有许多极形象的脚印岩、马蹄印岩、旗杆岩和试鞭岩石，也都和薛刚的传说紧紧连在一起，但实际上，这些都是多年风雨驳蚀，大自然神刀鬼斧的杰作。薛刚山秀丽奇特，登巅俯瞰，左侧飞来峰上是金龙大王庙，远远望去凤翼双阙，碧树银召；近看庙宇雕梁画栋，流金溢彩。近年来人们在庙前植树造

林，绿树掩映，使大王庙古刹愈增风采。薛刚山前，是蜿蜒逶迤、碧波荡漾的饮马河，河对面是山寺，依北山之麓，山上有九十九阶的盘山石径，古庙宇盘踞其间。相传这里曾有"山寺朝霞"的美景，"每当月落天晓，霞光满天，楼阁树石俱成赤色"。薛刚山的后面，是隔河相望的二龙山，二龙山形似游龙，绵亘数里，重峦叠嶂，与薛刚山形

成迭宕之势，更见其雄伟壮观。而今，在满目翠绿、层林尽染的薛刚山上，清新的空气浸润你的身心，你可在此亲近自然、领悟自然。沿着石阶而上，有一凉亭设立在半山腰，坐在亭里可以观赏到城东部的景致。在薛刚山之巅，还修建了人民英雄纪念碑，可聆听这座城市曾经的历史，感受革命史诗般的红色记忆。四周的山石之间植树栽花，葱茏苍翠。薛刚山上万千青松张扬着生命之青，那顽强的个性印证了丰镇人的精神。

山脚下是苹果园和葡萄园。每当夏秋之际，纪念碑披霞掠金，瓜果飘香，十分壮观。薛刚山独立寒秋，纳福吐祥，庇佑桑梓，造化万物，伴随着丰川儿女度过了几百年的风雨沧桑。

饮马河绿色文化长廊

流经薛刚山下的饮马河，是丰镇最大的河流，河水涓涓细流，倒映着时隐时现的薛刚山，山光水色交相辉映，更为薛刚山增添了神奇与秀色。

薛刚山下田畴交错，翠绿如茵，新城河水，在重岩复岫之中幽然而出，蜿蜒曲折若玉带飘摇，实为古镇胜景。饮马河位于丰镇市区东侧，紧邻208国道，在丰镇境内全长71千米。《水经注》称之为"如浑水"，丰镇人叫东城河或东河湾，它发源于丰镇境内的三义泉镇小天村南，清泉喷涌，集周边小溪，向东流入桑干河，汇于永定河，归流渤海。

据《丰镇厅志》载：当年，唐太宗李世民从马邑突围，在丰镇境内饮马河边赋诗一首，并立石碑一块，刻于其上："塞外悲风切，层峦引高节。胡尘净玉塞，将军施马邑。"相传很早以前，饮马河水经常泛滥，淹没村庄农田，特别是丰镇以北地区土塘村一带，深受其害。

饮马河畔

为了求得神仙保佑，人们便在河边建起了一座小巧玲珑、面山依水的小庙，叫河神庙。河神庙在城东北隅大东门外，倚留云山前濒新城河，创建时间无考。同治三年（1864年）雷震山崩，毁损庙壁神像，故同知文山重建。《丰镇厅记志》载："留云山即进城北山，新城河亦为东河湾。"河神庙建筑很小，只有40多平方米，庙门也特别简单。置一石牛于门前，为镇洪水，让其监督水情，以防水患。丰镇人十分看重石牛，视它为神物，范大元诗曰："石牛镇东门，寻常带水痕，牧童何处去，千古卧黄昏。"据说，有一次，洪水又起，石牛也被淹没，沉于泥沙之中，不见踪迹，洪水过后，人们费尽周折才在河的上游百米处泥沙中挖到石牛，石牛被洪水冲击，逆流而上。人们都认为石牛不负责任，想要逃跑，所以才引来洪水，

使丰镇遭灾，应受到惩罚，于是将石牛又放回原处，但砍掉其一只犄角，以示惩戒。为此，丰镇人张风翔还专门吟诗："何日化为牛，寥寥旷代留，怪它心不专，空向水东流。"后来，饮马河慢慢地开始恢复平静，也很少侵害地方百姓，沿途人们或挖渠引水，或河边取水，灌溉良田，种植园圃，于是便出现了"万户有鸡皆报晓，四周无树不含秋。东园场圃全依水，北郭人家半住楼"的安谧祥和的景象。

饮马河南面有座旧大桥，是木头做的，很久以前东河湾分大小两条河，靠东为大河，靠西为人工修的一条小河，往南有一座简易木头桥，岸边有许多杨柳，很有田园的感觉。春天，岸边一层绿茸茸的嫩草刚出土，孩子们会拿个铲子去刨麻麻，一人划一块很大的领地就能刨出一大把，白白的，细细的，一下连沙子也吃下肚去，嚼在嘴里也

饮马河大桥

饮马河休闲文化区

辣辣的，很好吃。夏天，人们挽起裤腿，在河里的草丛中捉一种没有鱼鳞的蛇鱼，呈现出一片热闹非凡的景象。冬天，人们则在结了冰的河面上玩冰车，光滑宽阔的河面像镜子一样，玩饿的时候，用冰锥在冰上钻一个眼，爬上去一阵猛灌，肚子里装满冰水，甘甜解渴。东河湾周边，田野山岗、绿地、小桥、流水、人家，构成了一幅淡淡的水墨画。

现在的东河湾修得比以前好很多，河岸两边有洁白的雕花石栏，平坦的石板，新建的大桥雄伟壮观，夜晚霓虹闪烁，远远望去，五彩斑斓。2005年，丰镇市委、市政府对饮马河综合治理工程总投资8000多万元，修筑具备了有防洪、防渗功能的橡皮坝。1号、2号橡胶坝形成连续水面约3千米。河岸两侧配建休闲绿化带、汉白玉雕栏。

丰镇市是内蒙古自治区的南大门，饮马河周边景致逐渐构成了绿色文化长廊，成为融丰镇的历史、

文化、自然景观、城市建设景观为一体的旅游地标。饮马河绿色文化长廊分历史文化区、休闲文化区和宗教文化区三大区域。

历史文化区：依托位于市城东1千米处的薛刚山，其山宛如圆石，四周平坦，孤峰突起，被誉为"平野独秀"。薛刚山据传是唐朝大将薛刚出关征西在丰镇驻扎屯兵之地；历史上曾记载薛刚山是练兵校场，是后唐周德威的屯兵处。薛刚山上建有革命烈士陵园、人民英雄纪念碑、展览馆、眺望亭等设施，这些组成了历史文化区。

休闲文化区：依托山脚下平坦的地势修建了百福广场和吉祥如意园。百福广场地面用碎石镶出百个"福"字，图案奇特，寓意吉祥，为人们提供了环境优美的休闲场所。吉祥如意园分3个小园，内置庭院小景，3个小园分别用绿色廊道连接，充满文化气息。

宗教文化区：依托饮马河周边的牛王庙、大王庙组成。朝佛拜庙者视为圣地，为信教群众提供了良

段建宁摄

好的宗教活动场所。

薛刚山的传说，饮马河的石牛，烟浦灵泉的云雾，灵岩寺的朝霞汇集在一起，形成了丰川大地一处处独特而又神奇的胜景。它们承载了丰川儿女多少情感，又给人留下多少无尽的遐想。

北山文化公园

北山文化公园，是丰镇市第一座集生态、科研、游览、科普、健身等功能为一体的独具乡土风情的综合性植物园，是丰镇市旧城区一道绿色生态屏障和居民休闲娱乐、健身的理想场所，为丰镇市增添了一道亮丽的风景线。

北山位于丰镇市旧城区北，曾经树木林立、植被茂盛，但由于疏于管理，植被遭到破坏，成了乱坟岗、垃圾场。2009年，市委、市政府广泛听取民意，在认真调研的基础上，决定将北山环境治理作为一项重大的民生工程，建设北山文化公园。公园规划布局为森林生态和文化休闲两大区，以大准铁路为界，铁路以北为森林生态区，建设义务植树基地1万亩。

北山文化公园建设坚持以人为本，牢牢把握文化和生态两大主题，以植树造景为主，广场硬化为辅，乔灌花草合理配置，绿化、美化、彩化相结合，栽植油松、樟子松等乔木。公园总投资3000万元，总占地面积40.8公顷，其中景观工程占地4公顷、绿化工程36.8公顷。工程于2010年6月1日开工，中央广场喷泉、景观墙、广场铺装、凉亭以及配套附属设施现已全部完工，各类植物近180多万株，各类花灌木50多万丛。依据丰镇市所处的地理位置、气候条件、环境状况以及温度、水份、土壤等因素特点，公园以乡土植物为主，引种驯化为辅，

结合植物的观赏特性，将北山文化公园规划为松柏园、杨柳园、碧桃园、宿根花卉园、丁香园和枫林园6个植物专类园。万亩义务绿化基地项目自2010年启动以来，全市各族干部、群众参与生态建设，每年近1.5万多人参加了义务植树，适龄公民绿化尽责率达到95%。截至2016年底，已栽植油松、樟子松、云杉等各类树木16万余株，种植山桃、山杏、丁香等各类花灌木26万丛。

盛夏的北山公园，当你漫步在通幽小径，连绵的绿树绿草鲜花使你应接不暇。"城在林中，林在城中，房在市中，街在景中"的多彩画卷展示了丰镇市山水美、生态美、环境优的绿色生态体系。盛夏的北山公园是绿色的海洋，徜徉于这座绿色的海洋中，星罗棋布的绿草青翠欲滴，各具特色的绿植有了新的姿态……

清晨，伴着朝阳的升起，北山也迎来了晨练的人们，他们三五成群聚在健身小广场，伴着草原晨曲的优美旋律，跳着广场舞，扭动身体，释放热量，舒展心情，一举多得。人们亦或是沿着林荫小道，徜徉于五彩缤纷的花海之中，听莺歌蝉鸣，吸清香空气，心宁气静开始新的一天；亦或进行有氧跑步，全身运动；亦或来一个登高望远的爬山运动，登上绿岛之顶，感受丰镇那繁华、开阔的意境。夜晚的公园，喷泉闪着五彩的光，令人眼花缭乱。喷水口为层层圆盘，同时接纳又奉献，激流不止又泰然仁息。喷泉随着音乐的节拍，有时像波浪，此起彼伏；有时像一只大花篮，里面装满了各

音乐喷泉

式各样的花朵；有时像一根擎天柱直冲云霄，一阵风吹过来，吹倒了擎天柱，变成一片烟雾，慢慢地向远处飘去。喷泉在不同颜色的灯光照射下，变幻出千奇百怪的效果，给盛夏乘凉的人们带来阵阵清凉。

北山公园历史文化墙：历史文化墙在北山公园广场，分为两个部分，西文化墙注重历史的沉积，东文化墙彰显文化的传承。

西面文化墙从不同角度印证了丰镇悠久的历史、厚重的文化、浓郁的乡土风情。文化墙上展现了谦合店、丰盛店等，其中我们最熟悉的晋商大盛魁就在丰镇、隆盛庄设立过分号。墙上丰镇月饼二百多年

的传承历史以及传统月饼制作的一系列过程，活灵活现地展示在人们的面前。纺织业、绒毛业等传统产业，铜制品、面塑以及当时名噪一时的布店和杂货店等历史的印记也都通过文化墙栩栩如生地展现了出来。

东面的文化墙则是丰镇文化传承的缩影。如今，跑毛驴已被列入乌兰察布非物质文化遗产名录；关帝庙会、金龙大王庙会、四月八圣母庙会、隆盛庄六月二十四庙会等一直流传至今，一幅幅浮雕生动的再现了丰镇悠久的历史文化，成为人们游览观赏时津津乐道的话题。

人民公园

人民公园是丰镇大力发展县域经济、推进城镇化建设的重点工程之一，是一项城市防洪和景观融为一体的民心工程，实现了城市防洪和健身休闲的双重功能，增添了城市灵气，提升了城市品味。

人民公园位于新区迎宾大街南侧，新区开发前是天然的行洪区，是丰镇市两大水系即巨宝庄河和马家库联河的交汇地。每到涝雨季节，

北山公园历史文化墙

由于下游河道缩窄、行洪不畅，两岸居民生活深受暴雨洪涝灾害的影响。为此，丰镇市委、市政府按照"显山、露水、增绿"的建设理念，启动了城市防洪体系建设及人民公园工程。

工程总投资1.1亿元，占地面积1100亩，主要进行防洪堤坝、人工湖建设以及配套景观绿化工程。公园的主要建筑分为人工湖和广场两部。人工湖占地135亩，外形设计为缩微的丰镇市行政区划分图；湖堤总长1700米，采用防震处理，深2.3米，湖底及湖岸采用复合土工膜进行防渗处理，护坡采用鹅卵石生态网箱砌成；平时蓄水深度1米，汛期可以蓄洪25万立方米，有效延缓洪水进入下游饮马河主河道的时间，实现错峰行洪的良好效果，保护下游人民群众生命财产安全。湖区中央堆积了3500平方米的湖心岛，岛上建有八角、六角凉亭3座以及长约60多米的回形连廊。湖心岛与湖区南北两岸采用九曲木栈桥连接，栈道旁复原了丰镇市久负盛名的景观——水阁凉亭，湖边建设3处亲水平台，环湖设计8米宽观景大道，方便市民游园观景。在公园广场中

丰川宝鼎

心建设了兼备草原特色和晋商气息的"丰川宝鼎"主题城市雕塑，高22.2米，以"丰"字繁体创意构思，外形融入中国传统宝鼎、蒙古族"兰萨"图案、内蒙古卷草纹、山西剪纸以及河北门神云纹等元素，充分表现丰镇独特的地理位置和历史文化内涵。

园中湖水清澈见底、天水一色，水中的鱼儿悠闲地游荡嬉戏，这片宁静的水域，是一群群水鸟快乐的天堂。你看，正在享受安逸时光的它们，亦或昂首，神气如女王，亦或曲颈，娴雅似仙子，亦或舒展双翅翩翩起舞，亦或是嬉戏玩耍，尽情释放，真是"镜湖流水清波，鸟儿戏水真性情"。人们感慨，人和自然原来可以如此亲密接触，可以如此和谐相处，而这一切得益于丰镇市开展创建国家园林城市以来，生态体系的建设和人居环境的不断改善。

鱼儿湾公园

鱼儿湾公园是丰镇市修建最早的公园，是一座和丰镇发电厂建设同步建成的公园，有将近三十年的历史。它在建成之初就是丰镇人游玩的好去处。它像一杯醇厚的红酒，拥有永恒经典且迷人的魅力，至今吸引着人们去赏景散心。

公园中心有晶莹、清澈的湖水，湖面像镜子一样，在阳光的照射下，闪烁着点点金光。早些年间每逢冬

季吸引来成群的天鹅在此栖息，为公园增添了灵气。湖中心有一座造型别致的拱桥，拱桥上时时有人站在上面，欣赏园中山清水秀的美景。湖周围环绕着郁郁葱葱的树木，树下的草坪绿茵茵的，像铺了一张绿色的地毯。沿着湖边的林荫小道向北有一座巨石堆积的小山，登上山顶，放眼鸟瞰，人们有的在亭子里休息，有的在泛舟划船，公园的美尽收眼底。湖的南边有一道人造瀑布从高处飞泻而下，耳边不时传来潺潺的流水声。

鱼儿湾公园春天杨柳依依，桃花杏花盛开；夏天湖水泛舟，瀑布垂帘；秋天红叶烂漫，秋色迷人；冬天白雪皑皑，一片北国风光。

红山森林公园

红山森林公园的前身是丰镇市1960年在原对九沟、浑源窑两乡交界地区依据当地良好的自然条件创办的县级林场（1976年定名为红山林场）。园中的黄石崖主峰最高海拔达2335米，是丰镇市的最高点，也是乌兰察布市最高峰。

红山森林公园位于丰镇市东部山区，东与兴和县苏木山林场相邻，南与山西省雁北长城山接壤，规划面积83万亩，由西向东横跨丰镇市5个乡，形成了一个庞大的森林区。红山森林公园所在山脉属阴山山脉的东段，大多为东北、西北走向，公园内有黄石崖山、黄梁沟山、三道沟山、平顶沟山、兴东会山；还有潺潺流出的清泉，水质优良，清澈见底。红山森林公园距市区60千米，距大同市区80千米，距呼和浩特市机场310千米，距离云冈石窟旅游区90千米，距离岱海旅游区130千米，交通便利，生态环境宜人，正是人们消夏避暑、休闲度假、旅游观光的理想去处。园内山峦起伏，自然景观独特，天然林和人工林混杂而生，四季景色各异，具有春游览、夏避暑、秋狩猎、冬观雪的优势。据有关部门统计，林场内有野生植物526余种，野生鸟类100余种，有国家保护动物30余种。公园范围内有人工落叶松林面积15.2万亩，

天然次生林2.9万亩，是天然的动植物园，不仅诸多景观可供欣赏，还可在此品尝到各种野菜。

这里的山水无处不入画，当你行走其间，你会真正领悟到宁静、美丽、和谐。随意点缀在林中木屋、栏栅旁的白桦树，或金黄或翠绿，在晨光和夕阳下，闪烁金光，营造着家园般的温馨，释放着一种生命独有的暖意。黄石崖给人的印象是蓝天白云、林海绿草，放眼是一望无际的绿色。由于黄石崖没有经过人工开发，所以一直保持着它的原始风貌，只有一条小路让游人通行。

而这条小路也是当地的人们和护林员踩出来的，它曲曲折折穿石过林，在小路上前行颇有一种探险的感觉。爬山游玩的人们行走在绿意盎然的林间，一路上欢声笑语不断，时而踏在地毯一样的松针土上，时而踩在嫩绿的小草上，不时地惊起树丛中的小鸟抑或是小兔子，给人们以惊吓或惊喜。不知名的小草小花生机盎然，带给人们无限的活力。山中还建有古朴的凉亭，供大家歇脚、喝水、看风景等。一眼望不到边的林海，层层叠叠的山峦在云海中浮现，耳边不时传来阵阵松涛声。满眼的绿色挡不住前行的脚步，脚下的路在遮天蔽日的林海中若隐若现。阳光像个调皮的孩子，不时地吻在你的脸颊，让你的心怦然一动。登上山顶的人们，有一种敞开心扉接受着大自然赐予的最好礼物的感觉。从山脚要经过两个多小时的跋涉，

黄石崖（乌兰察布最高峰）

才可以到达黄石崖顶。无限风光在险峰，在崖顶，俯瞰山层峦叠嶂，郁郁葱葱的林海尽收眼底。

如今，一条崭新的水泥路弯弯曲曲一直延伸至山顶，从前的小路也不见踪迹。满山的小草如柔软无比的地毯一般，那些花朵零星般点缀在这绿毯之上，让人忍不住想要在上面躺一躺、睡一睡。沿路还能发现各种神秘的小洞和小动物搭的窝。即便是中午时分，路上也还是湿漉漉的，分外凉爽。游玩的人们一路走一路说笑，谈论着要在这里搭盖一间房屋，没有世俗的烦恼、城市的喧嚣，真的是世外桃源呀！站在沿途的凉亭眺望远方，满山的松柏苍翠欲滴、满山的小花充满生机。这满山满眼的绿，不由得会在

心中慢慢漾开，滋养着生命的每个角落。

滨河公园

滨河公园是大力发展县域经济、推进城镇化建设的重点工程之一，也是新区防洪体系建设的又一大重要工程。公园整体设计，颇有苏州园林的味道，亭台轩榭布局合理，景物远近层次分明，花卉树木掩映得体。

工程总投资8700万元，公园总占地面积309亩，其中水系面积为98亩，以新区防洪体系建设为主，兼顾城市景观建设，打造既有观赏性，并兼具泄洪功能的人工湖水系景观。湖中设有生态绿岛，湖面中央地带设计环形栈道与游船码头，设有多处亲水平台及亲水栈道，市民们能够充分与水亲近，体验到最佳的滨水景观。该工程主要拦截巨宝庄水库下泄洪水及新区北部四条山洪沟区间洪水，并将洪水送入下游河流黑河。滨河不仅担负蓄洪滞洪、消减洪峰的城市防洪重任，而且能够为广大市民提供环境更好、功能更完善的休闲、娱乐场所，增添城市灵气，提升城市品位。

公园内设有主干道环路，方便养护车辆的进入，并设有供市民观赏游玩的园路系统，以及供市民活动休闲、休息等的场地，总铺装面

积 2.7 万平方米，绿化面积 14 万平方米，主要栽植云杉、油松、新疆杨等 20 多个品种的植物，其中乔木栽植量达到 28 万余株，常绿树种占到 40% 以上。

公园从景观功能分为"三区一带"，分别为入口景观区、滨水景观区、林地休闲区、生态景观带。在公园的四周设计连绵起伏的缓坡地形，使公园形成一个围和"内低外高"的形态。公园的建成，不仅美化了城市，为市民提供了优质的休闲场所，同时为城市防洪体系建设又增添一道重要的安全屏障。

走进公园，首先映入眼帘的是门前镌刻着园名的积层岩巨石，高可一仞，阔约五丈。色呈白玉，纹如激浪。尤其从背面观之，时而旋流湍急，倏忽猛浪若奔，大有一泻

千里之势，置身其侧，全然忘却是在观石，耳边分明有大江咆哮而去之声，脚下亦呈浪骇涛惊之势矣。至此，便感觉"滨河"之名，与此石天然造型相得益彰，妙不可言。

穿过玉带小石桥步入园中。石桥是汉白玉材质，三进拱跨，台阶甬道，雕栏玉砌，卯榫衔接，工艺精巧，手感凉润。扶栏拾级而过，云栈齐腰，顿觉一步天街，无不心旷神怡。眼前可谓别有洞天，景象豁然开朗起来，一个汉白玉石的圆环形平台凌湖而建，台面径约十米，

设有喷泉孔道。园台与四围陆地时有小桥连接，曲径通幽，掩映出没，煞有情趣。立足此环台，整个公园尽收眼底，此亦具体而微之瀛台者也，因被戏称其为"小瀛台"。

登高纵目望去，公园主体围绕着一个不规则的小湖而建成。四面墙廊环合，一条用石头码砌而成的曲水通道沿湖蜿蜒萦回，通道内水波清浅，足堪流觞，若有游鱼，则势必历历可数矣。湖形近处阔约舒圆，渐远渐细，逶迤由南向北逝去。鸟瞰公园，湖色明净，云水相映，宛如一个玉如意悠然而卧园中。

湖堤东西亚腰高处相对各置一亭，黛瓦赤柱，飞檐兽脊，绿树掩映，遥相对应。西曰"一新亭"，是为纪念抗战时牺牲的丰镇籍八路军干部胡一新烈士而建，廊柱镌刻楹联："虚怀抗日忠铭史，投笔从戎义动天"，凉亭质朴凝重；东曰"沁芳亭"，着眼于园院内景观而设，双

层结构，一样的黛瓦飞檐，典雅清逸。廊柱镌联曰：曲水流芳通大导，瀛台垂钓入晴天。

湖心因势取景，成小渚焉，水中苇影依依，岸上绿荫扰扰，七八棵老树，蓊蓊郁郁，若再有二三垂纶好者，必喜其幽静，一竿一舫，足可惬意畅怀。湖水水源来自本地黑河，不仅供人休闲之用，而且受老城区古建筑水阁凉亭启发，隐置水利设施，每当汛期，还可排涝，可谓匠心民心并举！

新华广场

新华广场是丰镇市建设和谐丰镇、打造文明城市的重要组成部分，它为全市广大市民提供了一个休闲娱乐、体育锻炼、陶冶身心的理想场所，成为了展现丰镇文化韵味、展示丰镇风貌的文化广场。

新华广场位于党政大楼门前，迎宾大街南侧，总投资3500万元，占地面积7.83万平方米。工程始建于2004年，2006年竣工并投入使用，2014年又进行了改造完善。

新华广场设计定位为"生态、

文化、智能"的现代理念，既突出地域特色，又注重传统文化与现代文化的融合。广场以硬化铺装为基础，以音乐喷泉、文化墙、花架、厅廊为主题，四周以绿色景观为背景。广场内铺设大理石砖2万多平方米，各色人行道彩砖1万多平方米，并用花坛、景石、仿真座椅等小品进行点缀。位于广场中央的智能音乐喷泉直径10米，采用国内先进的音控设备，随着音乐的旋律，辅以五彩缤纷的喷泉灯光，可以变幻出数十种造型丰富、异彩纷呈的图形组合，中心水柱最高可达18米。位于广场南侧的是两道各长40米的弧形文化墙，以18幅画卷的形式，从政治、文化、历史、民俗、地方名胜古迹等方面绘制了一卷具有鲜明地区特色和反映丰镇发展历程的人文景观图，充分展示了丰镇市的文化底蕴和现代风貌。

广场外围以绿地、花木为衬托，进行了绿化打造，共铺设各类地被植物4.7万平方米，栽植油松、金叶榆、云杉、旱柳等各类树木10余种3350棵，并制作了骏马、骆驼等动物造型树。广场照明配置了高杆射灯、景观灯、草坪灯等各类灯具1100余套，特别是位于广场中央的八套大理石柱灯，东西各4套，含有"交四方朋友，迎八方宾客"之意。目前，广场绿地面积4.7万平方米，绿地率达60%，绿化覆盖面积为5.17万平方米，绿化覆盖率达66%。

新华广场建成以来，为全市广大市民提供了一个休闲娱乐、体育锻炼、陶冶身心的理想场所，成为了展现丰镇文化韵味、展示丰镇风貌的文化广场。

蛤蟆沟

蛤蟆沟有着神奇的传说和秀丽的风景，从春到秋，花繁草荣，野果硕累，犹如一幅山水画。因果园中有一长方形巨石，造型奇特，酷似一只蛤蟆，由于蛤蟆是一种具有寓意的瑞兽，被赋予旺财、辟邪、保家庭的寓意，因此得名"蛤蟆沟"。

蛤蟆沟位于官屯堡乡黑疙瘩洼行政村，距市区约10千米处。丰镇市蛤蟆沟有着神奇的传说和历史文化，周边大面积茂密旺盛的丛林和生态果园、果类品种可达二十几种，是休闲度假的好去处。

果园深处有泉水流出，被当地人用作灌溉植物之用。春季，草木刚刚苏醒，发出嫩芽，杏树就开出了一簇簇粉色的花朵，芳香扑鼻；秋季，杏树结出金黄色的杏子更是吸引市区游人前来采摘。蛤蟆沟四季的景色各不相同，无不令人为之叫绝。春天嫩芽点缀着绿意，溪流轻快；夏天绿荫围绕着草坪，莺飞燕舞；秋天红叶装扮着群山，彩林满目；冬天白雪覆盖着山沟，冰凌如玉，简直就是"童话世界""人间仙境"。而这一切，又深居在那片远离尘世的高原深处，在那片宁静得能够听见人心跳的净土之中，其感受是任何语言都难以表述的。

小南梁

小南梁山清水秀，生态环境良好，空气清新，是天然的生态氧吧。在这里，大量的负氧离子，可促进人体新陈代谢，提高免疫力，是人们理想的居住地。

小南梁村位于巨宝庄镇西北方向，距离城区20千米，102省道途经该村，地理位置优越。

小南梁村自然环境优美，空气清新、负离子含量高、食品和饮用水无污染，整个村庄掩映在溪流、青山、绿色的原野之中；树木花草葱郁，自然风光十分优美。全村农户70户，267人，民风淳朴，社会治安良好。这里既有葱郁粗犷的森林原野，也有清新如诗般的田园风光；既有浩瀚无垠的巨宝庄风情垂钓园，亦有赏心悦目的万亩草滩，是休闲度假的佳选。

传统习俗

HUASHUONEIMENGGUfengzhenshi

传统习俗

CHUANTONGXISU

丰镇背倚长城，北临塞外，蒙汉共处。加之开发较早，商业发达，南来北往的客流巨大，因而佛教、基督教、天主教、伊斯兰教等宗教都在此落地生根。

宗教概况

丰镇地区群众中的信教者，分别信仰佛教、基督教、天主教和伊斯兰教。道教曾在清代初期传入丰镇，传说有道人在牛王庙东侧山坡筑真观洞修行，据传为王栩祖师，还有一些寺庙散居有道士。民国以后，道教渐趋衰落。

佛教 丰镇地区的佛教，分青衣僧和黄衣僧。青衣僧是和尚，称沙门佛教；黄衣僧是喇嘛，称喇嘛教。沙门佛教传入丰镇早于喇嘛教，在辽代即已传入，到清朝时比较兴

南庙

盛。抗日战争爆发后，日军侵占丰镇，僧人不堪奴役，大多逃亡外地。中华人民共和国成立后，实行宗教信仰自由政策，佛教信众逐步增加，逢有佛事活动，多集中于北山灵岩寺（牛王庙）和隆盛庄镇南庙进行。

基督教 丰镇地区的基督教属于新教的宣道会、协同会、内地会、神召会。清光绪十八年（1892年），瑞典协同会牧师喜理·雅格逊奉归绥大美宣道会之命，在德胜堡设堂传教，后迁入丰镇城。清光绪二十六年（1900年），义和团将，教堂焚毁，教士逃遁。清光绪二十八年（1902年），瑞典传教士再次来丰设福音堂传教，教徒日渐增多。1950年，丰镇基督教三自爱国委员会教管小组成立。现丰镇市的基督教信众，主要在城内的旧城区和隆盛庄镇、元山子乡、巨宝庄镇、浑源窑乡等地的基督教活动点进行

宗教活动。

天主教 清光绪十年（1884年），西湾天主教总教堂派德国方神甫来丰镇沙卜儿村设堂传教，归集宁教区管辖。清光绪二十六年（1900年），义和团将沙卜儿教堂焚毁，神甫逃走。清光绪二十九年（1903年），集宁教区再次委派瑞典神甫赴沙卜儿重建教堂、主持教务。现丰镇市的天主教信众主要在市内旧城区和红砂坝镇的天主教活动点进行宗教活动。

伊斯兰教 伊斯兰教是随着回族民众入居丰镇而传入的。回族居民在丰镇城内和隆盛庄镇的回民聚居地分别建起一座清真寺，用以举行伊斯兰教的宗教活动。

饮食文化

丰镇地处晋蒙交界，受口里和塞外的双重影响，饮食习惯既有口里人的细腻讲究，也兼具塞外人的粗犷豪放，当然也不乏主妇们在艰辛岁月里的开拓与创新。

丰镇自清代初年设置建制移民设垦以后，因移民的主体为山西忻

州、代县等地的人，因此，丰镇的主体文化有着深深的晋文化烙印。此外，丰镇地处晋蒙交界，也不可避免地接受了蒙古族游牧文化的影响。

丰镇地处塞外，虽以农耕为主，但土地贫瘠，属于干旱半干旱地区，农业一直不甚发达。中华人民共和国成立之前，主要农作物为莜麦、山药（马铃薯），兼有小麦和谷黍豆类等杂粮。因此，居民的饮食大多以莜面、山药为主，兼有白面、小米、黄米（黍脱壳加工而成）及豆类杂粮。受山西饮食文化的影响，丰镇人的饮食是以面食为主，蒸的有馒头、花卷、包子、莜面、玉米面窝头、发糕等；煎、烙的有各种饼、玉米面或小米面摊花儿等；炸的有黄米面糕、油饼儿等；煮的则有擀面、削面、轧面、抿面、剔尖儿、

拔鱼儿等，其拌料也有肉臊、素卤、腌葱等不下十几种，还有用油、调味料炝锅后将菜和面条同煮的搁锅面等；小米捞饭和粥也是常见饮食。这么多种食品，不光使老百姓的餐桌上丰富多彩、色香味美，满足了男女老少的不同口味与季节变换的不同需求，而且也切实体现了丰镇饮食文化中将粗粮细作、杂粮精作的一面。这其中有代表性的是荞面和豆面的制作。荞面虽是健康食品，但是用它做面食，却是酥烂难成型，而且十分粘牙。丰镇人的解决办法是把蒿子籽磨面掺到荞面中和面，或用尿浆石浸水和面，再把和好的面上饸饹床轧成细条水煮，煮熟的荞面饸饹便光滑筋道，辅之以汤头调料，美味可口。丰镇人还用荞面做拿（音）糕和欻饼。拿糕是在热水锅里边撒荞面边搅拌至浓稠糊状的面食，吃时用黄瓜、水萝卜等切丝炝油制成盐水调味。老丰镇的穷人们曾有俗语"你们有钱人过节吃油炸糕，我们没钱人也能吃碗绕面"

拿糕

即指这种食品，意思是拿糕也是糕。欻饼其实就是煎饼，丰镇人因其在烙制过程中会发出"欻"的声音就叫它欻饼。豆面的制作是与白面搋和到一起和面，或轧饸饹，或用一种将布满小孔的铜片附着于一长方木框上制成的抿面床，把和好的豆面置于上面，用木制的抿面工具将豆面推轧成一寸多长的细条下入开水锅中，便是抿豆面。吃时用炸酱、韭菜花、辣子糊、腌葱等调味，细软爽滑，风味独特。在众多的面食中，丰镇人最爱吃也最常吃的是莜面。光是莜面一种，丰镇人便可做出许多花样：搓成长条并把一头摁扁成鱼状的叫莜面鱼鱼；擀成薄片铺上层山药丝和苦菜混成的馅儿，

然后卷起来切成等高的圆筒样的叫莜面囤囤；用手将小块莜面搓成薄片再卷成小筒，一个挨一个布成蜂窝状的叫莜面窝窝等等。在饮食中，莜面与山药可以说是绝配、妙搭，时髦话叫"伴侣"，丰镇人只要是吃莜面就必配有山药。炒莜面可以用山药烩菜调和，把山药焖熟捣泥与莜面合在一起，可以将其搓成细碎疙瘩，下锅翻炒后用胡麻油加葱花炝锅拌匀，便是蓬松油香的块垒。蒸莜面可将其捏成鱼状的山药鱼鱼，蒸熟后浇上羊肉蘑菇汤调味，软糯滑爽、唇齿留香。最妙的是山药还可以制成淀粉，与白面合在一起和面或直接把山药焖熟捣泥与山药淀粉一起和面，擀成皮儿包上肉馅，便成皮薄馅儿大、蒸熟后皮儿透明到能清晰看见饺子馅的玻璃饺饺。莜面配山药之所以一直是物质匮乏、生活水平不高年代时居民的主食，并延续多年且令人常吃不厌，一方面是这样搭配可以弥补粮食的不足；另一方面，则是丰镇的主妇们心灵手巧、勇于创新，用莜面与山药制作出了品种纷繁多样、口味各具特色的大众美食，可以说已把这两种食材的加工、搭配做到了极致。

在物质匮乏、生活困难的年代，为了在冬天能吃到蔬菜以维持人体的营养所需，丰镇人一般采取两种方法，一是挖地窖（丰镇人叫窖子）用以储存山药、胡萝卜、圆白菜（也叫苗子白），另一种，就是腌菜。每到秋季，几乎家家户户都要腌上一大缸甚至几缸、一种甚至多种的腌菜。腌菜的材料涵盖了蔓菁、芥菜、圆白菜、青麻叶长白菜、豆角、辣椒、茄子、芹菜、胡萝卜、白萝卜等，几乎包括了丰镇地区出产的所有蔬菜，腌菜的品种有酸菜、咸菜、糖醋菜等等，而口味则是酸甜苦辣咸五味俱全。上了年纪的关南人（丰镇人把山西移民一律称为关南人，其中主要的还是忻州人）还会腌制关南咸菜，这种咸菜要经过腌、蒸、晾晒等多道工序，吃时甚至会有肉的口感。独具丰镇特色的是乱（音lan）腌菜和楇（音kuo）子菜。乱

乱腌菜

腌菜是把圆白菜、胡萝卜、辣椒等切丝（胡萝卜也有整个放入的）后置入大缸用盐腌制，腌制一定时间待其发酵后呈现酸辣咸的口味时，便可食用。用其佐餐时若拌上油泼辣子，香辣脆爽，让人胃口大开。棵子菜不是用整棵菜腌，而是取圆白菜最外那几层人们一般不食用的老叶洗净置入缸中进行腌制（生活困难的人家到秋天还会在菜农收割圆白菜时或菜场收购圆白菜后去捡拾白菜叶来用），待其发酵后切细丝与山药同做烩菜，调拌蒸熟的莜面鱼鱼、窝窝等，酸爽可口，若用猪五花肉烩再佐以油泼辣子，就更是香气四溢。可以说，菜腌得好不好已成衡量好媳妇的标准。现在虽然随着生活水平的提高，一年四季都有了各种新鲜蔬菜，但丰镇人始终传承着腌菜的传统。秋天过后，家家户户的餐桌上既有大鱼大肉，也总会有腌制的精致小菜点缀其间。而有丰镇特色的乱腌菜已成人们

吃早点必备的佐餐小菜，而棵子菜则成了特色莜面馆的招牌菜。丰镇人爱腌菜、爱吃腌菜，不仅是因为腌菜口味独特、经济实惠，也包含

着怀旧的情结，而更多的则是丰镇的巧手主妇们对勤俭持家这一传统的坚持与传承。

黄米面糕则是丰镇人逢年过节、喜庆日子或招待贵客的主食。黄米面是将五谷之一的黍去皮成米后磨的面，用其制成的糕黏软筋道，用油炸叫油炸糕，有包豆沙或韭菜炒鸡蛋的叫豆馅儿或菜馅儿糕，不包馅的叫片儿糕。不用油炸的叫素糕，可蘸糖吃，也可覆于烩菜之上做成焖糕。还有一种做法类似于北京的特色小吃"驴打滚儿"——将素糕擀成薄片，然后炒熟的黄豆磨面拌上糖均匀铺上，卷成卷儿切开食用，就成了豆香四溢、香甜软糯的蘸豆面糕。黄米面糕之所以被丰镇人做为逢年过节、喜庆日子或招待贵客的主食，除其软糯可口、耐饥外，还因"糕"与"高"谐音，有"步步高升"的吉利含义，而且在制作

黄米面油炸糕的过程里，先要蒸糕，然后是搋糕、捏糕、包糕，最后油炸，这需要家里的老老少少一起动手，分工配合，有时人手不够，甚至还需邻居帮忙。忙碌中人们欢声笑语，气氛热烈而喜庆。在人们居住大杂院时，无论谁家遇到喜事做糕，或多或少都会分送各家，在与邻居分享美食的同时，也将喜庆延续。

由于地处塞外，蒙古民族一些粗犷豪放的饮食习惯也渐渐地融入到丰镇的饮食文化之中。无论是炒米、奶茶、手把肉，还是据说缘起于忽必烈征战时所创的涮羊肉，用羊的头蹄下水等熬制的羊杂碎，以及烤羊腿、烤羊排、烤羊背、甚至烤全羊等，都很受丰镇人的喜爱。受蒙古族的影响，丰镇人还爱喝烧酒、喜饮砖茶。民国时期及之前，丰镇的烧酒大都是陆陈行（粮食加工业）所酿制，其中的"二锅头"尤为有名，有民谚"丰镇二锅头，好喝不上头，又壮胆子又解愁"赞之，而且在早年间随着"走草地"的运输车队，"二锅头"远销内蒙古草原各地以及蒙古国乌兰巴托和俄罗斯莫斯科。除烧酒外，每逢春节，丰镇的许多人家还会用黄米、酒曲、红枣等自酿一缸或一坛黄酒以备正月和亲朋好友饮用。这黄酒虽然酒精度不是很高，却是富有营养、醇厚甘甜、回味悠长。

进入20世纪80年代以后，随着改革开放和社会主义市场经济的推行，在告别物质匮乏年代的同时，人们的经济收入不断增长，生活水平日益提高。市场上各色各样、品种齐全的蔬菜、肉食，丰富了人们的餐桌，满足了人们的不同口味，而交通的便利和物流的发达，也使得过去丰镇人闻所未闻、见所未见、无法想象的蔬菜、瓜果、海鲜等进入了寻常百姓的食谱，而遍布大街小巷的高中低档酒楼餐馆，以各大菜系、各种风味小吃吸引着广大民众。人们下饭馆早已不再是解馋尝鲜，而是成为亲朋好友、同学同事聚会的寻常之选，而且人们举办婚礼、圆锁、生日等庆典

或庆贺节日的宴席，也早已不在家里操办，而都改为在饭店举行。丰镇的饮食文化在保留传统的同时日益丰富多彩，这也昭示了丰镇随着时代发展，同内蒙古自治区和全国一样，不断飞速进步着。

婚嫁与丧葬

丰镇历史悠久、交通便利、商贸发达，形成了多民族聚居的格局。各民族婚丧嫁娶的不同礼俗，也表现出了不同民族的不同文化特色。

婚嫁　在传统习俗中，汉族的婚嫁礼数颇多，整套仪式也比较繁琐，过程较为漫长。旧时，一般要进行合婚、传书、行礼、迎娶等形式。

合婚也叫议亲，包括求婚、过帖、相亲等几道程序，一般由男方家长委托媒人或亲友、邻里前往女方家求婚，如果女方家长同意结亲，男方便再次托人或由媒人到女方家询问女方的名字和生辰，以便"开八字"，请阴阳先生合婚，就是将男女双方出生的年、月、日、时"四柱"写在绢帛或麻纸上，卜算双方命相是否相克，若相克便是犯"对冲"，就不宜婚配，所谓"冲"大致有子午相冲、丑未相冲、寅申相冲、巳亥相冲、辰戌相冲、卯酉相冲六种，丰镇有民谚云："鼠啃干羊头，白马怕青牛，蛇虎如刀错，龙兔一旦休，鸡狗长相斗，猪猴泪长流。"就是对这"冲"的说明。男女双方若"八字"相合，合婚即成。

传书　男女双方要各备庚帖，写明双方出生的年、月、日、时等事项，择吉日进行交换，谓之"换帖"。双方一经换帖，这门亲事就算定了。男方家要备新衣、首饰、羊肉、喜酒等装盒赠送女方家。接着，男女双方要约定时间互相见面相亲，最后确定婚事。若双方同意，便择日邀集亲友及媒人设宴庆贺，称为"订婚"。

行礼　即正式送彩礼，通常在迎娶前一个月进行。这天，男方家要置备数目不等的礼金，单、夹、棉衣服三套，手镯、戒指、簪环等首饰，开具礼单由媒人送至女家，并与女家议定迎娶日期。择定日期后，女方家长要将陪送的嫁妆委派亲友送往男方家。在男方迎娶的前几天，女方的亲友还会设席宴请待嫁的女儿吃饭，称为"离娘饭"或"梳头饭"。与此相同，男方的亲友也会请准新郎吃饭叫"上马饭"。女儿出嫁前，家里还要给女儿"上头"和"开脸"，其实就是为新娘美容装饰，并以此表示女儿少女时代的结束。一般是请一个"全福人"即公婆、父母、丈夫俱在的妇女，由她将姑娘的辫子盘成发髻谓之"上头"，用细丝线绞去姑娘脸上的汗毛并修细眉毛、剪齐鬓角谓之"开脸"。上头、开脸之后，女方要宴请本族尊长和邻里乡亲，同时款待即将出嫁的女儿。按照乡俗，女儿一经上头，便被认为是人家的人了，娘家须以客相待。因此女儿要坐宴席的首位。席上，尊长、邻里除对待嫁的姑娘表示祝贺外，还要嘱咐她过门后要孝敬公婆、伺候丈夫及处理好妯娌、姑嫂间的关系。

迎娶 旧时迎娶之时，鼓乐前导，迎亲和娶亲的随后。迎亲的新郎肩披红绸骑马，跟随伴郎一人和双亲健在（称全人）熟谙礼节的二男一女，或乘轿或骑马，随新郎前去迎亲。迎亲人要备燔肉一方（称离娘肉）、白面馍50至100个（称离娘馍馍），均贴喜字，还要备新娘红色装新服一套。迎娶的人们到女方家后，女方家即以茶点、酒食款待。席间，男方娶亲的人要趁机"偷"几双筷子和一些酒具，谓之"得富贵"。席罢，新郎向岳父、岳母叩头辞行，然后由新娘的弟弟为新郎插金花于帽上，以绿绸与新

郎原披红绸十字披扎于身上，新娘则以婚纱蒙面由亲人抱入轿内，新郎在天地神位前行礼，鼓乐齐鸣，迎娶新娘到男家。女方送亲的一般是新娘的哥、嫂、忌姐、姨送亲，民间有"姑不娶、姨不送，姐姐送了妹妹命"的说法。娶亲迎亲时往返忌走重路，须绕道而行，意为新娘不走回头路。新娘娶到家后即举行结婚典礼，鼓乐大作，鞭炮齐鸣，男方亲友邻里蜂拥而出迎接新娘。婚礼上，男方家要庭前置棚，棚中摆天地神位，置斗、插箭、横弓。花轿到家后，轿口向喜神方位置平，新郎母亲和妹妹撤轿帘，新娘下轿履红毯行至花堂，行拜天地九叩礼，拜毕，新娘入喜房，坐少许，即随新郎至花堂同拜先祖、次拜父母与族亲。拜后设酒宴款待亲朋好友。酒宴由总管（代东）主持，按亲属辈分依序安排入席。菜上三道，新郎新娘由陪亲人引导到各桌酒席前为亲朋满酒、敬酒。满酒敬酒时，亲友要嬉戏新娘新郎，多以绕口令、猜谜语、说笑话或让新娘新郎做亲昵动作等逗笑取闹。婚宴结束后，新郎新娘要和全家人一起吃团圆饭，烙"翻身饼"，意为全家和气、美满幸福。入夜以后，亲朋好友还会集聚喜房"闹洞房"，逗闹新郎新娘。俗语说"新婚三天无大小"，宾客、

邻里、亲友，不管辈分高低，都可参与闹洞房。人们认为：闹洞房不仅能增添婚礼的喜庆气氛，还能驱邪避恶，保佑新郎新娘婚后吉祥如意、兴旺发达。

回门　即新婚夫妇回女方家省亲。回门的日子大多是在结婚典礼的第二天，但也有在婚后的六、七、九、十以至十二天的。回门时，女方也会设隆重的酒宴款待亲友。回门宴结束后，新娘新郎须在太阳落山前返回婆家。

较之于汉族，丰镇境内的蒙古族的婚俗便简约很多，不立证书、不行聘礼，主要采取亲保亲的婚约形式。婚议一成，男家赠送女方一整只熟羊、白面馍50个作为定亲礼。迎娶时，新郎要身佩三支箭，同伴郎及大客骑马赴女家住宿一晚。是晚，进行"讨名字"戏谑活动。翌日，迎娶新娘回家。取辟邪意，迎娶时，新郎要抽箭搭弓，向岳家窗户射一箭，过新娘轿顶射一箭。将新娘迎娶至家，梳头时，新郎用剩下的一支箭帮新娘把头发分开，然后把此箭插在喜房的梁上。稍事休息，新郎新娘共行拜灶礼。第二天，举行"认大小"（依辈分认亲属）仪式，并以酒食酬客。一月之后回门。

丰镇地区回族的婚俗有盖格尔（订婚）、下茶礼、催妆、伊扎布（婚礼）、回饭、回门等。旧时，回族男女青年通过媒妁说合，经父母同意，便可择吉日举行盖格尔（订婚）。仪式由男方请阿訇当证婚人，跟随媒人将聘金送至女家。女方以茶点招待并向证婚人和媒人表示敬意，赠送糕点数包。订婚后便是下茶礼，男家请媒人到女家道话，商定迎娶日期，并将碰门羊、喜茶饼、装新服、首饰等送交女方。催妆是在迎娶的前一天，女方派人去搬女方陪送的器具，新娘的衣服首饰则是由女方派人来送。举行伊扎布（婚礼）时新娘的祖父、父亲、伯叔、兄弟、舅父等男亲均要来男家贺喜，阿訇作为证婚人宣读结婚证和来宾贺词，男家设宴款待宾客。在迎娶新娘时，新郎并不亲自前往，也不动鼓乐，只是派一男童和花轿去迎娶（寓意新娘过门后早生贵子）。在迎娶的当日下午，新娘的母亲、姑姨、姊妹、嫂嫂等女亲要来男家贺喜，男家仍设宴款待，这被称作"回饭"。新郎新娘回门是在婚礼后的第三天，新郎要回拜女家各亲戚，新娘要在娘家住七天或对月。

丧葬　旧时，丰镇地区汉族丧葬一般有始丧、入殓、讣告、守丧、吊奠、发引、安葬、守制等习俗。

相比汉族丧葬，蒙族操办丧事较简。为死者更换寿衣后会请喇嘛念经，而后入棺。死后三天，为死者叫魂并将其安葬。

回族丧葬 丰镇地区的回族亡者多为土葬、速葬，大多在当日埋葬，最迟到第三天。回族人亡故称"无常"，子女迅速报孝，告知亲朋好友前来吊孝。要脱去死者全身穿戴，停放在"水流子"上，做大净，然后用白布包裹。由近亲将亡者抬往清真寺，阿訇主持殡礼仪式，随后抬到公墓。近亲将死者头朝北、脚朝南、脸朝西放入墓穴洞内，把洞口封住，填土成坟，墓前树碑记。葬后第三天、第五天、第七天，死者亲属请阿訇诵经祈福，以示记念。

丰镇地区各族群众的婚嫁、丧葬习俗，在中华人民共和国成立后逐步演进、变化。特别是随着社会的进步与发展、人民生活水平的提高，再加之各民族的和谐共处、文化融合，旧有的婚嫁、丧葬习俗有了很大改变，许多愚昧迷信的成分被人们所摒弃，许多积极向上的因素被吸纳。如婚礼庆典人们早已不在家里操办而改在饭店举行，三叩九拜、祈神降福那一套也被有歌舞音乐助兴的婚庆典礼所替代。旅行结婚等新的结婚方式也不鲜见。丧葬方面，在去除了那些愚昧迷信的繁琐礼仪后，更多了生前尽孝、死后安葬的人文关怀。而且火葬的丧葬形式也渐为普通百姓所接受。婚嫁与丧葬在程式上的由繁变简，把人们从纷繁复杂的各种礼仪、程序而致使的身心疲惫和精神压力中解脱出来，这样也使得人们能更好地也较为轻松地操办红白事业，也就更能体现举行隆重的婚嫁、丧葬仪式的真谛。

庙会

丰镇旧时的各种庙会，是当时社会文化生活的一个重要组成部分。除信众们在庙里参拜、祈福、祭祀、还愿外，观赏大戏、参与物资贸易等，也成为人们赶庙会的主要内容。

丰镇地区在清代和民国时期与内地的城镇一样建有许多庙宇。这些庙宇除佛教、道教寺庙外，还有许多是人们祈福还愿的神庙。依托这些庙宇，城内各行各业的商会商社为了祈求生意兴隆、也为了扩大

本行的影响，经常牵头举办各种庙会，使庙会成为了当时社会文化生活的一个重要组成。庙会除信众们在庙里参拜、祈福、还愿，还有一

项主要内容是唱大戏。戏台上锣鼓喧天，台下是观众如潮。庙外，则遍布踢拳卖艺的江湖艺人和卖食品、玩具、日用杂货的摊贩，人们赶庙会就如过节一般。

在各类庙会中，最为隆重的当属农历四月初八的奶奶庙会和隆盛庄农历六月廿四庙会。四月初八奶奶庙会也称圣母庙会，是特为人们向圣母求儿求女所举办。起初，圣母庙会是在老爷庙（也称武庙、关帝庙）举办，因老爷庙与龙王庙、火神庙为一完整的寺庙建筑群，圣母庙也附祀其中。清道光十四年（1842年），丰镇厅同知联绶在金龙大王庙大殿右侧专门建了保婴圣母祠，供奉三霄娘娘和曹奶奶，此后，圣母庙会改在金龙大王庙举办，人们也将圣母庙会称为奶奶庙会。保婴圣母殿中朱漆灵柱金描雕刻，帐帷重叠气氛肃穆。三霄娘娘端坐神龛，在香烟缭绕中若隐若现宛在仙境，身旁分立两个奶母，膝下立两童子，左为痘哥哥，右为痘姐姐。最为显眼的则是娘娘前边右侧的曹奶奶和左侧的送嗣哥哥。曹奶奶为全身塑像，面目不遮帐帷，真切可见。她肩扛褡裢，内装婴儿，有男有女，头露袋外，模样清晰可爱。在信众眼里，曹奶奶最为可怕，切不可得罪，祈儿求女者无不顶礼膜拜，拜后才敢仰视曹奶奶的面貌。曹奶奶一个脑袋却有前后两张面孔，前面黑而盛怒，后脸白而含笑。黑脸虽面目狰狞，但朝拜者更怕见她的白脸。因为她在送子时是黑脸，夺子时却笑脸相迎。送嗣哥哥专看曹奶奶的脸色行事，如果曹奶奶是笑脸，他就让你的儿孙夭折，如果是怒脸，他便给你添儿送女。

奶奶庙会上还有一项重要内容是十二岁男孩去圆锁。民间传说，凡十二岁以下的男童不属阴司管辖，而是听命于圣母。因此孩子降生，家人为求其长命，在过了"百岁岁"（生下满百天）后都要到圣母殿请锁，请五色锁线，即请圣母赐福锁定，富裕之家还要打造银锁，锁上镌刻吉祥字符，用五色线拴挂小孩胸前，锁好后，要把钥匙妥善保管。穷人家只将锁线拴在孩子脚脖即可。有这五色线或锁，邪祟不敢加害。男童长到十二岁即为成人，圣母奶奶不再管辖，司命于阴曹地府，请回的锁便须交还圣母。孩子十二岁生日这天，圆锁的孩子由家长带领牵羊抱公鸡（穷人家也要抱上纸糊的羊和公鸡）、男孩头戴僧帽项系五色线去奶奶庙朝拜。家长带男孩进入圣殿，将羊、鸡、点心、馍馍等摆上供桌，然后跪在圣母像前，烧香散表、叩头祈祷。圣母殿的主

持用笤帚在孩子头上轻轻一碰便算圆了锁。给孩子打造了银锁的人家，还需拿出银锁的钥匙让主持打开银锁，圆锁完成。

规模与影响更为盛大的是隆盛庄的农历六月廿四庙会。相传清乾隆十二年（1787年），隆盛庄地区遭遇大旱，民众在龙王庙日夜跪拜祈雨，镇内商家八大行会首也齐集龙王庙祈祷，并许愿如在六月前天降甘霖解了旱情，便择佳日演戏酬谢神灵。不久，果然下了一场透雨。旱情解除，隆盛庄商行也不负许诺，

选定六月廿四这天举办酬神庙会，因这天是雷祖圣诞，前一日则是关帝圣诞。从此每年六月廿四都由各大商行出资举办酬神庙会，形成传统。

隆盛庄六月廿四庙会会期三天，除与其他庙会一样在南庙北庙同时搭台唱戏外，还有声势浩大的街头文艺巡演。开始，是化妆成张飞的演员策马在街上飞驰几遭叫"报马"，也是在"净街"开路。其后则是大队的化妆为清朝武官与士兵所骑行的对子马，随后有各商行组织扮演的"五鬼闹判"等街头文艺表演，其中最精彩引人的是脑阁和台阁。脑阁是由精壮男子身绑铁架子，铁架子上又绑有一或两个甚至三个穿戏服的小孩，在行进中表演。台阁则是在彩车上搭建布景道具，将穿戏服扮成各种戏剧人物的小孩置于

其中进行表演。

隆盛庄六月廿四庙会期间，镇内人山人海，欢歌笑语，好戏连台，各种商铺生意兴隆，可谓盛况空前。

中华人民共和国成立后，特别是经过了"文化大革命"后，丰镇地区的各类庙会均已停办，即使是奶奶庙会和隆盛庄六月廿四庙会，也演变成了"文艺搭台，经贸唱戏"的物资交流大会。但进入21世纪以后，隆盛庄六月廿四庙会中的"五鬼闹判"、台阁脑阁等传统街头文艺表演被作为非物质文化遗产加以保护和传承。

社火

民间传统的"社火"是节庆文化的最主要内容之一。丰镇把民间传统的"社火"称作"红火玩意儿"，组织、参加"社火"也叫"闹红火""混玩意儿"。与内地基本相同，丰镇的"社火"活动，多集中于春节期间举行。其形式主要为踩高跷、扭秧歌、舞龙灯、耍狮子等。

踩高跷　踩高跷是民间"社火"中的重头戏，其表演的内容大多取自传统戏曲，尤以《西游记》《三国演义》《白蛇传》等老百姓熟知的故事居多。表演中演员们身着戏装，脸涂油彩重装，除扮演唐僧、孙悟空、猪八戒、沙和尚、刘备、关羽、张飞、白蛇、许仙、青蛇等

戏剧人物外，还把扮相滑稽的媒婆、老公公与老婆婆等世俗人物掺杂其中，并且他们的表演就如舞台上丑角的插科打诨，嬉笑逗闹，使整个表演增添了幽默滑稽的喜剧气氛。踩高跷因其参与表演的演员都腿绑二、三尺甚至更高的木跷，使其远高于常人，更易被观众所观赏；加之由于腿绑高跷，演员舞蹈起来虽如履平地，但比在平地上表演更别有韵味。表演中，高跷演员还不时与观众打趣互动，因而踩高跷备受观众喜爱。

扭秧歌　扭秧歌是"社火"中最为大众化的一种。表演形式一般有挑花篮、大头娃娃、舞彩绸、打花鼓等。挑花篮是由年轻妇女组成横排竖行的队伍，身着鲜艳彩服，肩挑花篮，轻盈舞动，细步前行。大头娃娃则是由少年儿童穿戏装、头戴超大的画有戏曲人物或卡通人物的面具，迈着秧歌步前行表演，以其笨拙可爱而引人。舞彩绸则不分男女，皆身穿彩衣，腰系长绸并分别执于手中，以大幅秧歌步兴高

采烈、激情四射、夸张地前行表演。打花鼓则是由年轻妇女着盛装、腰系花鼓，一边击出整齐响亮的鼓点，一边合着鼓点舞动前行。扭秧歌简单易学，所需服装道具也不复杂，因而能吸引大量民众参与，满足了民众自娱自乐的精神需求。

舞龙灯 舞龙灯是极富技巧也极费体力的"社火"表演。为体现龙的雄姿，参与表演的演员至少需

摆动，龙头便也随之昂首、俯视、左翻、右滚。龙首在摇滚翻摆中前行，即使幅度不是很大，但因龙身很长，越是靠后的舞龙人便越需迈开大步、加快步频，一场下来，舞龙者均是大汗淋漓、气喘吁吁，要耗费相当大的体力。舞龙灯一般是在晚上，龙头的眼睛装饰两只手电筒，射出两道耀眼的白光；龙身也装饰各色灯泡电池，通体闪光、色彩斑斓。

要十八人甚至更多。制作龙灯，先要用木架造型，木架外再裹以长幅布匹，布匹上彩绘龙身花纹，龙头龙尾则请行家雕刻彩绘。整个龙灯长20米左右，分为十多节或二十几节，每节龙身下绑一木棍，表演时，分别由一精壮男子手握木棍舞动，龙头前还有一人高举红绣球状彩灯负责引龙，绣球灯上下翻飞、左右

一条龙在舞绣球灯者的引领下滚动翻飞，时而昂首跃起，似欲直冲云霄；时而蜿蜒前行，似游龙出洞；时而又首尾相接，似伏似动，像是卧龙欲飞。整套表演气势磅礴、张弛有度，一条龙被舞得栩栩如生，招得观众喝彩不断。

耍狮子 街头耍狮一般由一对或几对大狮子和若干小狮子组成。

大狮子由两人配合表演，小狮子由一人装扮。耍狮子表演由手持绣球的人引领。引狮人舞动绣球，逗引狮子腾挪跳跃、张牙舞爪，小狮子则嬉戏打闹、前扑后跳，甚至扑向观众，极尽顽皮之能事。

此外，还有划旱船、跑毛驴、推车灯等。划旱船是由年轻妇女装扮成渔妇，驾着木架、彩纸制作的旱船，随着手握木浆的老翁模拟在水中划行，这样扮相似是戏曲《打渔杀家》中的萧恩与桂英。跑毛驴是一少妇肩挎纸糊的毛驴，下面用布帷遮挡，就如骑在驴背一般，旁边有一后生手握红缨长鞭忽前忽后、忽左忽右地作赶毛驴状，毛驴在少妇的操纵下奔腾跳跃、闪展腾挪，

划旱船

浑身系带的铃铛响声清脆悦耳，再配之以驴背上少妇似是回娘家路上遭遇各种险情所做出的夸张表情和有趣动作，使整个表演滑稽、热闹、欢快、喜庆。推车灯由三人表演。车灯用木架制成推车形状，外部围罩彩绸花布，车顶饰以花篮花灯，光鲜亮丽。表演时，一年轻妇女扮成新娘，用布带架起车灯，就如端坐车中。车灯后一老翁手握车把，扭动身体，顺带着把车灯扭得左右摇摆，似推车前行。车前系一条长绸，由一浓妆艳抹穿红挂绿的媒婆状老婆婆牵引，她以夸张的动作和滑稽的表情吸引观众。推车灯一般结对而行，这就有一个小丑扮相的男孩跳跃穿插其中，这小丑丰镇人称作"楞二小"，他身穿肥大红袄绿裤，头上用红绳扎一朝天辫，手挥鸡毛掸，肩挎一串响铜铃，在表演队伍中来回跑动穿插、跳跃嬉戏，用鸡毛掸撩戏其他表演者以引逗观众。

台阁和脑阁　台阁和脑阁是由山西、河北传入的一种民间"社火"表演形式。台阁的制作与表演比较宏大，需将高约两三丈的木架置于车上，其中心部位可以做圆周旋转。架上民间艺人巧妙地用绸布、纸张绑扎、彩绘成如戏剧舞台上布景道具般的山水楼阁等，就如把舞台搬到了车架上一样，俗称"架子"，

供装扮成各种传统戏曲中人物的孩童在上面进行表演。每队台阁从几个架子到十几个架子不等，表演内容多取自传统戏曲或民间戏曲如《白蛇传》《天河配》《杨门女将》《李红秀推磨》《王小二卧鱼》《狐狸缘》《小放牛》《李彦贵卖水》《双锁山》《千里送京娘》等等。脑阁是由健壮男子腰束铁架，铁架用彩布裹绕，高出男子头部1米左右，架上端坐两个甚至三个五六岁男女幼童，脸画油彩，身着彩装，宽大而长的裤腿遮没了铁架。表演时，幼童就

像悬于空中，手舞足蹈，凌空戏耍，潇洒自如，可爱至极。脑阁一般与台阁一起编队进行表演。

元宵灯会和焰火晚会 与内地一样，元宵节家家户户悬挂大红灯笼或各色彩灯也是丰镇的传统，而元宵观灯更是居民春节文化活动的一项重要内容。元宵之夜，家家户户张灯结彩，主要街道两旁的商家店铺，更是不惜工本制作造型优美、独具特色的花灯，愉悦来往顾客，宣传自己。中华人民共和国成立以后，许多机关、厂矿、社区等也加

入到灯会的举办中来。进入20世纪80年代以后，花灯的制作在继承传统工艺的同时，将电器、机械、音响等现代因素也融入其中，使元宵灯会更加丰富多彩、绚丽夺目。为了方便群众观灯，这几年还把一些主题突出、造型宏大、华丽多姿的花灯集中于市内的广场进行展示。20世纪90年代后，与灯会同时举行的还有焰火晚会。焰火的施放分为城东北山和城西新区广场两个地方。元宵夜里，地面上大小花灯闪烁，汇聚灯火海洋，似要与天上的明月争光多彩；天空中各色礼花绽放，如创人间绮丽仙境。加上主街道上高跷、秧歌等表演，鞭炮齐鸣、锣鼓喧天，观众人如潮涌，把春节的喜庆热烈推向了高潮。

以上的民间"社火"活动，除台阁、脑阁是隆盛庄廿四庙会所独有外，其余的一般都会在春节期间进行。从正月初五开始，一直要延续到正月十五元宵节。而且这样的民间"社火"活动连年举办，几乎从未间断，并随着时代发展在不断创新中传承。

游艺

游艺活动是人们日常休闲娱乐的重要方式。成人们的游艺活动一般以麻将等智力游戏为主；孩童们的游艺活动则主要是更显其天真活泼天性的游戏活动。

游艺活动是旧时人们休闲娱乐的主要方式，是老百姓精神文化生活的重要组成部分。虽然物质匮乏、生活艰难，限制了文化娱乐活动有

组织、专门化、大规模地进行，但即使条件有限，人们对精神生活的追求脚步却始终没有停歇。而客观上人们或出于人际交往的需求，或是在闲暇日子休闲娱乐，或为在节庆日子增添喜庆氛围，或小孩们只是单纯为了嬉闹玩耍，游艺活动也就成了人们日常生活中必不可少的内容。丰镇从旧时流传下来的游艺活动形式，主要如下：

打麻将 打麻将丰镇人也叫"打麻架"，是流传已久的游艺活动形式。其基本的游戏规则与其它地区一样，也是四人一桌共玩一副麻将，通过抓牌、吃牌、碰牌等手段，使自己手中的牌按规则实现有序排列，达到"和"（音 hu）的目的，最终以"和"的多少定胜负。

猜谜语 也叫打灯谜，是一项促进人们想象、联想、推理、判断等智力发展、增长人们知识的比较高雅的游艺活动。这项活动广受人们的喜爱。

划拳行令 划拳行令是一种佐酒助兴、活跃酒场气氛的娱乐活动。划拳是饮酒时，两人同时伸出手指并各说出一个数，谁说的数目跟双方所伸手指的总数相符，谁就算赢，输的人喝酒。另有一种是猜拳，也叫"掏宝"，就是庄家从与喝酒人数相等的细棍儿或细小物件儿中抽取若干（也可全部）紧握手中，让人依次轮流猜，猜对者喝酒，都未猜对，庄家自饮。还有一种"打筷拳"，即行令双方各执一支筷子，两筷相击时同时喊出"鸡、虫、棒、虎"中的任意一字，这四字代表之物互为相克，鸡吃虫、虫蚀棒、棒打虎、虎吃鸡，符合其中之一便分出胜负，负者喝酒。若喊出同一字或不相克的字为和拳，继续行令。划拳行令，多为两人一对进行，也有每人轮流坐庄与在座的其他人依次行令，那样叫"过圈"或"打通关"。旧时酒风盛行，为助酒兴、活跃席间气氛，无论是餐馆豪饮、还是居家小酌，划拳行令是酒桌上的常事。但随着社会的发展与进步，人们文明程度的提高，这种大呼小叫、吆三喝四近乎于吵闹的娱乐方式逐渐被人们摒弃，在公共场合已十分罕见。

翻花　也叫"解钩钩"，这是儿童间玩耍的一种游艺活动，有的地方叫"翻单单""翻股股""挑线"等。翻花的用具非常简单，只用细线或细毛线一根，两头对齐打结使其成环状，然后分别用双手插入撑住两端便可开始游戏。翻花一般是两人对玩，一方用手指钩、挑等手法，使撑住的线呈现出规则、对称的花型或图案，另一方则也用手指在这图案上钩、挑，使其变化成另一种图案撑住。就这样反反复复、你来我往，直到有一方因失误使图案解不开或打成死结，则算一局结束，再重新来过。

折纸　折纸是一种很传统也很受孩童们喜爱的娱乐方式，用写过

的作业本或其它废纸折叠出各种动物、器具或图形，是课余的学生们常做的事。大家还经常相互交流、学习，折出的动物、器具或图形也就越来越多。这是一种须动手、动脑的益智游戏。

捉迷藏　旧时儿童们吃过晚饭，常玩这种游戏，先把一人的眼睛蒙起来，然后其他孩子们各寻角落、空房或其它隐秘的地方藏好，由被蒙眼的孩子寻找，谁最先被找到便成为下一个找人者。以此可以不断进行游戏。

打陀螺　也叫打冰猴或打毛猴，这是冬天孩子们的冰上游戏。陀螺是用木块削制成的上平下尖、类似倒圆锥的形状。为使其旋转更快，

在其底部的锥尖上还要镶一颗滚珠（小的金属轴承）。游戏时，选一块平整场地（有时也在冰上），画一道线，两个孩子分别在线的两边，

把陀螺在冰面上旋转起来后用鞭子轮番抽打陀螺使其旋转着过线到对方，谁使陀螺倒掉便算输。若人多时也可编为两队，队员们轮流上去抽打陀螺。

老鹰抓小鸡 也叫老鸹抓小鸡（丰镇人称鸹鹰为鸹子）。这种游戏是一群小孩竖列成一队，每个孩子都拽着前面孩子上衣的后襟，最前面的孩子展开双臂扮作母鸡，另有一孩子在队伍对面扮作老鹰。游戏开始后，老鹰去抓队伍里的孩子，扮母鸡的孩子伸展双臂遮挡、保护身后的孩子，整个队伍的孩子们也随着它腾挪躲闪。"老鹰"每抓到一只"小鸡"，都做点火烧煮鸡的

动作，如此反复进行，直到把所有的小鸡抓完，再重新开始游戏。

丢手绢 这是众所周知的游戏，伴随这款游戏的儿歌恐怕也是人人会唱。游戏是小朋友们围坐一圈，一个小朋友拿一块手绢绕圈跑，趁某个孩子不注意悄悄把手绢扔在其背后，若是等扔手绢的孩子再次绕到其背后而其仍没发现丢在背后的手绢，便要被抓住。被抓住后要为大家唱歌表演节目，然后作为下一个丢手绢者继续游戏。这个游戏主要是在小学校园进行，可说是经久不衰。

跑马城 这个游戏是所有参与游戏的小孩分成两队，各自都伸展手臂手拉手展开成横队，两队孩子面对面，中间的距离视场地而定。游戏开始，一方的孩子喊："急急令，跑马城，打发格格（满族语小姐）送信来，要哪个？"。另一方答："要红玲。""红玲不在家。"另一方便指着对方的某个孩子应道："就把那个xxx。"被点到名的孩子便要快速奔跑，冲向对方的阵营，若冲开他们手拉着的手，便可从他们阵中领回一人，若冲不开，则自己要归到对方的队伍。如此反复游戏，直到一方的队伍没人为止。另有一版本是和这游戏方式相同，但喊得话不一样。喊得是"急急令，跑马桥，马桥开，要哪子？"，对方回"就把那个xxx。"这之后游戏

就一样了。

打岗　这是用废砖头玩的游戏。划一道线，把一些砖头立起来竖排摆上，分别代表乞丐（也有叫讨吃子）、金惊鼓、肉椅子、官老爷、咕咕鸣等，若人多还可在代表乞丐的砖头旁立名为耳朵的砖头，前面立名为鼻子的砖头。游戏时，孩子们要站到离摆好的砖头阵几米的地方，轮流用各自手中的半砖头去击打阵中的各种角色，寓意好的角色如官老爷等的砖头很小、也摆得较为牢靠不易被打倒，而代表乞丐（或讨吃子）的砖头则大而易倒。等各种角色的砖头都被人们分别击中，便按照各自的角色开始一段戏谑模仿古代大堂审案的游戏："官老爷"坐在"肉椅子"的腿上，"金惊鼓"握拳轻轻敲打"讨吃子"后

背，嘴里念道："金惊鼓，过大年，你差官老爷二百钱，我问官老爷饶不饶？""官老爷"若说"不饶"并说要怎样惩罚（一般是象征性的体罚），"金惊鼓"便照此施行。什么时候"官老爷"说"饶了"，游戏重新开始。有意思的是"咕咕鸣"这个角色有一特权，不管"审案"进行到什么程度，只要他像公鸡似的一打鸣便可使"审案"结束，再重新开始游戏。

传统节日

受口里文化的影响，丰镇乡俗是以农历记日、四季有节、逢节必贺（清明、中元等节贺的形式是祭奠或祭祀）。随着蒙、回等民族的融入，其它民族的一些节日也汇入到丰镇的传统节日之中。

丰镇乡俗是以农历记日、四季

有节、逢节则贺（有些节如清明、中元等贺的形式是祭奠或祭祀）。

春节 春节为每年农历的正月初一。这是我国传统节日中最为隆重的一个节日，不仅历史悠久，而且早已被各族人民所尊崇和重视。丰镇人称春节为"大年"，庆贺春节叫"过大年"，而且从进入腊月便开始筹备，过完除夕闹元宵，浓烈的喜庆氛围要一直持续到二月二"龙抬头"时，整个过程差不多近两个月。人们进入腊月便开始置办年货，要购置穿的新衣，加工各种肉食，如烧肉、炸丸子等，还要蒸馒头、炸糕、炸油饼、轧粉条等。总之差不多要把一个正月要吃的饭食所需的食材都准备得差不多，以便招待亲友时做起来快捷方便。筹备过年的另一项主要内容是打扫家，这要选择腊月二十前后的双日子进行，过了腊月廿五则不拘日子单双均可打扫家。家家户户要清扫粉刷房间、拆洗被褥衣服、洒扫庭院、掸拂尘垢、疏浚渠沟，并且打扫家后要在家中墙壁上张贴年画、在窗户上粘贴新的窗花，使得家里四壁明光，从外看来也是色彩盈人。旧时有童谣这样夸贴窗花："过年啦，贴花啦，满窗子都红啦。贴个猫，贴个狗，贴个小孩打提溜，贴个老猴抽烟斗。"又有民谣："公鸡闹白菜，公婆有担待。蝙蝠落窗根，五福齐临门。荷花盖金鱼，年年庆有余。蝉蝉吹笙笙，儿女早成人。八仙过海四季景，葡萄百子七星明。和合二仙鹿鹤顶，喜鹊登梅喜盈门。神龟寿来夺桃红，寿兰竹菊护花神。四季如意牡丹根，佛手莲花贵堂生。"窗户上所贴窗花讲究一点的是剪纸或木版印制，但也有民间艺人用水彩或广告色手工绘制的。打扫家也叫"除尘"，以示除旧布新，迎接新的一年到来。到腊月廿六这天人们要理发洗澡，民间有所谓"有钱没钱、剃头过年"和"二十六洗激溜（机灵）"等谚语。到除夕就该贴对联了。贴对联讲究贴双不贴单，如果这年腊月是大尽（一个月三十天）则在腊月卅十除夕日中午前贴，若是小尽（一个月二十九天）则要在腊月廿八的午前贴。与对联相配的是门上要贴斗方。这斗方上所书的内容要与对联的内容关联。但也有许多人家是斗方上只书写一大大的"福"字，贴得时候要故意倒过来贴，意为"福到了"。到除夕下午家家户户便开始挂灯笼、垒旺火、包饺子。过去垒旺火用的一般是胡麻柴（胡麻成熟后收获其籽榨油后所余秸秆）或麻杆儿。捆一束立在自家门前，上面贴上有"旺火冲天"或"旺气冲天"字样的红纸条，或用彩纸剪成一圈一圈套着花纹的旺火罩罩在上面。后来随着时代进步和人们生活水平的提高，柴旺火变为用煤炭垒的炭旺火。饺子是家家户户必备的除夕夜食品，须在点燃旺火、接神后煮食，取"交在子时、辞旧迎新"的意涵。除夕之夜，家家户户张灯结彩，设供焚香，午夜时分，点燃旺火，燃放爆竹，迎接天地诸神，称为"接神"或"安神"。其实"接神"的序幕在腊月廿三时便已拉开，那天家家户户都要买点麻糖吃，用意是"糊嘴"，让灶王"上天言好事，回宫降吉祥"。接神毕，要从旺火堆上取火种引燃自家的灶火以煮饺子。在吃年夜饭前，要祀先祖、拜父母，家人按序而拜，儿童叩贺，长辈要赏以钱币，即所谓"压岁钱"。接神后全家人品食茶点果品彻夜不眠，称作"守岁"（也叫熬年）。进入20世纪80年代，电视开始进入普通百姓家。从1984年起，观看中央电视台主办的一年一度的春节电视文艺晚会成了人们接神前或熬年时的主要内容，很大程度上改变了人们过年时的一些习俗。到正月初一早上，人们装扮一新，开始走亲访友，互相拜年。一般是初一先去男方的父母家，初二去女方的父母家，初三开始亲友互拜。

破五节　正月初五，民间称破五，这天要把除夕夜烧过的旺火残渣和清扫院子后收集的其它垃圾倾倒出去，倾倒前要燃放两响爆竹，称为"送穷"。

八仙节　旧时，逢正月初八傍晚，各家会在院里点灯七盏以祭七星。中华人民共和国成立后，这项习俗不再进行，这天也逐渐演变为亲朋好友的聚会之日。

十指节 旧时，正月初十妇女要忌针，不能缝纫。这天，各家皆食荍面。晚上，还要在水缸脚底侧旁燃蜡烛或油灯，还需焚香，名为给老鼠娶媳妇。

元宵节 也叫上元节，是春节期间非常重要、民间庆祝活动十分隆重的一个节日。观灯、赏灯、猜谜语、彩车巡游，阖家团圆吃元宵（汤圆）是这个节的主要内容，举办焰火晚会施放焰火是后来加入的广受百姓欢迎的元宵庆祝活动，而这天晚上踩高跷、扭秧歌、舞龙灯、耍狮子等民间社火的表演活动也达到了春节期间的最高潮。

填仓节 填仓节分小填仓和大填仓（也叫老填仓）两个。小填仓是在正月廿十，大填仓是正月廿五。小填仓要设供致祭，以祈年丰，这天民间习俗要吃黄米糕。大填仓这天，人们要添米面、柴碳等物，并吃糖饼或馅饼，因其圆形而取"笼圆仓满"之意。

春龙节 农历二月初二，此时春节刚过，田间农事即将展开。人们祈望蛰伏一冬的龙也要及时升天，播云降雨。因此，便有民谚"二月二，龙抬头，大家小户使耕牛"和"二月二，龙抬头，大仓满，小仓流"之说。旧时，丰镇人到了这天，家家户户都要早起去水井挑水，而且要把水缸挑满致水外溢，名曰"引潜龙"，也有人据此读音认作是"引钱轮"的，意即招财进宝。在这天，人们还有剃头、理发的习俗，这大概是为了沾"龙抬头"的喜气吧。

惊蛰 为二十四节气之一。春雷乍动，惊醒了蛰伏在土壤中冬眠的动物。这时气温回升较快，渐有春雷萌动。蛰是藏的意思，"惊蛰"是指钻到泥土里越冬的小动物被雷震苏醒出来活动。在民间素有"惊蛰吃梨"的习俗。

清明节 清明节是与寒食节合

并而成的节日。在丰镇，清明节扫墓踏青的习俗一直延续到现今。扫墓，丰镇人也叫"上坟"。上坟时，丰镇人要携带酒食果品、纸钱等到墓地，将所带物品做为贡品供祭在亲人墓前，将纸钱焚化，为坟墓培上新土，并从树上折几枝嫩绿新枝插在坟上，然后叩头行礼祭拜。踏青也是清明节的一项活动，这时正是春光明媚草木吐绿的时节，人们相约成伴，纷纷到郊外踏青赏春。而丰镇人普遍爱吃的一种野菜——苦菜（丰镇人也叫甜苣或苦苣）也在此时刚吐出嫩芽，正是鲜嫩可口的时候，一边踏青一边挖上一些苦菜也是人们释放一冬苦闷、亲近自然、愉悦心情的方式。清明节这天，为给儿童祈福辟邪，有小孩的家庭，家长会选用彩色布剪成小的圆片儿以线穿之，最上片为蓝色，意为天，最下片为黄色，意为地，中间各色都有，这叫"清明穗儿"。儿童十二岁以下便佩戴用几片彩色布串好的"清明穗儿"。民间还有家庭用彩色布制作鸡的模型，或用白面捏制鸟兽和小人儿，蒸熟后插于树枝的各个分叉上，以示春临大地、万物复苏。中华人民共和国成立后，每到清明节，党政机关、学校等，会召集工作人员、学生，赴革命烈士陵园或英雄纪念碑前，集体祭奠和缅怀革命先烈，进行革命传统教育。这已成为新的清明节活动内容而被传承和发扬。

端午节　也叫端阳节，是在农历的五月初五。此节的由来有纪念屈原说、纪念伍子胥说、吴越民族图腾祭说等等。伟大爱国诗人屈原其不朽的爱国精神和诗章早已广泛深入人心，因而人们大多还是认同纪念屈原说。端午节这天，丰镇人家家户户都会吃用粽叶、糯米或黄米、红枣等制作的粽子、凉糕纪念屈原。住房的门上，还要贴上用彩色纸剪成的一虎、一鸡图案，名为"五毒符"，或贴两个连着的菱形图案的符，符上插艾草。为驱邪避毒，儿童要佩戴粽子样的香袋，背贴用纸编的五色符和马鹿，手腕、脚腕拴五色线。

七夕节　也叫乞巧节、女儿节。因此节是在农历的七月初七，丰镇人也称其为七月七。传说牛郎和织女在这天会做每年一次的相会，喜鹊会成群飞上天为他们的相会搭建鹊桥。对于这个节日，也还有一个很重要的内涵是女儿祈盼心灵手巧。现今人们把七夕节也当成了中国的"情人节"。

中元节　中元节这天也是佛教的盂兰盆节。传说中元节当天阴曹地府将放出全部鬼魂，民间普遍进行祭祀鬼魂活动。因正直初秋，丰镇地区的部分农作物、瓜果时蔬等已成熟。因此，丰镇的中元节祭祀，主要是上坟。届时，人们采购好食品瓜果，到坟上焚香、摆供、祭祀。夜晚，不能上坟的妇女要在宅院外路口上燃烧纸钱并哭祭亡灵。乡间家家户户蒸面人与亲友互相馈赠，意求多子多福、人丁兴旺。旧时丰镇还有在中元节夜晚到河边放河灯的习俗。

中秋节 农历八月十五是中秋节，这是一个非常重要的民族传统节日，与春节、端午一起，合称我国的三大传统节日。因其恰值三秋之半而得名，又叫团圆节或月夕、仲秋节、八月节等。合家团圆、庆贺丰收是这一传统节日的主题内涵。家人团聚赏月祭月、吃月饼瓜果，一派节日温馨、喜乐的气氛。丰镇月饼因其美味独特而盛名在外，一直是丰镇人的骄傲。中秋之夜，秋高气爽，皓月当空，家家户户摆设供桌，上放月饼、西瓜和其它果品。月饼中有一个特制的又圆又大的包馅月饼，人们称之为"月光圆"或"月宫爷"；西瓜要切成莲花状或花篮状，切的过程叫"剜圆"。丰镇人过中秋节，提前十几天或二十天，甚至一个月就开始忙活。首要的，是拿着面粉、胡麻油、糖到月饼加工作坊去加工月饼，丰镇人叫"打月饼"。加工月饼的作坊遍布丰镇的大街小巷，每个作坊前都会排起等待打月饼人的长龙。一时间，烘烤月饼的香味弥漫了整个丰镇城。加工了月饼，接着便是亲友之间提了月饼瓜果等互相馈赠，托亲友、投快递寄给外地亲友，你来我往，一直要持续到过节。一个个月饼，表达了人们丰收的喜悦，饱含了对家的思念、对团圆的祈盼，也饱含了亲情、友情、故乡情。

重阳节 农历九月初九是重阳节。古人将天地万物归为阴阳两类，阴代表黑暗，阳则代表光明、活力。奇数为阳，偶数为阴。九是奇数，因此属阳。九月初九，日月逢九，二阳相重，故称"重阳"。中华人民共和国成立后，于1989年把重阳节定为"老人节"。重阳佳节活动极为丰富，到了这天，各地有登高、赏菊、喝菊花酒、放风筝、吃重阳糕、插茱萸等等习俗。丰镇人过重阳节，家家户户要吃糕，男女老少要登高。当然，也有一些人相约几个文朋诗友，登高望远，吟诗品酒，舒畅情怀，开阔视野，交流感情，锻炼身体，培养回归自然、热爱祖国大好山河的高尚品德。

寒衣节 为每年的农历十月初一，也是冬天的第一天。此后天气渐渐寒冷，人们怕在冥间的祖先灵魂缺衣少穿，因此，祭祀时除了食物、香烛、纸钱等一般供物外，还有一种不可缺少的供物——冥衣。在祭祀时，人们把冥衣焚化给祖先，叫作"送寒衣"。丰镇习俗，为亡灵送寒衣不去坟地，而是在十月一的夜晚，选择街巷的一个十字路口，焚烧送给亡灵的冥币冥品，而且要燃尽烧净，以供亡灵收用。

腊八节　腊八节俗称"腊八"，即农历十二月初八，汉族传统节日，古人有祭祀祖先神灵、祈求丰收吉祥的传统。后来佛教传入，受中国传统文化影响，把腊八节定为佛成道日。后随佛教盛行，佛祖成道日与腊日融合，在佛教领域被称为"法宝节"。丰镇人过腊八节，家家户户要用红小豆（或红芸豆）、红枣、糯米、黄米、小米等食材熬煮红粥。粥成，除自家食用还会分送邻里、亲友。除熬煮红粥，家家户户还要用醋腌泡剥了皮的大蒜，腌泡过的醋与蒜，醋有蒜香，蒜瓣不仅口味变得清甜，而且颜色也会变得碧绿（人们说只有腊八这天用醋腌泡蒜才有这样的效果）。这样的醋、蒜，人们要留到春节用餐时佐餐调味。另外，按照丰镇习俗，一过腊八，各家各户便开始忙碌起来操办过春节，开始忙于杀年猪、磨豆腐、轧粉条、采购年货等等，"年味儿"就越来越浓了。

冬至节　冬至是我国农历中一个非常重要的节气，也是一个传统节日，至今仍有不少地方有过冬至节的习俗。冬至俗称"冬节""长至节""亚岁"等。早在 2500 多年前的春秋时代，我国已经用土圭观测太阳测定出冬至来了，它是二十四节气中最早制订出的一个节气。时间在每年的阳历 12 月 22 日或者 23 日之间，丰镇有俗语"冬至后十天，阳历过大年"之说，便是对冬至日期的推算。冬至是北半球全年中白天最短、黑夜最长的一天，过了冬至，白天就会一天天变长。古人对冬至的说法是：阴极之至，阳气始生，日南至，日短之至，日影长之至，故曰"冬至"。冬至过后，各地气候都进入一个最寒冷的阶段，也就是人们常说的"进九"，其后就开始寒冷的"数九天"。民间有"冷在三九，热在三伏"的说法。丰镇习俗，冬至这天要吃肉、吃饺子，并有民谚"冬至不吃肉，冻烂脚趾头"之说。

祭灶节　旧时腊月廿三，家家户户送灶神上天，为让其"上天言好事，回宫降吉祥"，在其供桌上要供奉麻糖。现今已无人祭灶，但还保留在这天吃麻糖、糕等黏性食品的习俗。

小年节 腊月廿三，蒙古族居民全家团聚，行祭灶礼。晚上，煮全羊共进团圆餐，家人依序行叩拜礼。

大尔代节 即开斋节。在伊斯兰教历十月一日庆祝，望见新月开斋。这天，穆斯林沐浴礼拜，相互祝贺。

小尔代节 即宰牲节，也叫古尔邦节。穆斯林在此节沐浴盛装礼拜，宰牲献祭，宰牛、羊互相馈赠。

圣忌日 这天是伊斯兰教历三月二十日，相传是默罕默德的生日或逝世日，因此为圣记（圣忌）日。这天穆斯林诵经赞圣。

过节的起源大抵是为祭祀、庆贺、祈福、求愿，当然也有一些是宗教的需要。但随着时代发展、社会进步和人民生活水平的提高，随着各族人民在祖国大家庭中文化的融合，每个节日原来的意义会逐渐模糊，新的过节习俗为各个民族和广大民众所认同。因此，现今人们常说：生活好了，天天都在过年。这其实说明，由五十六个民族组成的中华民族，会不断融合、奋进，并向着伟大的民族复兴大步前行。

风味特产

HUASHUONEIMENGGUfengzhenshi

风味特产
FENGWEITECHAN

丰镇月饼外形粗犷朴实，不似内地月饼的小巧精致，但细品却口味甘甜、松软香酥，因此誉满晋蒙，是丰镇极具代表性的糕点。

丰镇月饼

"丰镇月饼"，应该说这是一种既色香味美又具有丰镇特色的食品。从外表看，它样子有些粗糙，而这正是塞外月饼粗犷朴实的特色，

细品起来月饼口味甘甜、松软香酥，毫不逊色于内地月饼的精致细腻。二者的极致融合，使它成为了丰镇糕点的代表性食品。

丰镇月饼历久不衰，誉满晋蒙。而且随着时代发展，物质生活的丰富，人们生活水平提高后口味的变化、健康生活的需求，丰镇月饼也在不断地改进制作的设备与技术，

在传承传统配料和工艺的基础上不断创新，达到了口味甜美，品种多样，形色俱佳，因而更具独特浓厚的北方风味，在塞内外享有了很高的声誉。

丰镇地处边塞，月饼的制作是秉承胡饼的制作工艺并不断加以改进而成。传统的丰镇月饼，其原料只用面粉、胡麻油、食糖和少量碱面揉合、烤制。面粉、胡油、食糖、碱面的比例是 10∶3∶3∶0.03，这样做出的月饼称为"满油糖"。在粮油短缺的年代，月饼制作所用面粉、胡油、食糖、碱面的比例是 10∶2∶2∶0.03，这样做出的月饼叫做"二油糖"。近年月饼制作的比例已变为 10∶4∶4∶0.03，称"超油糖"。传统的丰镇月饼制作工艺并不复杂，先在面粉中放入一定的碱面或小苏打，再把胡油、食糖在锅内烧开溶化，不加一滴水，然后将其倒入备用的面粉中搅和揉匀，

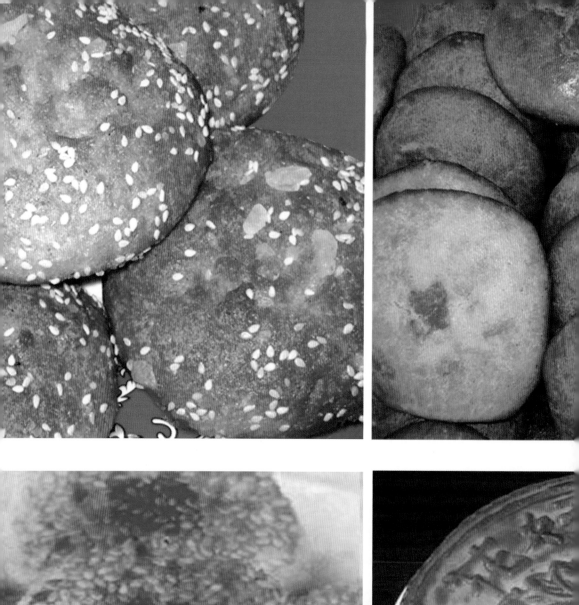

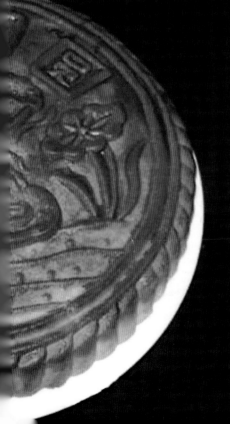

饧发一会儿即可上案制剂。每斤干面加油糖揉合成的面团要平均分为五个小剂子，双手揉团成扁圆形饼坯，抹上一层浮油，撒上白芝麻，为使月饼熟透和快熟，还要在饼坯上用筷子捅几个眼儿，做好这些便可把饼坯入炉烤制。旧时的烤炉是可以上下合盖的圆形饼铛（此种烤炉现已被容量更大、火候更好控制的隧道式烤箱所替代），烤制时铛上有火、铛下也有火，上下火齐烤，烤出来的月饼焦而不煳，通体熟透，每个月饼口味、色泽完全一致。丰镇月饼制作所用的面粉与油常量不变，以为立祖，保持了其传统特色；而糖和其他辅料稍有变化或加入红枣面儿等新材料，则又使其口味多样。加了芝麻的月饼烤熟后或许使北方食品中的纯朴口味中也具有了南方食品的清香；加了蜂蜜，仿佛能让人嗅到阵阵花香。加红糖，其甜醇厚悠长；加白糖，其甜适口溢香；加冰糖，则使其在品味醇厚甘甜的同时还能有一丝清凉。

丰镇月饼其特点是焦黄松软，香糯可口，绵甜悠长，油而不腻。而且烤好的月饼几乎无水

分，十分耐储存，可让你觉得常吃常新。丰镇月饼刚出炉时，香酥松软，若将之密闭储存于瓷瓮、瓷坛隔几日后食用，则变得更加松软柔和，绵甜适口，回味悠长。人们在坛瓮之内存放月饼时，要在坛瓮的底部、月饼的下面置放一杯或一碗白酒，还有人会同时放入香气四溢的槟果。经这样存放后的月饼，吃起来就更有了一种独特的清香。

按照现代科技的分析，丰镇月饼的烤制具有很高的科技含量。主料面粉在70℃以上时，蛋白质就开始发热变性而逐渐凝固，其筋力逐渐降低，以至随蛋白质的变性而完全失去筋力，达到膨胀、酥软。面粉内的淀粉在60℃以上时，淀粉颗粒不但膨胀，而且开始破裂，进入煳化阶段，颗粒体积比在常温下胀大好几倍，吸水量增大，黏性增强，并开始溶于水，成为黏性很高的溶胶。温度越高，溶胶越浓，增强了

膨润度和松脆性。淀粉的分解物在烤制时形成烔精，可使制品表面具有焦黄鲜艳的色泽。

近年来，为了满足人们的不同口味，丰镇月饼不仅保留了朴实无华、香绵甜糯的传统特色，而且还陆续开发了更加营养健康的红枣月饼、无糖月饼等新品。随着丰镇月饼的声名鹊起和被更多地区人们所认同和接受，生产丰镇月饼的作坊也是越来越多，不断扩大，而且从中发展起了许多家生产规模大、生产工艺先进的名牌企业，如海鹏、马大哈、恩宝、康美等。专为生产丰镇月饼而建设的食品工业园区与展示丰镇月饼制作传统和文化的月饼博物馆也已建成投入使用。

令人称奇的是，丰镇月饼的独特之处是这饼只能在丰镇境内制作，如去市外如邻近的集宁、呼和浩特市或大同，同样的原料、同样的师傅、同样的工艺做出的月饼，其味道总不如在丰镇做出的月饼香甜、地道。因此，每到农历七月下旬，丰镇加工月饼的大小企业、作坊竞相开炉，

直到八月十五停炉，在这40天左右的生产期内，全市大约要制作近100万斤月饼。丰镇月饼除本市人食用外，也馈赠外地的亲朋好友，但绝大部分销往山西和内蒙古各地，近年来，也销往北京、上海、深圳等大城市。

丰镇月饼在丰川大地上流传数百年而经久不衰，是它特有的风味和品格所决定的。为了将这一口味独特、声名远扬的产品传承和发展下去，丰镇月饼已被乌兰察布市公布为非物质文化遗产。丰镇月饼的形象、口味将永久留存在人们的心里、生活里。

白酒

丰镇地区传承了山西地区传统的酿酒工艺，利用优质的水源，加之创新和发展，酝酿出了独具特色的丰镇白酒，誉满区内外，行销全国。

丰镇的白酒起源比较早，在旧时是由陆陈行（粮食加工业）的一些商号自行酿造，产品除供应本地外，也随走草地的车队远销蒙古国、俄罗斯等地。旧时的白酒在中华人

民共和国成立之后随着工商业改造而停产了，现今丰镇白酒的生产企业是丰川酒星酒业有限责任公司。

丰川酒星酒业有限责任公司的前身是丰镇制酒厂，丰镇制酒厂始建于1950年，是丰镇市第一家地

方国营企业，也是内蒙古自治区最早的酿酒厂家之一。1974年，当时的丰镇制酒厂与内蒙古轻工科研所合作，共同试制成功了丰镇特曲酒、丰镇大曲酒，开辟了内蒙古西部地区生产大曲浓香型白酒的先河，那时丰镇特曲酒、丰镇大曲酒深受消费者青睐，不仅在人们餐桌上常见，而且是人们馈赠亲友的上好礼品，是人们心目中的名酒。2000年

丰镇制酒厂转制为股份制企业，更名为丰镇市九星酒业有限责任公司。2008年，公司进行了二次转制，成立内蒙古丰川酒星酒业有限责任公司，公司注册资本654万元，生产规模3000吨，年销售收入5000万元，职工200人。丰川酒星酒业有限责任公司一直坚持传统固态发酵工艺，纯粮酿造，现今生产浓香、清香两大香型以及三十多个品种的白酒，代表产品有酒星、丰镇特曲、薛刚醉等系列酒系，在市场上久负盛名。注册商标"丰镇"是乌兰察布市知名商标，1992年、2014年两度获内蒙古自治区著名商标，丰镇酒星和丰镇特曲于2016年再度荣获内蒙古名牌产品。

"以质量求生存，以信誉促发展"是丰川酒星酒业有限责任公司一贯坚持的经营方针，2003年公司获ISO9001：2008国际质量体系认证，并在复审验收中均顺利通过。2005年10月26日中国质量检验协会同意公司"丰镇"牌系列白酒作为"质量信誉保障产品"加入中国质量检验协会数码防伪系统，并被列为"全

国打假保名优重点保护企业"。丰川酒星酒业有限责任公司在企业发展过程中非常注重自有知识产权的建设和保护，"酒星"酒标贴、"薛刚醉"酒标贴、"老丰镇"酒包装盒、"定点酒醅取样装置"获国家知识产权局授权外观专利、实用新型专利10项。目前，丰川酒星酒业有限责任公司的产品已覆盖乌兰察布市各旗县市区，并销往内蒙古呼和浩特市、包头市、锡林郭勒盟、山西省大同市、河北省张家口市、宣化市、辽宁省葫芦岛市、广东省佛山市等地。

发展是企业的必然选择。丰川酒星酒业有限责任公司于2012年

10月在丰镇市轻工业园区建造的占地300亩的新生产基地落成运行，实现了由旧厂向新址的迁移，旧貌换新颜。在上规模、上档次、争创行业一流上迈出了坚实的一步。现丰川酒星酒业有限责任公司以"以人为本、质量第一、诚实守信、开拓创新、服务社会"的发展理念，规范企业经营，着力打造百年酒企，实现企业高效健康发展，在助丰镇经济腾飞的同时，实现"基业长青"的企业梦！

啤酒

丰镇的啤酒是当代先进生产工艺与丰镇当地优质水资源结合而创造出的代表性产品。这优质产品诞生的背后，体现的是丰镇人勇于开拓奋进的精神。

2004年4月，丰镇市委、市政府引进著名啤酒生产大型企业燕京啤酒集团投资，在原丰镇市啤酒厂的基础上组建成立全资子公司——燕京啤酒（丰镇）有限公司。

2012年，燕京啤酒（丰镇）有

限公司又进行20万吨啤酒退城入园工程建设。在轻工业园区建设了占地面积20万平方米的新厂，总投资5亿元人民币。工程主要包括：糖化车间、发酵车间、灌装车间、动力车间、综合仓储、办公场所等单元。工程采用当前国内外先进的啤酒生产工艺及生产设备，是国内为数极少的具备纯生啤酒生产能力的企业之一。2013年底，燕京啤酒（丰镇）有限公司正式搬迁投产，现具有年产10万吨的瓶装生产线和易拉罐生产线，产品主要包括燕京系列的瓶啤、易拉罐啤、扎啤等中、高档系列产品十多个品种。通过严格、科学的管理，燕京啤酒（丰镇）有限公司先后通过了国家ISO9001：2000质量体系、GB/T24001—2004环境管理体系、GB/T22000—2006食品安全体系"三标一体"认证、SC认证。

燕京啤酒（丰镇）有限公司生产的燕京品牌系列啤酒，采用优质麦芽和香型酒花，选用优质天然矿泉水，利用燕京集团先进的管理模式与酿造技术，本着"内控溶解氧、外塑包装形象"的质量原则进行生产，产品口感新鲜，清爽怡人，各项质量指标全部达到国家优级标准，深受广大消费者的喜爱。

有机蔬菜

民以食为天。随着时代发展和社会进步，解决了温饱向小康迈进的人们，更加重视食物的营养与健康。近年来，为了满足人们的需求，丰镇市委、市政府进一步调整优化种植结构，使冷凉蔬菜和特色农业种植得到大力发展，这已成为实现农民持续增收、改善和丰富广大群众菜篮子与餐桌的重要举措。

2016年，全市冷凉蔬菜种植面积已达8万亩。种植的蔬菜品种包含了中小甘蓝等地方优势产品，以及西兰花、洋葱等新型产品。年产量达到4亿斤，产品在满足本地需

和"传统与现代相结合"的发展理念，率先在市巨宝庄镇建起绿色蔬菜和杂粮杂豆综合配送生产基地。

基地位于城郊结合处巨宝庄镇巨宝庄村，是专业从事有机农业产品生产、加工、销售、配送的全产业链的现代化农业企业，主要生产经营有机蔬菜、有机杂粮、有机粮油等多种农产品。2015年，内蒙古绿康源生态农业有限公司流转土地260亩，建成温室大棚22个，种植有机蔬菜40多个品种，其中有10个主体有机蔬菜产品已通过国家有机认证。公司配套制冷恒温库、恒温配送车、包装消毒配送车间和办公用房。温室大棚内引进水源热泵智能温控技术和山东德州热风锅炉加热智能温控技术。2015年公司种植的有机蔬菜供不应求，已发展会员500多个。在公司运作中，采取了信息化管理、品牌化建设、会员制销售，积极与邻近的中泰华丰公司以及入园农户相互促进、互为补充，已发展成为集农事活动、生态观光、休闲娱乐、旅游采摘为一体的综合性开放式示范园，成为了丰镇市"有机食品"的倡导者和践

求的同时还远销全国各地。在特色农业种植上，充分利用丰镇地区的气候特征和区域优势，樱桃、葡萄、万寿菊、高糖甜菜、中草药、向日葵等种植发展迅猛，种植面积已达到4万亩。

在冷凉蔬菜种植和特色农业种植上，内蒙古绿康源生态农业有限公司发挥了龙头带动的作用。为了贯彻落实内蒙古自治区"打造绿色农畜产品基地"的战略要求，丰镇市本着"示范起步、合作组织、逐步扩展、产储加销一体化"的思路，引进内蒙古绿康源生态农业有限公司"绿色、安全、环保、可持续"

行者。在质量管控上，内蒙古绿康源生态农业有限公司实行当前国际标准8S管理模式。生产的全部过程不使用任何农药、化肥、调节剂等，全部为有机标准。公司2016年投资1.5亿元，流转土地3100亩。新建温室、双层连体大棚1000亩。有机蔬菜种植面积达到500亩。实现年产有机蔬菜230万公斤。项目全部建设完成后，又另外配套建设的农家特色餐饮区、儿童户外拓展训练区和50户精准扶贫产业移民区已初具规模。旨在通过3—5年的努力，将这里打造成为集种植、科研、教育、休闲观光、生态度假、产业扶贫六位一体的生态农业科技综合示范园区。

在特色农业种植上发挥龙头带动作用的还有内蒙古中泰农旅投资有限公司。内蒙古中泰农旅投资有限公司是在丰镇市中泰华丰农业开发有限公司基础上通过引进投资组建的大型农业投资控股集团公司。经过十余年努力，中泰农旅逐步成长为内蒙古自治区成功的现代化农牧业公司之一，是内蒙古自治区农牧业龙头企业、林业产业化龙头企业和扶贫龙头企业。公司以为国内外消费者提供高品质农林牧产品为使命，践行发展现代农业、生产安全食品、实现产业报国的理念。公司诚信立业、创新担当，引领当地农民走产业化经营道路，在促进地方农业发展的同时得到了长足的发展。经过十余年发展，中泰农旅积累了丰富的种植、管理、运营、销售经验，建立了农林牧和温室种养为一体的完整产业链。建成全球最

大的二月份早春大樱桃生产基地，全国最大的冬春双季葡萄种植基地，全自治区最大的特色原生态黑猪养殖基地，乌兰察布市唯一的芦笋种植基地。在樱桃种植上，变寒冷干燥和无霜期短的不利条件，为早蓄冷、早休眠、早提温、早上市的有利条件。中泰农旅的二月份早春大樱桃基地，已建设连体、独栋等各类温室280座、1500亩，种植面积达到500多亩，大樱桃树15000株，

年产早春大樱桃50万斤、大樱桃苗10万株。优质的自然禀赋结合传统的栽培方式，产出了口感纯正、甘甜味美的"爱优"牌大樱桃。上市时，平均每斤批发价格100元以上，每亩纯收入就达13多万元。

公司在发展黑猪产业上，采用公司繁育，农户饲养，公司按头回收，实行了订单加保价的经营模式。公司种猪繁育基地负责繁育优质黑猪仔猪，仔猪重量达到15公斤后与农户合作，由农户饲养。在黑猪回收上公司规定黑猪饲养达到300天、重量达到280斤后，公司按照每头2800元回收，多于280斤也按照2800元支付，少于280斤农户饲养达到要求后统一

回收。在这种模式下，农民在饲养过程中不用去投入精饲料，日常喂养全部由自家种植的玉米、马铃薯等解决，极大的降低了农户的饲养成本，也增强了他们抵御市场风险的能力，饲养每只黑猪纯利润达到1000元。目前在丰镇市三义泉镇、官屯堡乡、黑土台镇、巨宝庄镇近1500户农户与公司签订饲养合同，户均收入达到13000元以上。同时，公司通过农户饲养，解决了自身饲养能力不足问题，且保证了黑猪系列产品达到原生态质量要求。实现了农企双赢的良好格局。

中泰农旅与中国芦笋研究所强强联合，积极发展芦笋种植、加工、出口，积极推广芦笋防风治沙种植。中泰农旅既有温室内供应元旦春节市场的芦笋种植，又有塑料大棚内满足早春市场的芦笋种植，还有填补6—7月份市场空白的露地种植。三年实现自营芦笋2000亩，带动农户种植2万亩，实现年产芦笋4000万斤，带动农民每亩利润3000元，每年带动农民增收6000万元。

在葡萄种植上，吸取国内外先进经验，充分发挥高原地区光照强、空气干燥的优势，建成国内最大的冬春双季葡萄基地。冬春双季葡萄上市时间为每年春节和五一国际劳动节，不仅具有新鲜的口感，而且葡萄含糖量提高15%以上，风味更佳。中泰农旅建成了丰镇市巨宝农场、察哈尔黄旗海农场、凉城淤泥滩、永乐、北魏皇家、花木兰、长城农场等八个葡萄专业农场，占地10000亩，温室葡萄种植面积3000亩，露地葡萄种植面积2000亩，年产冬春季葡萄4000万斤，秋季葡萄1000万斤。"十三五"期间通过"公司＋农户"方式带动全市错季水果种植5万亩，实现内蒙古中西部农业产业升级，打造全国重要的错季水果基地。

传统农业

勤劳的丰镇人将优良传统一代传一代，把大自然的恩赐，转化成精美的食品、商品，不仅赋予其美味、美观，更把丰镇人在艰苦环境中努力开拓、勇于向前的精神融入其中。

丰镇地处塞外，滩川坡梁，地形多样，因而传统农业的种植，农作物的品种也是多种多样。受农业种植的影响，也受山西饮食文化的影响，一些杂粮、豆类、花卉，甚至野菜，成为丰镇人种植或采摘的选择。

苦菜 丰镇人也叫它甜苣、苦苣，是一种多年生草本野菜，在丰镇乡间广泛分布。其含有丰富的胡萝卜素、氨基酸、矿物质，特别是苦菜中还含有多聚糖、树脂、果酸、胆碱、甘露醇等物质，有良好的防病治病功效。苦菜的药用，在古医籍中有许多记载，《神农本草经》说："苦菜主五脏邪气，厌谷胃痹。"《滇南本草》认为苦菜"凉血热，寒胃，发肚腹中诸积，利小便。"中医认为，苦菜性寒，有清热解毒、破瘀活血、排脓的功效，可治阑尾炎、腹腔脓肿、肠炎、痢疾、急性盆腔炎、肺热咳嗽、肺结核、吐血、衄血、跌打损伤、疮疖痈肿、黄水疮和阴囊湿疹等。苦菜虽为苦味野菜，但营养丰富，有人体需要的多种维生素、矿物质、糖类等，可以炒食、凉拌，也可以做馅、烧汤，还可以制成野菜罐头、腌酸菜。丰镇人喜食苦菜，不仅在生活困难时期用它弥补蔬菜的不足，就是到了衣食无忧，讲究营养美味的今天，人们对苦菜的喜爱程度仍丝毫未减。每年春天，绿草萌生，就在苦菜刚刚绽出嫩芽之时，人们便会相约一起奔赴乡间田野，去采摘苦菜。现在还有专门采了苦菜到菜市上叫卖的乡民。在此时节，大小餐馆，菜谱上也会多了几道用苦菜制作的菜肴。常见的吃法是把苦菜洗净，用开水焯烫去其苦味后凉拌，也可以和凉粉一起凉拌；还有就是和土豆丝一起作为馅料，铺于擀得比较薄的莜面上，卷制成莜面囤囤蒸后食用。许多人家还会采摘苦菜后，将其洗净晾干，留存到冬季食用。可以说，丰镇人对苦菜的喜爱，不仅在于其独特口味和营养价值、保健作用，而且更多的是感念苦菜在那苦难年代给人们的无私奉献和默默关怀。

葵花 即向日葵，其籽实丰镇人叫葵花籽或瓜子。丰镇人有种葵花的传统。旧时，不仅乡间种，城里有的人家院子大也会种。不像盛产葵花的地方如内蒙古河套地区等，

其生产的葵花籽主要用于榨油。丰镇的种植葵花，产出葵花籽是主要用来加工成五香瓜子、炒瓜子等零食、茶食的。

每年春节前，家家户户大都要用盐、小茴香等调味料煮制一大锅

种植和加工、食用各种豆类，也是丰镇农业和生活饮食的一个特色。扁豆、豌豆人们常用来制成豆面，将其与白面混搭制成的面食，风味独特，很受人们喜爱。旧时冬天寒冷，新鲜蔬菜几乎见不到，便有人

葵花籽，煮熟后还要烘干或晾干，再经炒制，咸香脆爽的五香瓜子就做成了。正月里亲朋好友来拜年，或左邻右舍来串门，沏上一壶热茶，端上一盘五香瓜子，磕着瓜子喝茶闲聊，那是很惬意的事。在平时，五香瓜子也是丰镇人十分喜爱的一种休闲食品，平日里聚会聊天，看电影、看戏，出门坐火车消磨时光等，人们都会带上一包瓜子。因此，丰镇也有许多以专做五香瓜子为主的炒货作坊和出卖炒货的店铺。

豆类 受地形与气候的影响，

家用花盆栽种豌豆，使之长出一尺多长翠绿的嫩苗，人们称之为豆芹，餐桌的菜肴里，便溢出了生机盎然的绿色。芸豆（丰镇人称红莲豆）和红小豆人们常用来熬粥，而且还是逢年过节煮制豆馅儿的主要原料。蚕豆（丰镇人叫大豆）食用方法就更多了，可以炒了或煮制成五香大豆作为人们的零食，民间素有在农历十月初一寒衣节（丰镇人也称鬼节）食用炒大豆的习俗，谓之"咬鬼"，还可以浸泡后去皮与肉或其他蔬菜一起烹制菜肴。最显其高贵

特色的是每年春节，许多人家会浸泡许多大豆，或去皮或用剪刀在豆的一端剪开一小口，经油炸撒盐后，便成为酥脆咸香的"莲花豆"，用以佐酒品茶，是上好的小吃。黄豆、黑豆，则是人们加工豆腐的最好材料。旧时过年，家家户户都要预备一些黄豆、黑豆送到豆腐作坊加工制作几盆豆腐以备节日期间食用，那可是肉类短缺年代人们补充蛋白质的重要来源。除用来磨豆腐，人们也用黄豆炒熟磨面，与糖混合后做蘸豆面糕，或炒熟后直接做孩子们的零食，俗语称"吃豆豆长肉肉"。

荞面 荞面是用荞麦加工成的面粉。荞麦是一种营养丰富又能预防心血管疾病的健康食品，荞麦中的蛋白质含量高达11%，尤其是在粮食中普遍缺乏的赖氨酸在荞麦中相当丰富，要比小麦、大米这些粮食高出2.7倍。荞麦中的维生素B1、维生素B2也要高于小麦。荞麦中所含的3%—4%的脂肪主要为单不饱和脂肪酸的油酸和多不饱和脂肪

酸的亚油酸，它们可以起到降低血脂的作用，而且也是前列腺素和脑神经的重要成份，所以还有调节、增强生理机能和健脑的功能。另外，荞麦中含有6.5%的膳食纤维，能让胃内的食物排空速度降低，延缓淀粉在小肠里的消化进程，减慢人体对碳水化合物的吸收速度，起到了降低餐后血糖的作用，比较适宜糖尿病患者食用。荞麦中还含有烟酸和芦丁，具有降低血脂和胆固醇的作用，是治疗高血压、心脏病的有效食物。荞麦中还含有较多的矿物质，特别是磷、铁和镁，这些物质可以维持人体心血管系统和造血系统的正常功能。但在人们对荞麦有这么全面的认识之前，丰镇人种植荞麦并不很多，有许多时候是遭遇旱灾之年，因其生长期短而补种。虽是如此，但丰镇人凭着吃苦耐劳、勇于创新的精神，还是用荞麦做出了荞面饸饹等多种美食。现今，丰镇的大小餐馆都备有荞面饸饹、荞面猫饼、荞面拿糕等主食。荞面饸饹已成丰镇人最具特色也最受欢迎

的早点之一，一般大街小巷的面食馆都有荞面饸饹。

菊花 丰镇规模种植菊花是近几年调整种植业结构的举措，所种菊花为万寿菊。万寿菊是一种常见的园林绿化花卉，其花朵大、花期长，常用来点缀花坛、广场，布置花丛、花境和培植花篱。万寿菊花还可以食用，是花卉食谱中的名菜，将新鲜的万寿菊花瓣洗净晾干，再裹上面粉用油炸，其香味会令人垂涎三尺，就如同臭豆腐一般，闻起来非常臭，油炸后却是香喷喷的，而且还很美味。在环境保护方面，万寿菊的植株对氟化氢、二氧化硫等气体有较强的抗性和吸收作用，而且还可以引诱土壤中的线虫。万寿菊还有较高的药用价值，其根苦、凉，

可解毒消肿，可用于上呼吸道感染、百日咳、支气管炎、眼角膜炎、咽炎、口腔炎、牙痛。外用治腮腺炎、乳腺炎、痈疮肿毒。其叶甘、寒，可用于治疗痈、疮、疖、疔，无名肿毒。其花序苦、凉，平肝解热，祛风化痰。可用于治疗头晕目眩、头风眼痛、小儿惊风、感冒咳嗽、顿咳、乳痈、疟腮。其花清热解毒，化痰止咳，有香味，可作芳香剂，以前曾用作抑菌、镇静、解痉剂。

资源优势

HUASHUONEIMENGGUfengzhenshi

资源优势

ZIYUANYOUSHI

丰镇市地处晋蒙交界处，是乌兰察布市连接山西省的咽喉要道，也是内蒙古自治区对外开放、发展外向经济的窗口和前沿。走西口、茶马古道均在丰镇市留下了不可磨灭的痕迹。

地理环境优越

地理位置突出　丰镇市地理坐标为北纬 40°18′27″—40°48′28″，东经 112°47′31″—113°47′18″，东西长 86 千米，南北宽 56 千米，总面积 2722 平方千米。　市境东至浑源窑乡峨沟、大兰窑村接兴和县界，西至巨宝庄镇十八台村与凉城县接壤，北至红砂坝镇平顶山、二架沿村与察右前旗分界，南至南城区以长城为界与山西省相连。西北的麻迷图乡后房子村与卓资县交界，乡间道路两侧，青山环绕、绿树成荫，有一种"乡野炊烟入云霄，雄鸡登坡报晨晓"的世外美感。西南的巨宝庄镇前三岔村同山西左云县相连，据史料记载，北魏时期明元帝、孝文帝两位皇帝先后巡幸观光旋鸿池时途径此地。东南的官屯堡乡口子村与山西阳高县毗邻，历史遗留下的古城墙成为丰镇重要性的见证。东北的隆盛庄镇老虎沟村接兴和县界，自然风光壮丽，据知情人士介绍，此地为古代茶马古道的线路地之一，

迎宾大街

蕴藏着深厚的文化遗产。

地形地貌独特 丰镇市地貌特征以山地、丘陵及冲积、洪积平原为主,地势由西、北、东向中南部呈阶梯状递减。全市平均海拔1400米,最高处为浑源夭乡黄石崖山(同时也是乌兰察布最高峰),主峰2335米,最低处为南城区圪塔村南饮马河床1172米。其中山地占总土地面积的40%,丘陵占总土地面积的37%,台地、平原占总土地面积的23%。市境西北部、中部地区多为玄武岩覆盖;东部和北部为太古界地层组成,海拔在1300—2000米,沟谷短、陡,大部分呈"V"字型,冲沟内泉水出露较多,阳河纵贯中部;北部低山丘陵,海拔在1300—1800米,有间歇性水流,泉水较多,水量均小;东北部有一级熔岩台地,西北部有二级熔岩台地;中部、西南部为白

垩系地层丘陵,海拔在1200—1500米,呈浑圆或斜坡状。中部、西北部由第三系玄武岩组成四级熔岩台地,由第四系拱坡积物黄土状亚石和亚粘土等组成堆积山前倾斜平原;中南部粒峨村—黑圪塔洼一带是第三系泥岩组成的波状扇平原;第四系地层组成的冲积平原,有黑土台冲积平原、巨宝庄冲积平原、官屯堡冲积平原、三义泉冲积平原、隆盛庄冲积平原,它们海拔在1300—1400米,地势平坦,环境优美,农作物长势旺盛;南部冲积平原是市内中部地下水排泄带,水量较多。市境内的饮马河流域横贯南北,靠近市区两岸有山寺朝霞胜景和薛刚山风景区。

地质构造优越 丰镇市处于阴山东西向复杂构造带的东南缘,由于各构造体系的相互作用和复合,

地质层多表现为扭动构造形迹。其特点是以太古代变质岩系和太古代—元古代的变质花岗岩构成结晶基底，走向与大地构造方向一致，为北东—南西向，由老至新发育为太古界、中生界、新生界。市内出露的变质岩系，统称为太古界集宁群，面积约 600 余平方千米。分布在浑源窑一带的透辉岩型磷灰石脉状矿体，底部由偏碱性伟晶岩发育而成，分布较广，具有很高的工业价值。分布在市境西南部及九龙湾等地的中生界岩系，岩性主要以紫红、灰白及灰绿色泥岩、沙质泥岩、砂岩和砂砾岩、砾岩为主，局部夹薄层泥灰岩、炭质泥岩和石膏层。资料记载，在西部地层中找到假喜神蚌、假喜神蚌戈壁种、球蚬女星虫、玻璃虫及三褶奇异轮藻等大量化石，属晚白垩世。分布在市境中部和西北部的新生界岩系，岩性以灰黑色、紫红色气孔状和致穿块状橄榄玄武岩为主，具有很高的开采价值，早些年间手工石匠手艺一度成为此地农民重要的谋生途径之一，每当夏

手工石匠

日黎明之际，山上便传来叮零当啷的锤子、錾子的撞击声，由远及近，仿佛在向人们诉说着忙碌的一天又开始了。后来，随着科技的发展和人民生活水平的提高，手工石匠逐步退出了丰镇历史舞台，但轰隆隆的机器声仍在向人们宣示着：丰镇市仍是全国重要的石料产出地。

土地资源富饶

"一方水土养育一方人"，在丰镇市 2722 平方千米的沃土上，养育着 34 万丰川儿女，他们在这片广

袤的土地上辛勤耕耘着，用智慧和双手绘就了一幅美丽的丰川画卷。

历史上的丰镇地域多为游牧地，牧场广阔，水草丰富。清初，东北部为蒙古察哈尔部右翼正黄旗和正红旗牧地，南部系太仆寺右翼牧场。清中叶移民垦种，牧地逐渐被开发为农田，草牧场逐渐减少。民国年间，可利用草场面积534平方千米。中华人民共和国成立后，经几次区划调整，境内宜牧地达到1005平方千米，占总土地面积的36.9%。到1985年，有效草场恢复为800平方千米。现保存完好的自然草场主要分布在浑源窑乡和元山子乡，天然草场打贮草数量年均达5000万公斤。在草原普查工作中，历年来共调查草地45个，其中主样地7个，辅助样地16个，路线观察样地22个，采集野生植物标本76种，涉及26个科。2003年以来，丰镇市加大人工草场建设力度，仅2012年种植的6万亩紫花苜蓿，青贮饲草就达到2亿公斤，2013年完成人工草地建设13万亩，建成高产优质牧草示范区2处共6680亩，建草种基地1处600亩。短短十年间，人工草场就达到134万亩。人工草场的建设不仅改善了全市的整体环境，也为人与自然和谐发展创造了良好的条件。

在过去的几年中，丰镇市历经退耕还林还草、土地确权等一系列政策，特别是在农业产业结构的调整和加快城乡一体化进程的实施中，丰镇人不仅守住了耕地的红线，还用自己的方式阐释了改革的政策红利，将生态屏障建设的更加牢固、可靠，生态植被、土地资源等得到

现代化喷灌

了有效的保护。全市现有耕地618平方千米，林地面积640平方千米，草场地面积1143平方千米，水域水保用地33平方千米，其他用地288平方千米。新的一轮土地流转承包政策的实施，不仅有效解决了农民"靠天吃饭"的问题，也实现了土地资源的合理利用，还为农业技术的推广普及应用提供了保证。

丰镇地区的土壤分布广、种类多，大体分为6个土类、12个亚类、182个土种。土壤主要以粟钙土、灰褐土为主。其中粟钙土占全市土壤总面积的60.09%，主要分布在市境东饮马河东侧支流沿岸，大庄科河以北，官屯堡山岩以西的地区，平均厚度为25厘米，土壤酸碱度为8.5；灰褐土占全市土壤总面积的

22.52%，主要分布在市境东部的浑源窑低山山地和元山子、官屯堡部分山地，属于森林草原土壤，母质主要以酸性花岗岩和基性玄武岩的残积土、坡积土为主，剖面构成基本是凋落物层和粗腐殖质层两层，凋落物层一般厚1—2厘米，腐殖质层25厘米左右，呈灰褐色或暗灰色，土壤酸碱度为8.5。

丰镇市植被属半干旱草原地带和森林草原地带的植被类型。树种大部分为当地杨，有少量针叶树、榆树、天然桦树等。天然植被可划分为山地草甸植被、山地草甸草原植被等5种类型。其中，山地草甸植被分布在浑源窑的低山区的阴坡和半阴坡，海拔在1900—2200米左右，灌木高50—170厘米，草木植

物喜阴、喜湿，一般草高 10—25 厘米，植被保护较好，覆盖度 30%—60%。山地草甸草原植被分布在浑源窑、元山子和官屯堡部分地区，海拔 1700—1900 米，一般草高 10—40 厘米，覆盖度 20%—40%，主要种类有大针茅、草地早熟禾、山野豌豆、百里香等。该地区生产的羊肉肉质鲜美、口感纯正，是全市畜牧业的发源地。山地干旱草原植被是市境内主要植被，分布在红砂坝、三义泉等地域海拔 1500—1700 米的低山丘陵区，草高 20—50 厘米，覆盖度 40%。盐化低湿草甸植被属非地带性土壤植被，主要分布于巨宝庄、隆盛庄、黑土台、南城区等洼地，地下水位 0.5—5 米，草类植物长势好、种类多，覆盖度为 60%—80%，野生动物活动频繁。

优质的土壤、完善的植被，给予丰镇人民良好的生存和发展条件，园林城市的创建，使丰镇大地生机勃发，为丰镇发展增添了更为强大的动力。

气候资源独特

良好的气候条件为丰镇的粮食和牲畜生产提供了便利，早在清乾隆年间，丰镇的粮食交易就誉满塞外。近年来，丰镇市的太阳能、风能等清洁能源开发利用潜力巨大。

丰镇市地处温带大陆季风气候区，属典型的半干旱和半湿润交错地带，全年冬长夏短，寒暑变化大，空气干燥，降水量少，蒸发量大。

黑土台太阳能发电

四季分明，春秋干旱、风大；夏季受季风影响，降雨集中，气温高；秋季凉爽，日照充足；冬季受西伯利亚和蒙古高原寒流的影响，寒冷、干燥、少雪。主要灾害性天气有干旱、霜冻、冰雹。

四季特征　春季，冷暖气流开始频繁交替，"倒春寒"天气较为普遍。因所处地理位置，春来一般较乌兰察布其他地区早10天左右。初春开始气温缓慢回升，地表层开始解冻，且时常伴有扬沙天气，多以偏北风为主。历年本季节平均气温为6.3℃，风速3.7米/秒，降水量为20毫米，干旱为本季节主要灾害性天气。夏季，受副热带高压北缘东南季风的影响，降水量逐渐增多，历年平均降水量为268毫米，占年降水量的65.5%。初夏干旱，盛夏雨多，洪水灾害常发生在7、8月份。秋季，受冷空气影响，冷暖气流再度交替，气温呈缓慢坡状下降，常有倒热天气。10月初旬气温急剧下降，9、10月平均温差为9.5℃，常有大面积的霜冻。冬季，蒙古冷高压迅速加强，冷空气活动频繁，常有寒潮侵入，形成大风、降温、降雪天气。1月最冷，历年月平均气温-13.5℃，季降水量6.4毫米。寒冷是本季的主要气候特征。

气温特征　全年平均气温为5.09℃，年际变动一般在-13.6℃—20.4℃之间，变温34℃。市境7月最热，月平均气温20.4℃，最高气温36.5℃（出现在1971年7月19日）；1月最冷，月平均气温-13.6℃，最低气温-37.5℃（出现在1967年2月1日）。全年

无霜期一般在 130 天左右，最长为 150 天，最短只有 45 天。一般年份到 5 月中旬，日最低温升至 0℃以上，9 月中旬，日最低温降至 0℃以下。冻结期平均 120 天左右，一般在 11 月上旬封冻，次年 3 月上旬解冻。其中，城区、南城区、巨宝庄镇等平原地区，气候比较温暖，年平均

气温在 5℃以上，无霜期相对较长，适合种植蔬菜类、果类，现已成为人们野营、采摘、农家乐等活动的主要集聚地；元山子乡、官屯堡乡、黑土台镇、隆盛庄镇、三义泉镇等中南部丘陵平原地区年平均气温在 5℃左右，风沙较大，无霜期较上一地区短，适宜各类农作物生长，目前已向集中连片种植发展，成为全市的粮食供应基地，一眼望去，绿意盎然，令人心旷神怡，是避暑度假的理想之地；市境东部和西部山区，年平均气温在 5℃以下，气候寒冷，和其他地区相差一个农时节令，适宜发展畜牧业，该地生产的牛、

羊肉等产品，肉质鲜美，深受广大消费者的喜爱。良好的气温条件，为丰镇的粮食和牲畜生产及加工提供了便利，早在清乾隆年间，丰镇市的粮食交易就誉满塞外，凉城、陶林、兴和、武川、卓资山一带的农民生产的粮食和牲畜，大多数都运到丰镇出售。到民国五年京绥铁路修到丰镇后，丰镇的交易业务达到鼎盛时期，北至外蒙古，东至京、津地区，南到太原以及大同附近各地，均有丰镇的米、面、油、酒、猪、槽等出售。至今，丰镇市的牛、羊、鸡蛋等产品仍然畅销国内市场。

光能资源 丰镇晴天日数多，大气透明度好。年日照时数为 2800—3100 小时，日平均光照时间为 7.7—8.5 小时，光合有效辐射率为 43%，属全国日照高质区。而年平均日光辐射量约为 131 千卡/平方厘米，一年当中 12 月最小，约为 6 千卡/平方厘米，5 月最大，约 16 千卡/平方厘米。5—6 月日照最长，平均达 275 小时，12 月日照最短，为 195 小时。丰镇市优越的日照条件，正在吸引着越来越多的新能源投资公司前来开发利用。"十二五"期间，丰镇市建成具有一定规模的太阳能

光伏发电站3处，总发电量230兆瓦。农村能源太阳能工程已于2016年在黑土台镇段家营村委会正式启动，届时将在农村地区全面推广。近年来，越来越多的农民开始瞅准冬春季节市场需求，大力发展日光温室大棚种养殖业。太阳能的开发利用潜力巨大，将成为我市农民脱贫致富的又一途径。

风能资源 丰镇地区的风力资源优势明显，一年四季扬风不断，春季以偏北风为主，夏秋季风以偏北和东南风为主，冬季西北风为主。全年平均风速3米/秒，最大风速（瞬间）40米/秒，最小风速是静风。年内平均风速以4月份最大，一般为4.7米/秒，6月份最小为2.17米/秒，7、8月份大风日数平均为31天。全市的风力集中地以山地、丘陵为主，特别是邓家梁一带风能资源丰富，风电场厂区70米高度现已探测的风速年均为7.86米/秒，是开发风电能源的理想场所。2016年中节能（内蒙古）风力发电有限公司投资建设邓家梁49.5兆瓦风电供热项目，该供热项目将为节能型居民建筑供暖，为丰镇市住房保障中心建设的保障性住房小区供热，总供热面积为11.1万平方米，另一部分电力资源将接入润字变220千伏变电站后并入蒙西电网。

降雨蒸发 市境年平均降水量为384.6毫米，最多的年份为663.4毫米，最少的年份为220.2毫米，降水相对变率为23.7%。降水多集中在6—8月间，降水量为270毫米左右，占年降水量的65%以上。月降水量最多达256毫米，日降水量最多达67.1毫米，连续降雨最多为9天，一个月内降雨日数最多达19天。各地降水量受地形和植被的影响，春季最为干旱，有西北至东南的一条狭长地带，年降水量在400毫米以上，麻迷图、红砂坝、九龙湾一带年平均降水量在400—450毫米之间；西南地区巨宝庄一带地域年平均降水量在350毫米以下；东部、东北部的山区降水量较多。全市年平均蒸发量2031.5毫米，5月、6月份最强，可达350毫米左右，12月份至次年2月份最弱，一般在60毫米左右。年平均湿度为40%—60%，最大为64%，最小为45%。目前随着地膜农作物和滴灌技术的推广普及，干旱少雨、蒸发量大的问题得到了有效解决。

物候特征 市境域广，气候差异大，植物发育时间前后错落半个月左右。冬寒期一般从10月下旬河面结冰开始，至4月中旬河面积冰完全消融结束，达160多天。市境草本植物生育期历年平均185天左右，木本植物生育期170天左右，禾谷植物生育期150天左右。农历四月初，多数植物开始发芽，始播夏莜麦，马莲展叶；四月末木本植物发芽，始播胡麻；五月初，杨、柳进入开花始期，榆树芽开始萌动，始播秋莜麦；五月末针茅、山樱桃、蒲公英开花始期，开始种植蔬菜、瓜类作物；六月，天气渐暖，各类作物进入生长盛期，农村进入夏锄大忙季节；八月中旬，小麦进入黄熟期，始收割；九月初，天气渐凉，植物开始枯黄、落叶，九月末，百草枯零。十月，天气渐冷，多年生植物进入冬眠期。市境候鸟主要有家燕和大雁等。3月20日左右，始见大雁，10月初南归；4月20日前后，始见家燕迁飞丰镇地区繁衍生息，9月8日前后徙离；12月7日后，沙鸡迁飞出境。留鸟主要有麻雀和百灵等。冬眠动物冬眠期一般为160天左右，主要冬眠动物有蛇、黄鼠和青蛙等。10月中旬，进入冬眠期；第二年3月末，始见蛇和黄鼠苏醒出洞。

随着现代农业技术的普及和科学防灾、抗灾技术的应用，灾害性天气带给人们的损失越来越小，人类战胜大自然的决心将越来越大。

交通条件便利

丰镇市地处蒙、晋交界核心区，交通条件优越，历史上就是一个重要的商品集散地和晋商通往蒙古国、俄罗斯的主要通道。

境内有京包、大准两条电气化铁路和二河高速（内蒙古二连浩特—广西河口）、208国道、512国道贯穿越全境。东距首都北京380千米，西距首府呼和浩特160千米，南距山西大同38千米，融入了京津塘4小时经济圈、呼包银榆2小时经济圈和蒙晋冀（乌大张）1小时经济合作区。便利的交通条件，逐步拉近了丰镇市与发达地区的距离，为丰镇市商贸、物流业的快速发展加码提速。

早在清乾隆年间，丰镇境内通行畜力车的大路四通八达，东到张家口，南连大同，西抵归绥（今呼和浩特市），北达库伦（今乌兰巴托一带），主要大路有8条，境内

牛板车

总长约 315 千米。四通八达的交通为丰镇地区最早的商业发展提供了得天独厚的资源，再加上丰镇地处长城以北，地域辽阔，水草丰美，畜牧产品极为丰富，这些条件有力地推动了当地牲畜交易市场与皮毛业市场的兴旺与发达，并使丰镇成为塞外草原与内地联系的交通要道和物质交流中心，同时带动丰镇的牛板车运输业兴盛一时，多时近万辆之多。几十辆甚至几百辆牛板车组成车队，奔走于茫茫草原，近抵大青山前后，远达蒙古国乌兰巴托，当时被赞之为"板车贸易"。如今，在蒙古国国家民俗博物馆陈列着一口大钟，上面刻有"山西丰镇府顺城街广明炉"字样，还刻有"大清光绪贰拾年造"，也就是 1894 年，正是甲午年间，距今 120 年整。大钟铸造精美，既见证丰镇与乌兰巴托商贸往来的历史，也见证了丰镇铸造工艺的历史。

民国五年（1916 年）京绥铁路修至丰镇，在作为临时终点站后，丰镇市发展成为绥东地区粮食、皮毛、牲畜集散中心，当时有"塞外旱码头"之称。民国八年（1919 年），丰镇境内开始通行汽车，旧大路进行了修筑和拓展，可行汽车的大路有 6 条，通往张家口、大同、呼和浩特、兴和、凉城、集宁等地，总里程达到 763 千米。民国十七年（1928 年），交通部将全国道路分为国道、省道、县道，丰镇境内有国道 2 条、省道 3 条、县道 8 条。中华人民共和国成立后，丰镇境内公路大修，通过境内的干线公路有 2 条，即呼和浩特至大同公路（208 国道）和呼和浩特至阳高公路（0523 省道）。"十二五"期间，丰镇境内公路总里程达到 975 千米，其中有旅游公路 3 条，90 千米，云丰运煤专用公路 1 条，5 千米。乡镇通油路率达 100%，行政村通油路率为 90.2%，自然村通公路率

京包铁路

63%，并规划解决了"一横、三纵、四出口"，使全市主要县乡道连接，基本上形成了以市区为中心，以二河高速公路、208国道和102省道为骨架，以通乡油路为桥梁的四通八达的公路交通网络。

公路运输

丰镇市现已开通运营的线路有24条，参与市场营运的专业运输车辆有4508辆，营运里程达到2947千米。其中有客运出租车642辆，城市公交线路6条、车辆61辆，城乡及境外客运线路18条、车辆105辆，年均客运量4460万人次；参与货物运输的车辆有3700辆，日均货

运量6560万吨。

铁路运输

丰镇的铁路运输业起步早、发展快，已有近百年的历史。境内的京包铁路、大准铁路两条电气化铁路线，是国内重要的客运、货运运输线路。目前，京包铁路线丰镇段设有丰镇站、红砂坝站、永旺庄站、新安庄站4个站点，属集宁车务段管辖。其中，丰镇站位于京包线415千米+092米处，是丰镇市境内最大的火车站，始建于1915年，距北京火车站427千米，离包头火车站405千米，为三等车站，站内有正线2股、到发线9股、调车线3股、货物线5股、牵出线1股、170存车线1股。专用线有京隆电厂、粮食专用线、卸油线、丰准专用铁道、丰电专用铁道等。站内设旅客站台2个，总面积1.14万平方米，年运输旅客能力70.7万人；货运站台2个，

大准铁路

总面积 3432 平方米，年均发送货物 176 万吨，到达 602 万吨。

大准铁路是国家"八五"计划重点建设项目，东起山西省大同市，西至内蒙古鄂尔多斯市准格尔旗薛家湾，正线全长 264 千米，途经两省六旗县（市），是已形成的"西煤东运"大通道——大秦线的向西延伸，属一级单线电气化铁路。1998年，大准铁路随准格尔能源公司划归神华集团，是神华集团四条自营铁路之一，也是目前我国企业自建自管的、煤炭系统最长的专用铁路，设计年运输能力 1500 万吨，2006年完成扩建改造后运输能力已达到 4800 万吨，2013年货运量达到 9430 万吨，是目前我国第二条开行万吨列车的铁路，远景规划可达到 1—1.5 亿吨的运输能力。大准铁路丰镇段设丹洲营站区和五台洼、沟门两个站点。丹洲营站区在大准线中心里程长 54 千米 +059 米处，站台总面积 1000 平方米，站内有正线 2 股、到发线 7 股、调车线 3 股、货物线 1 股、专用线 1 股、牵出线 1 股、机车走行线 1 股、边修线 1 股。目前，大准铁路线已成为西部地区最大的煤炭资源专运线路，为缓解蒙西地区的煤炭外运紧张问题做出了巨大的贡献。

便利的交通条件，不仅开拓了人们的视野，有效缩短了丰镇市与各地间的交流与资源运输时间，还展现了大美丰镇的无穷魅力，进一步拓展了丰镇地区的业务平台，为丰镇市经济社会快速发展奠定了坚实的基础。

矿产资源丰富

矿产资源是人类生存与发展的物质基础。据有关资料统计，我国工业制成品的原料 70% 来自于矿产资源，能源有 95% 来自于矿产资源。

由此可见，矿产资源可持续供给是经济社会可持续发展的基本保障。

随着各地工业经济的兴起，丰镇当地的矿产资源得以开发利用。1985年，丰镇境内的石墨、玄武岩及一些金属矿藏开始勘探和采掘，到1990年，丰镇市先后开发利用矿产12种，矿业年产值754万元，创外汇200万美元，非金属矿产深加工企业完成产值1226万元。优质的矿产资源，不仅拉动了丰镇市冶金、化工、建筑、建材业的发展，还打响了丰镇市在国际国内市场的知名度。

经过几十年来的不断普查勘探，丰镇市在矿产资源的寻找、发现、评价、开发利用等方面取得了较大成就，一大批有色金属矿、非金属矿的开采利用，为我国社会经济建设作出了很大贡献。现已探明的地下矿藏有27种，43处。其中，贵重金属矿有金，有色金属矿有铅、锌、锰、稀土，金属矿有铁，非金属矿有碳、方解石、云母、磷灰石、钾长石、石墨、硅石、辉绿岩、砖瓦粒土、玄武岩、萤石、高岭土、玛瑙等。金矿主要分布在对九沟阳河上游，是含量较少的沙金，开采价值不大。银铅锌矿主要分布在永善庄大沙沟、官屯堡乡西黄耀北和对九沟陈胡窑一带。经国家有关勘探部门勘探，银储量在1200吨以上，已达到国家

大型银矿标准。铁矿资源以磁铁石英岩型为主，次为沉积变质岩型，探明储量为42.5万吨。主要分布为浑源窑乡黄梁沟、二沟一带32.29万吨，半沟村10.21万吨，共有铁矿床（点）20余处，皆为小型矿床。其中黄梁沟至二棒沟一带的铁矿形成于太古界集宁群下部的角闪斜长片麻岩中，呈脉状，10余条矿体地表出露长度一般为20—65米，厚度0.8—5.4米，探明储量20万吨。目前，

铁矿厂

丰镇市铁矿开采企业有13家、从业人员近3000多人，矿业年产值近1.1亿元，主要销往包头、大同等地。稀土主要分布在浑源乡旗杆梁，储量约107万吨。其中，磷矿石伴生1.5万吨，属轻稀土，沉积淀积型；稀土氧化物储量约1.15万吨；稀土金属储量约1881吨，品位1%—3%。

玄武岩遍布丰镇全境，储量达百亿立方米，主要分布在市境铁路沿线地带。玄武岩坚硬、耐侵蚀、

碌碡

蔚蓝色，为优质建筑材料。早在清乾隆三十五年（1770年），丰镇人就开始用玄武岩为原料，加工制作石碾、石磨、碌碡、砬砧、食槽、门蹲石、石兽、石旗杆、石栏、台阶、石雕等出售。民国时期，又大量生产石渣、路基石、料石等供铺铁路所用，当时较有名气。20世纪50年代初，丰镇境内大规模的开采玄武岩和砂石，用于建筑材料和铁路、桥涵、碑石、石枕等；进入80年代采石萧条，玄武岩开采只用作民用建筑材料，打制成的石子和各种形体的石块远销20多个省市。

石墨主要分布在浑源窑乡和黑圪塔洼南井一带，储量110万吨，固定碳品位4%。1986年开始勘探和

石墨开采

采掘，1987年5月浑源窑石墨矿正式投产，年产石墨精矿粉2000吨，产值500万元，产品出口日本、英国等国。1989年5月南井石墨矿（京丰石墨一矿）正式投产，当年生产石墨精矿粉2800吨，实现利润171.2万元，上缴税金46万元，产品有585、885、185、-185四个规格21个品种，成为出口免检产品；1990年，京丰石墨二矿投产，年产磷片石墨3000吨。2003年7月，大丰石墨有限责任公司成立，接收京丰石墨全部资产及矿产开采使用权后，石墨的生产规模和效益得到进一步提高，年生产磷片石墨2万吨、高碳石墨500吨、石墨纸2000吨，实现产值1.2亿元，工业增加值4200万元，利税4000万元，丰镇石墨成为当时内蒙古自治区创汇的重要基地之一。

硅石分布较广，主要长度10余米至几百米，厚度1—30米。硅含量98%左右，探明储量32.3万吨。主要分布在官屯堡的木炭窑、元山子的西富村和东柳沟一带，它与伟晶岩及石英岩脉共生，乡镇开采已有十多年，现有一家企业开采，地质储量5万吨。

白云母分布在红砂坝镇坝沟村、二窑沟村，1958年发现并开采，云母质量较高，加工后，远销全国各地。

李俊清摄

浑源窑乡平顶山、旗杆梁一带有金云母矿，属零星窝状。

磷矿石在浑源窑乡旗杆梁、老官坟一带山区分布，品位不高，1973年后停止开采。磷灰石主要分布在浑源窑大地沟和臭水沟，储量约103万吨，品位1.4%—5.7%，纯粹石灰品位36.29%—39.31%。砖瓦粘土储量约12亿立方米，主要分布在新城湾、巨宝庄和新营子等地域。煤矿只有牛青山一带有泥煤，无开采价值。三义泉镇海流素太尔克营村附近山脉有泥煤，村民挖取自烧，煤质甚劣。巨宝庄镇新营子留云窑村也有煤矿，储量极少。其他矿种如：沸石、玛瑙分布在浑源窑乡东北的平顶山一带。高岭土分布在元山子乡王家窑一带。方解石分布在红砂坝镇南沟村1.5千米处和元山子乡西富村一带。钾长石分布在对九沟西施沟、芦尾沟和红砂坝地域。萤石（氟石）在元山子乡南部大盘梁山一带。石灰石分布在黑土台、元山子等地，量少质次，不便开采。

为了进一步保护生态环境，有效促进矿产资源的可持续开发利用，丰镇市在加大矿山开采企业和石材加工企业整治力度的同时，于2011年引进了投资3亿元年产120万平方米的压延微晶石材板项目，使石材业走上了循环利用、精深加工的发展之路。为减少环境污染，合理利用粉煤灰、铁合金废渣，开工建设了泡沫陶瓷防火隔热材料、蒸汽加压砌块等6个粉煤灰、铁合金废渣处理项目，年可消化粉煤灰50万吨、铁合金废渣80万吨。大丰石墨、宏丰水泥、固宝龙高分子涂料等一批高新项目的实施和投产，不仅盘活了矿业经济，增强了矿产建材业的发展后劲，还为丰镇市经济社会可持续发展绘就了一幅美好蓝图。

电力资源充足

丰镇市是内蒙古自治区实施"西电东送"战略部署重要的电力出口

基地，也是华北地区重要的电力能源基地。

境内有丰镇发电厂、京隆发电有限责任公司和新丰热电厂3家火力发电企业，共有10台机组，总装机容量达到300万千瓦，年发电量达150亿度。其中，丰镇发电厂是内蒙古自治区首次自行设计、施工、安装、调试和管理的第一座超百万千瓦火力电站，也是全国少数

丰镇发电厂

民族地区首座超百万千瓦大型火力电站，是国家"七五"重点建设项目和"八五"国务院"重大装备办"的重点工程。

丰镇发电厂始建于1986年7月，1995年底全部建成投产。总装机容量120万千瓦，其中包括两台20万千瓦湿冷机组和4台20万千瓦国产空冷机组，它拥有内蒙古自治区首座500千伏厂内升压站。自1989年第一台机组投产以来，它就成为内蒙古西部电网联接华北电网的枢纽电站和自治区实施"煤电转换，西电东送"战略的骨干电厂，承担着向自治区和首都北京供电的光荣任务，极大地支援了自治区工农牧业生产和首都北京的建设。可以说，

丰镇电厂近30年来发展史，也是丰镇人民的一部荣誉史。1991年3月3日，国务院总理李鹏亲笔为丰镇发电厂题写了厂名，为自治区人民争得了殊荣；1996年上半年，丰镇发电厂实现了#1—#6机组全面投产后的第一个安全运行一百天的长周期记录，创造了远远优于全国同类机组、同类电厂的好成绩，为落实李鹏总理提出的1995年底"北京不拉闸限电"及"95112"工程发挥了主力军的作用。几十年来，丰镇发电厂先后荣获"全国双文明单位标兵"称号、"全国精神文明建设先进单位"、内蒙古自治区"思想政治工作优秀单位"、"文明单位标兵"、"全国群众体育工作先

进单位"、"自治区文明示范小区"、"全国电力工业环境保护先进单位"、"全国五四红旗团委创建单位"、"全国模范职工之家"、"全国一流火力发电厂"、"全国质量效益型先进企业"、"全国'五一'劳动奖状"等100余项殊荣。不但如此,丰镇电厂还迅速带动了丰镇地区经济驶入快车道,发挥着带动和辐射地区经济的强大作用。据统计,1995年丰镇发电厂共向地方上交税金4626万元,占财政收入的66.46%;1996年上交税金8945.5万元,占财政收入的71.38%;直到现在,丰镇电厂仍是丰镇的纳税大户。可以说,丰镇电厂自身的发展及其对国税、地税的强大支撑,有力地推动着丰镇市地方经济的持续稳定健康发展。如今,丰镇电厂厂容、厂貌日臻整洁,安全生产秩序井然,文明生产形势喜人,干部职工斗志昂扬,第三产业不断壮大,并形成了主副业并存互为依托的经营格局,一个集建筑安装、机械加工、交通运输、种养殖、商业销售、旅店宾馆等服务于一身的较完整的体系,正焕发着无限的生机与活力。

良好的发展环境,优越的资源供应条件,正在吸引着越来越多的电力企业落户丰镇。总投资28.3亿元的内蒙古京隆发电有限责任公司一期2×600兆瓦直接空冷燃煤发电机组工程于2005年4月1日经国家发改委核准,并于同年5月开工建设,两台机组分别于2008年2月、4月完成168小时满负荷整套试运,并在蒙西电网投入商业运行,2012年4月切改至京津唐电网,成为京津唐电网的重要电源基地。内蒙古国电能源新丰热电厂于2004年4月18日开工建设,安装东方汽轮机厂生产的NZK300-16.7/537/537-7型(合缸)亚临界、一次中间再热、单轴三缸(高中压为合缸)两排汽、直接空冷凝汽式全电调型汽轮机两台,额定功率为2×300兆瓦。2007年投入生产,当年发电量为13.8亿度(剔除试运电量1.22亿),至2015年底,

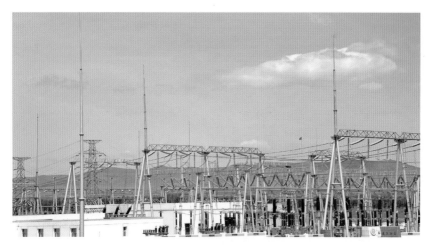

西园区变电站

累计完成发电量240多亿度。2009年10月15日，新丰热电项目供热系统正式向丰镇地区供热。大唐集团新能源公司投资50亿元的风电场开发项目、总投资2.91亿元的丰镇市中节能太阳能科技有限公司光伏农业科技大棚30兆瓦太阳能光伏发电项目、总投资43.35亿元的丰镇市联联能源有限公司光热电站一期150兆瓦项目等一批新能源开发项目的落户，进一步加快了丰镇市清洁能源开发利用的步伐。3家火力发电企业的城市中水回收和空冷技术、脱硫增容、低氮燃烧器及脱硝和电袋复合除尘器改造等技术的应用以及丰电四期2×100万千瓦超越临界机组、新丰热电2×60万千瓦机组和京隆发电有限公司2×66万千瓦项目的有序推进，不仅开创了丰镇市绿色、环保、节能型企业的新

局面，还对优化京津唐电网结构、缓解京津唐地区用电紧张局面、保护北京及周边地区生态环境，促进地方经济的持续快速发展都具有十分重要和深远的意义。

另外丰镇市区还建有3.5万、11万、22万变电站各一座，以及境内的22条500千伏超高压输电线路，正在源源不断地为祖国的建设提供着能源保障。可以说，丰镇虽小，贡献极大——小地方彰显大作为。

水利资源

水是生命之源。不仅如此，水还是一种极其重要的地球资源，它哺育了众多古老的人类文明，同时也是现代工业文明不可或缺的血脉。

水资源的开发与利用贯穿了丰镇市从古到今整个文明的历史，据相关部门统计，丰镇市水资源总量为2.8亿立方米，其中地下水资源

1.48亿立方米，可开采量为6864万立方米；地表水资源量为9148万立方米，可利用量4089万立方米；矿泉水日流量1200吨以上，经鉴定，是低钠、含偏硅酸和锶较高的优质矿泉水。充足的水资源，为丰镇市经济社会可持续发展提供了先天的便利条件。

河流　丰镇市的河流由永定河、内陆河两个水系构成，以永定河流域为主。市境大部分河流为永定河上游流域，较大河流有饮马河、巴音图河、阳河、黑河、官屯堡河等。内陆河有隆庄河、麻迷图河、三义泉河等，流域面积416平方千米，占全市总面积的15.4%。

饮马河在《水经注》中称如浑水，也叫大东河、新城河，发源于三义泉镇的小天村南，向东流经九龙湾，至永旺庄南折经丰镇城，又向东南出长城流入大同御河，入桑干河，归永定河。饮马河流经市境71千米，上游河床宽40米，下游河床宽130米，河域面积1898平方千米，年平均径流量为0.87立方米/秒（丰水年为1.01立方米/秒，枯

饮马河

水年为0.62立方米/秒，最大洪峰流量可达1立方米/秒），是市境最大的河流。每遇干旱季节，常出现

断流现象，近年水流极小，现筑 2 级橡皮坝蓄水。

巴音图河原名大梁河，一支流发源于元山子乡满州窑六道沟山；一支流发源于王家窑村南，两股水流在巴音图村会合，于马王庙村注入大庄科河，全长 34 千米，现此河成为季河。

大庄科河发源于元山子乡大庄科上窑村北，流经土堡子、黑土台，在马王庙村西和巴音图河会合，在潘家圪塔村注入饮马河，全长 43 千米，年均径流量为 2288.28 万立方米 / 年。由于该河流域途经两岸均为青山，地理条件优越，现已被列入《全国抗旱规划"十三五"实施方案（2017—2020）》建设项目，计划新建头道沟水库一座，水库总库容 947.54 万立方米，兴利库容 213 万立方米。主要效益是抗旱、饮水、灌溉。该项工程的实施，将为丰镇的经济社会发展提供更为充足的水利资源。

黑河发源于凉城县境内，一支流由巨宝庄镇入境，一支流由马家库联入境。两支流在巨宝庄镇二十八号村汇合，在三台道山东注入饮马河，全长 15 千米，年均径流量为 2921.68 万立方米 / 年。

阳河由 3 条支流汇聚而成，一支流发源于朱宏窑，一支流发源于大兰窑，一支流发源于三图营，三股支流在二道边汇合，从守口堡出境流入山西省阳高县，注入东洋河，全长 32 千米。

隆盛庄河又名小西河，发源于隆盛庄镇四美庄村北，经南泉子、隆盛庄、东营子由沙卜村出境，注入黄旗海，全长 13 千米。

官屯堡河发源于官屯堡乡山羊崖村，流经大沙沟、鸳鸯咀，由镇川口出境注入御河，全长 20 千米，属季河。

三义泉河发源于三义泉镇黄土崖村南，流经辛苦地、海流素、太段家村、注入岱海，全长 17 千米，水量不大，属季河。

湖泊　位于红砂坝镇境内的沿淖海，是丰镇境内的唯一的自然湖泊，东靠铁路，西靠尚家山。湖泊分南北两段，形状弯曲而狭长，境内长 2 千米，平均宽为 240 米，平均水深 3 米，湖水面积约 36 平方千米，属淡水湖，可养鱼。

水库　巨宝庄水库位于黑河中游巨宝庄镇境内，距丰镇市区 10 千

巨宝庄水库

米，属中型水库。2005年8月完成除险加固，筑有大坝、溢洪道、输水闸。大坝长810米，高52米，溢洪道宽32米。积水面积181.3平方千米，总库容1481万立方米，兴利库容为121万立方米。正常蓄水位以下库容442万立方米，防洪库容404万立方米，正常蓄水位相应水面面积2.18平方千米，年均蓄水量800万立方米，年均水位1241米海拔高度，设计灌溉面积1.5万亩。养鱼面积600亩，建种鱼池11个，年均投放鱼苗近10万尾。

九龙湾水库位于九龙湾饮马河上中游红砂坝镇境内，距市区20千米，坝长517米，坝高26.6米，属中型水库。2011年11月完成除险加固，配修溢洪道300米，左溢洪道宽28米，右溢洪道宽18米，两条干渠长10千米，混凝土结构的防浪桥一座。集水面积156平方千米，总库1692万立方米，兴利库容3.7万立方米。正常蓄水位以下库容3.7万立方米，防洪库容154万立方米，正常蓄水位相应水面面积0.662平方千米，年均积水500万立方米，设计灌溉面积0.5万亩。

亥亥山水库位于巴音图河中游黑土台镇境内，距丰镇市区约27千米，坝长299.43米，坝高9米，溢洪道宽14米，属小（1）型水

库。2012年6月，完成除险加固。集水面积30.2平方千米，总库容179.95万立方米，正常蓄水位以下库容7.6万立方米，正常蓄水位相应水面面积0.2平方千米，设计灌溉面积5000亩。

二道沟水库位于饮马河支流南城区办事处境内，距市区约7千米，坝长215米，坝高14米，溢洪道宽15米，属小（2）型水库。2013年12月，完成除险加固。集水面积3.55平方千米，总库容15.4万立方米，正常蓄水位以下库容0.29万立方米，防洪库容0.35万立方米，正常蓄水位相应水面面积2200平方米，设计灌溉面积142亩。

饮马泉水库位于大河沿河上游三义泉镇境内，距市区约70千米，坝长125.29米，坝高10.83米，溢洪道宽20米，属小（2）型水库。2013年12月完成除险加固。集水面积3.22平方千米，总库容17.2万立方米，正常蓄水位以下库容2.3万立方米，防洪库容2.8万立方米。

鸽子沟水库位于海流素太河上游三义泉镇境内，距丰镇市区约55千米，坝长91.3米，坝高22.8米，溢洪道宽8米，属小（2）型水库。2013年11月完成除险加固，集水面积1.85平方千米，总库容17.9万立方米，正常蓄水位以下库容5.8

万立方米，防洪库容 1.9 万立方米。

地下水　丰镇市是自治区干旱、半干旱草原水文地质区的一部分，水文地质条件主要受地质构造岩性、地貌、气候等条件的影响和控制。早在喜山运动中期，沿张皋—黑土台—丰镇大断裂有多次玄武岩喷发，沉积厚度达 200 米以上，为地下水的形成创造了良好的条件。喜山运动的继续形成了黑土台、隆盛庄、三义泉、官屯堡、巨宝庄等冲积平原，沉积厚 40—200 米的砂砾石和黏性土、砂砾石构成了冲积平原的良好含水层。广大的中低山、山地丘陵区是地下水的供给区，丘间宽谷、山前倾斜平原、玄武岩台地是地下水补给径流区，阳河与饮马河等河是地下排泄通道。其中，大庄科河、巴音图河中上游地段含水层厚、补给充足；官屯堡冲积平原是地下水径流区，中心地段水量丰富，单位涌水量高达 104L/s·m；三义泉冲积平原含水层较厚，最厚可达 83 米，径流畅通，水量丰富，水质较好；饮马河、阳河河谷及各种洪积扇地区含水层厚度为 5—50 米，水量丰富，是山区地下水排泄带；饮马河永旺庄以北段含水层厚度小于 10 米，水量较为丰富，永旺庄以南段含水层逐渐变厚，厚度 5—56 米，水量丰富，水质良好；隆盛庄一带属地下水径流区，含水厚度 7—20 米，隆盛庄河下游地段有湿地，水位埋深 5—10 米，水量丰富，水质较好；市境按地下水位埋深、富水性强弱和地质条件分为 11 个开采区和 1 个无水区。东北部、北部和西部山区为水量贫弱的大口井、深机井开采区；无水区零星分布在地势较高和玄武岩组织的地方。

丰镇市现有地下水取水井 17607 眼，其中规模以上 871 眼，取水量为 2252 万立方米；规模以下 5582 眼，取水量 125 万立方米；人力井 11158 眼，取水量 113.8 万立方米。规模以上饮用地下水水源地 2 处，年取量 472.3 万立方米；规模以上工业用水地下水水源地 1 处，年取水量 200 万立方米。有塘坝 7 处、引水工程 21 处，完成灌区防渗渠道总长度 115 千米，配套渠系建筑物 345 座。

防洪工程　丰镇市城市防洪工程设计规划根据水系分布河（沟）汇流情况和保护对象及市区发展位置等，分为黑河防洪体系和饮马河防洪体系，设计洪水标准为五十年一遇。

黑河防洪体系设计为城区北部沿山五号村沟、晶晶石沟的防洪系统工程和黑河上游段巨宝庄河及沙沟、斜子地沟防洪系统工程，拦截五号村沟、晶晶石沟、巨宝庄河以及城区北部的沙沟和斜子地沟及其坡面洪水，截洪沟尾端汇入排洪渠。排洪渠工程利用已经开挖的排洪渠将拦截的洪水泄入黑河中，结合城市景观对排洪渠进行工程设计。

饮马河防洪系统涉及城区段的河道长度为6.75千米，由城区段河道两侧堤防组成。城区段左岸设置堤防长度为5.67千米，右岸设置堤

年"全国城市节水宣传周"活动开展以来，丰镇市积极行动，通过行政、技术、经济等管理手段加强用水管理，调整用水结构，改进用水方式，同时科学、合理地开展节水知识宣传，提高水的利用率，取得了良好成效。2008年，丰镇市水利局进一步规范市区用水管理，封停城市自备井8眼。2010年，丰镇发电厂对高耗能1号、2号机组关停；2012年，

防长度7.57千米，并建成2座宽度各为135米的橡胶坝及其堤防等配套工程，形成2.3千米的连续水面。左岸堤防保护范围内的保护对象主要有南城区办事处的大部分居民和耕地，以及丰镇电厂的9眼水源深井；右岸堤防保护范围内主要为城区，范围内有208国道、京包铁路及3.5千伏的高压输电线路。

节约用水 节约用水，造福人类，利在当代，功在千秋。自1992

丰镇发电厂对生活污水站扩容改造，对5号、6号机组进行干除渣、干除灰改造并投运，年用水量从1700万立方米降到150万立方米。京隆发电公司采用直接空冷技术且利用城市中水经化学水处理系统处理后作为机组补给水，废水实现零排放，年节水5万立方米。新丰热电厂工程采用节水型直接空冷、烟气脱硫、气力除灰、中水处理等技术，配置高效节能的控制系统，发电水耗降

为 4.7 立方米/万千瓦时。2005 年，雪鹿啤酒（丰镇）有限责任公司对运行系统进行初步的改造，使用冷却水循环，2 台压缩机每小时可节水 20 吨左右，年可节水 11 万吨。2010 年，投资对空气压缩机冷却水及糖化冷凝水进行回收利用，年可节水 15 万吨左右。2010 年，丰川酒星酒业有限责任公司推广工业节水技术，建设 300 吨回水池，提高水资源的重复利用率；开发和引进先进的治污技术，提高污水的处理深度，再生水用作工业冷却水、环境绿化用水、地面卫生冲洗水。工业园区的铁合金冶炼用水复用率达 95%。

2013 年以来，全市年均用水量为 4624 万立方米，其中生活用水量为 902 万立方米，农业用水量为 2984 万立方米，工业用水量为 630 万立方米，城镇公共用水量为 68 万立方米，生态环境用水量为 40 万立方米。节约用水，合理保护和开发利用水资源，是保持人与自然和谐发展，实现可持续发展的重要途径之一。

植物资源

植物是人类赖以生存的重要资源，它在维护生态平衡、改善环境、保持水土、促进自然界的物质循环和能量循环等方面有着极其重要的作用。

丰镇市因其特殊的地理环境和气候资源，为绝大多数的天然草种提供了良好的生存条件，还有大自然赋予我们的多种药用、观赏植物，野生水果和部分工业原料资源。

丰镇市草场草种资源丰富，现已查明的草场草种有 470 多种，分属 57 科，包括：菊科 72 种，禾本科 66 种，豆科 37 种，毛莨科 27 种，蔷薇科 22 种，百合科 19 种，莎草科 17 种，石竹科 13 种，其他种类牧草 165 种。其中优良天然牧草 70 余种，主要有野豌豆、野苜蓿、草木樨、野生沙打旺、歪头菜、胡枝子、羊草、无芒雀麦、披碱草、鹅冠草、线叶菊、冷蒿、万年蒿、大绒草、

紫花苜蓿

金露梅、虎棒子、百里香、隐子草、大针茅、克氏针茅等。人工种植牧草主要有紫花苜蓿、沙打旺、山豌豆、紫芒披碱草、羊菜、无芒雀麦、直立黄芪等。其中紫花苜蓿因其生长条件优越、营养成分高且高质高产，现已大面积推广种植，种植面积达到50多万亩。

丰镇市境内树木主要有杨、柳、桦、榆、松、杉、沙枣、山槐等，森林覆盖率为29.5%。主要乔木树种有白桦、山杨、油松、樟子松以及杨、柳、榆；灌木有柠条、沙棘、红柳、虎榛子、山杏、野玫瑰等。其中，柠条是丰镇市又一重要植物资源。自国家1999年退耕还林政策实施以来，丰镇市开始大面积种植。俗话说："柠条是个宝，既是林又是草，防风固沙保耕地，放牧烧柴做肥料，还是牲口救命草"。柠条对环境条件具有广泛的适应性，在形态方面具有旱生结构，其抗旱性、抗热性、抗寒性和耐盐碱性都很强。柠条是良好的饲用植物。它枝叶繁茂，营养价值很高，含粗蛋白质22.9%、粗脂肪4.9%、粗纤维27.8%；种子中含粗蛋白质27.4%、粗脂肪12.8%、无氮浸出物31.6%，枝梢和叶片可作饲草，种子经加工后可作精饲料。尤其在冬春枯草季节和遇特大干旱或大雪时，柠条更是一种主要的饲

草饲料，称为"救命草"，生长五年以上的柠条草场，其可食的枝叶部分折合成干草为200公斤/亩。柠条是水土保持、防风固沙的优良树种。其根系发达，枝叶繁茂，因而能减轻雨水对地面的冲刷，减少地表径流和淤积肥土，具有保持水土和涵养水源的作用。它不仅能固定原土，而且能积累刮来的肥土，流动沙地种植柠条后会形成半固定、固定灌丛沙堆。柠条的其他方面用途：枝条含有油脂，燃烧不忌干湿，是良好的薪炭材；种子含油，可提炼工业用润滑油，干馏的油脂是治疗疥癣的特效药；根、花、种子均

柠条

可入药，为滋阴养血、通经、镇静等剂；树皮含有纤维，能代麻制品。

栽培作物粮食类主要有：小麦、莜麦、大麦、谷子、糜子、黍子、高粱、玉米、大豆（蚕豆）、黄豆、豌豆、扁豆、莲豆、马铃薯、胡麻、菜籽、荞麦、向日葵、蓖麻等。蔬菜类主要有：圆白菜、长白菜、胡

萝卜、水萝卜、白萝卜、菠菜、韭菜、葱、芹菜、蒜、蔓菁、芥菜、莴苣、芫荽（香菜）、君达、茄子、辣椒、番茄、黄瓜、西瓜、甜瓜（俗名烂绵瓜）、香瓜、菜瓜、倭瓜、番瓜、看瓜、王瓜、葫芦、瓠子（瓢葫芦）、葱头、架豆角、茴香等。水果类主要有桃、杏、李子、槟果、苹果、梨、葡萄、樱桃等。

观赏植物主要有：牡丹、芍药、菊、倒挂金钟、凤仙（俗名海纳）、牵牛、月季、柳叶桃、石榴、仙人掌、仙人球、吊兰、紫罗兰、杨绣绣、天竺葵（玻璃翠）、喇叭花、窜籽莲、美人蕉、令箭、玉扁、文竹、君子兰（蒜瓣花）、三仙梅、蝴蝶梅、五月梅、地雷花、昙花、马蹄莲、罂粟花、金盏盏、步步高、鸡冠花（大红花）、玫瑰、山丹等。

境内具有药用价值的野生植物种类繁多，主要有：蒲公英、追风草、柴胡、苍术、苍耳、黄芩、肉苁蓉、

黑土台中草药

地肤子、苏参、百合、党参、马齿苋、黄连、甘草、王不留行、还阳参（驴打滚）、黄金茶、艾叶、枸杞、沙棘、野山杏、野山药、赤芍、白芍、大黄、柴苏、防风、薄荷、蒺藜、山葱、山韭菜、龙须草、秦艽（秦椒）、羌活、黄柏、刺蓟、天仙子、黄精、藜芦、地骨皮、益母草、青黛、谷精草、甘遂、旋复花、百部、苦丁香、公丁香、山花椒等百余种。其中，黄芪、菊花现已大规模栽培种植；蒲公英有显著的催乳作用，治疗乳腺炎十分有效，居民采摘后大多数自用；其他类药材零星分布，开采价值不大。

现已开发的经济植物有：可提供食用油的，如胡麻、大豆、油菜等；制酒用的作物，如玉米、高粱等。待开发的经济植物有：桃树、李子树、杏树、榆树、油松等，其分泌的树胶，可作粘接剂或赋形剂，也可作为阿拉伯胶的替代品。特别是蓖麻，不仅可作为助染剂、润滑剂、增塑剂、乳化剂和制造涂料、油漆、皂类及油墨的原料，还是一种很好的药用泻剂原料，其经济价值高，开发潜力大。

丰镇境内可食用的野菜有：蘑菇、地皮菜、苦菜等，其营养价值很高，仅夏秋季节可食用。另外，丰镇当地还盛产一种叫"擦麻麻花"

177

的野生植物，是山区原驻民最古老的调味品，用胡油炝了，作为面臊子、凉菜的佐料，味极佳，现已成为丰镇地区搁锅面，炝锅稀饭、炒菜、火锅、面食的上等调味料。同时当地人也把它视为一种象征吉祥的植物，特别是长在祖坟上，当地人把它看作求取功名和学历的象征。

近年来，随着人口的快速增长，人类对各类植物原料的需求日益增多，对植物资源的开发利用也愈益加剧。保护植物就是保护人类自己，合理保护和开发利用植物资源，是保持人与自然和谐发展，实现可持续发展的重要途径之一。

动物资源

动物作为一种生物，它同样代表这一生命的特征。动物资源既是人类所需的优良蛋白质的来源，还能为人类提供皮毛、畜力、纤维素和特种药品，在人类生活、工业、农业和医药上具有广泛的用途。

丰镇境内的动物资源主要包括

家畜家禽动物资源、水生动物资源和野生动物资源，它们不仅与人类的经济生活关系密切，还在维持生物圈的生态平衡中起到重要作用。

家畜家禽动物 家畜家禽动物种质资源是生物种质资源的重要组成部分，它们几千年来一直和人类生活密切相关，是人类文化的特征

之一，也是价值极高的经济资源，同时还是畜牧业发展的基础。丰镇境内的家畜家禽类动物种类比较单一，大多数属于早期驯化物种，如：马、牛、驴、骡、狗、羊、猪、猫、鹅、鸭、鸡、兔等，这些物种分布广、数量多，特别是生猪、肉羊已成为丰镇畜牧业的支柱产业，境内现有规模

化养殖场 57 处，年存栏家畜 46.5 万口（只），年出栏肉羊 39.25 万只、生猪 7.8 万口；火鸡、鸵鸟等近年引入物种，境内饲养比较稀少，主要供观赏；野猪为近缘野生种，在境内饲养时间段、数量少，仅供当地市场。近年来，随着人口的不断增加、资源不断减少、人民生活水平不断提高等不可逆转趋势的出现，丰镇市在加快发展畜牧业的同时，将积极引进外来优良畜禽品种改良和培育优良地方品种作为促进畜牧业发展的主要途径，不仅丰富了地方畜禽类品种，还为地方可持续发展奠定了坚实的基础。

水生动物　水生动物资源是渔业最基本的生产对象，是保证水产业持续健康发展的重要物质基础。丰镇市境内水生动物资源主要有：鲤鱼、鲫鱼、草鱼、鲢鱼、泥鳅、水草虾、田螺、河蚌、田娃、牛蛙、甲鱼等可食用动物，其富含蛋白质、不饱和脂肪酸和生物活性物质，是提高人类健康素质、保证人类蛋白质食物安全的重要部分。还有如蟾蜍，是一种药用价值很高的经济动物，其全身是宝，蟾酥、干蟾、蟾衣、蟾头、蟾舌、蟾肝、蟾胆等均为名贵药材；青蛙，其卵巢是制药、保健用品的新开发利用资源，同时青蛙的肉质细嫩，味道鲜美，还是营养丰富的保健佳肴。另有金鱼、凤尾、金龙、银龙、彩蝶等用于观赏的鱼类，随着人们生活水平和生活情趣的提高，家养观赏鱼的种类不断增多，价值也在逐步提高。

野生动物　野生动物资源是大自然留给人类的宝贵财富，是人类社会的必需资源，它具有科学价值、药用价值、经济价值、游乐观赏价值、文化美学价值和生态价值。丰镇境

内的野生动物种类繁多，兽类主要有：狼、狐狸、野兔、獭兔、马夜猴、黄鼠、家鼠、狍子、黄羊、野山羊、鼹鼠、松鼠、刺猬、跳鼠、獾子、黄鼠狼、蛇、蝙蝠、蜥蜴、蜗牛等，其中法国獭兔作为一种新引进品种，其皮毛制品在国内外市场需求旺盛，其兔肉在餐饮业已成为人们喜爱的健康食品，市场前景非常大，目前在丰镇境内推广养殖。飞禽类主要有：雉、雕、鹜、燕、喜鹊、麻雀、鸠、鹳、鹰、鹋、乌鸦、鸽子、鸸、山鹊、石鸡、半翅、鹌鹑、布谷、啄木鸟、鸿雁、鸳鸯、蜡嘴、山画眉、白灵、

飞宇肉鸽养殖

鹦鹉、鹌鹑、秃鹮、沙鸡、戴胜、河鸡等，其中肉鸽因其营养丰富、食用药用价值高，而倍受大众喜爱，境内现有规模化养殖场1处，年产肉鸽10万羽。随着飞鸽、画眉、百灵、鹦鹉等鸟类驯养技术的普及推广，丰镇市的爱鸟人士迅速增加，不仅提高了人们保护动物的思想意识，还为鸟类动物提供了良好的生存、栖息环境，使得野生鸟类种类不断增多，种群正在慢慢恢复、扩大。

动物益虫 益虫是人类的好朋友，它们不仅帮助植物传播花粉、捕食害虫，还能够帮助细菌和其他生物分解有机质，有助于生成土壤，使庄稼长得更茂盛，同时多数的益虫可以作为珍贵的药材，是人类可以利用的好资源。因而人们也就同益虫建立了密切的关系。丰镇境内的益虫种类很多，有的具有多重经济价值，如：蜜蜂，能在植物间传播花粉、酿造蜂蜜，同时还是一味珍贵的药材；螳螂、蜘蛛等，能够大量捕食害虫，而且药用价值极高。有的是害虫的天敌，如：蜻蜓、七星瓢虫、草蛉、食蚜蝇、寄生蜂等。有的富含高蛋白，如：知了猴、水牛（夏天雨后有）、蜻蜓幼虫、黄蜂等。有的可以入药，如：蚯蚓（药用名，地龙）、蚂蚁、鞋板虫（药用名，鼠妇）、蜣螂（屎壳郎）、蝼蛄（拉拉蛄）、蜓蚰、蜈蚣等。有的供人们赏玩，如蟋蟀，又名蛐蛐，斗蛐蛐是具有浓厚东方色彩的中国特有的文化生活，丰镇地区流行于宋朝年间，目前仅在北京、山东宁津等少数地区流传。多数的昆虫可以制作标本，而昆虫标本不仅可作为科研、教学、害虫防治、益虫利用以及科技知识的普及宣传的重要参考，还具有很高的观赏收藏价值，如蝴蝶标本、琥珀标本等。

总之，自然生态系统是生物与环境之间、生物与生物之间相互作用而建立起来的动态平衡联系，这种动态的平衡是自然生态系统经过长期由简单到复杂的演化逐步建立起来的，它的存在有着不可置疑的权威性科学性。保护野生动物就是保护人类自己，合理保护和开发利用野生动物资源，是保持人与自然和谐发展，实现可持续发展的又一重要途径。

旅游资源

丰镇市山川秀美，旅游资源丰富，各色美景，美不胜收。

春天，丰川大地万物复苏、阳光明媚，微风拂过脸颊，它让人的心情在此刻绽放。古文化遗址成为人们在这个时节理想的旅游场所，丰镇境内有明代古长城、峰火台、古城堡、古墓藏等多处遗迹，历经战争、风雪磨砺而不倒，一改僵硬呆板的冬姿，再一次绽放蓬勃生机，不由让人缅怀过去、展望未来。偶尔品尝一下中泰华丰的错季大樱桃，其果实入口香甜，回味无穷。炎炎夏日的丰镇市，有蓝天、白云、绿草，炎热中更是透着一丝清凉，因此成为人们理想的休闲避暑胜地。城内有人民公园，山水相间、绿树成荫，丰川宝鼎气势宏博；北山植物园，万亩义务绿化基地、文化墙、喷泉等，集生态、休闲、娱乐、科研、科普、健身为一体；滨河公园，"三区一带"的美景、"内高外低"的形态，为丰镇城构建起一道自然、安全的屏障。城外有饮马河绿色文化长廊，潺潺流水，汉玉白雕，展现了丰镇悠久的历史文化；薛刚山，其山宛如圆石，四周平坦，孤峰突起，被誉为"平野独秀"；黄石崖，奇

人工湖

峰怪石，地势磅礴，鸟语花香，夜晚星光闪烁，偶尔有流星划过夜空，给人一种宁静致远的感觉；红山林场，夏有江南风光，冬有雾凇气象，群山起伏、泉水纵横、森林茂密，有野生植物526种，野生鸟类100余种，国家保护动物30余种；飞宇土鸽人家，乡村田园风情浓厚，漫步于草场，垂钓于鱼塘，品一品茶、尝一尝特色美味，安然入睡，等待黎明的到来。秋天，丰川大地进入收获的季节。游览城内的新华广场，"生态、文明、智能"为一体的建设风格，让我们眼前一亮，充分展示了丰镇市的文化底蕴和现代风貌，是我们建设和谐丰镇、打造文明城市的重要组成部分；小南梁绿色生态旅游区，自然环境优美，空气清

新，更能体会到一种落叶归根的归属感；蛤蟆沟生态采摘园，果类品种有20多种，具观赏、采摘、旅游为一体；灵岩寺，依山而建，木构牌坊保存较为完整，能观"山寺朝霞"的美景；金龙大王庙，庙建于飞来峰上，有"海楼夜月"美景。冬日里，万物凋零，丰川大地的儿女进入最休闲的季节。隆盛庄古镇，到处洋溢着祥和的气氛，古镇境内的旅游景点如南庙、清真寺、四合院等进入忙碌的季节，展现出浓厚的晋商文化底蕴。源远流长的民间艺术，如"四角龙舞""五鬼闹判""跑毛驴""民间社火""上三元"干货系列，行社传承下来的民间特色小吃等传统文化，更加衬托出古镇冬日里别样的风情；宗教文化区，

依托牛王庙、大王庙组成，成为朝佛拜庙者的圣地；元山子乡红色旅游基地，作为战争年间丰东根据地的中心区域，有着胡一新、刘耀忠等革命志士的传奇故事。还有土围子、巴音图、大庄科战斗遗址以及兴东会、大梁、忻堡、朱儿崖古驿道遗址和大庄科大庙等文化遗址，特别是革命老区纪念馆更是成为我们铭记历史、缅怀先烈、弘扬革命老区精神的地方。

近年来，随着"乌大张"长城金三角区域合作的深入推进，丰镇市与大同、张家口等地的交流比较密切，受两地旅游业的带动和影响，丰镇市的旅游资源开发取得了良好的成果。一方面先后引进了万寿菊花、黄芪、板蓝根、旱地红辣椒、冷凉蔬菜和苗木花卉等特色产品，引进了山东中泰华丰、包头廉优地作、内蒙古万博、乌兰察布绿田、大连奇和等龙头企业，特色产品种植面积达到6万亩，每到夏秋季吸引了大批摄影爱好者，通过摄影，宣传丰镇。另一方面，结合当地旅游资源实际，重点打造"一线、四区"旅游发展格局。一是以红山林场为龙头，建设新五号—黑土台—元山子—浑源窑—官屯堡乡村旅游绿色走廊。以沿线公路为主干道，连接各个乡村旅游看点，形成旅游环网，同时加强沿线乡镇中心区的吃住、游览、娱乐的配套服务功能，并打破单一的生产格局，将种植与加工生产、旅游、销售等功能统一起来，实现多元化发展。二是加强隆盛庄传统村落区、旧城古文化区、新城休闲体验、现代工业浏览区"四区"建设。隆盛庄传统村落区以开发古商业文化、古习俗、古店铺、古门阁、古寺庙、古名居等历史遗留古迹和传统节庆活动为重点，结合隆盛庄的万亩人工草地及移民戍边历史综合打造、建设一个反映蒙汉文化交融、具有边塞特色的古文化旅游区。旧城古文化区以薛刚山、铺路村、饮马河为界限往西至光明路区域，依托南阁、灵岩寺、薛刚山、毛店巷等历史遗迹，重点开发晋商文化贸易、传统饮食以及民俗风情等行业。新城休闲体验区以新区、巨宝庄镇为重点，利用新区公园的休闲功能，加快促进新区湿地蒙古风情园、巨宝庄水库和小南梁的开发，大力发展特产商贸、餐饮娱乐、住宿、体育健身、戏曲文化等产业。现代工业游览区立足丰镇轻工业、氟化工、物流、电力四大园区的建设，体现科技、环保、生态的建设理念，同时融入游览通道和旅游看点，使游客感受到丰镇现代工业发展的新成就。

在加快发展境内旅游业的同时，丰镇市还进一步加强同周边地区的联系与合作，合力打造了丰镇—岱海—永兴湖—二龙什台—温泉度假，丰镇—辉腾锡勒草原—九十九道泉，丰镇—云岗石窟—九龙壁—华严寺，丰镇—恒山悬空寺—应县木塔，丰镇—五台山，丰镇—乔家大院—王家大院—平遥古城至绵山，丰镇—芦芽山，丰镇—龙庆峡—八达岭长城—野生动物园，丰镇—野山坡 9 条旅游线路，年接待游客近 30 万人次。

得天独厚的发展环境，优美舒心的旅游资源，热情好客的丰镇人民，合力为客人们提供了别具一格的民俗风情游，期待远方客人的到来。

建设成就

HUASHUONEIMENGGUfengzhenshi

建 设 成 就

JIANSHECHENGJIU

美丽富饶的丰镇，综合经济实力显著提升，地区竞争力明显增强，实现了"打造乌兰察布第一经济强市"和"进入中国西部百强县"两大目标。

经济总量

改革开放40年来，34万丰镇人民努力探索中国特色社会主义发展道路，在现代化建设的历程中，创造了一个又一个奇迹，实现着"富民强市"的梦想。特别是进入新世纪以来，丰镇市历届领导班子紧紧围绕"富民强市"目标，以加快发展为第一要务，以改善民生为第一重任，以维护稳定为第一责任，全面推进经济、政治、文化、社会和生态文明建设，综合经济实力显著提升，地区竞争力明显增强，实现了"打造乌兰察布第一经济强市"和"进入中国西部百强县"两大目标，各项社会事业蒸蒸日上。2016年，全市地区生产总值完成146.2亿元，是2010年的1.66倍，年均增长6.8%;

饮马河一角

一般公共财政预算收入完成 5.53 亿元,是 2010 年的 2 倍,年均增长 2.03%;全社会固定资产投资完成 79.5 亿元,年均增长 14.1%,经济总量始终保持在乌兰察布各旗县市区前列。

工业化建设

丰镇市是乌兰察布的工业大市,工业经济总量居乌兰察布市第一位,

在大力推动新型工业化过程中使县域经济实现了新腾飞。

丰镇市工业经济起步早、发展快。在清乾隆十五年（1750 年）就形成了以皮毛、铁、木、粮油加工等手工业为主的工业雏形。民国 18 年（1929 年），天津、北京资本家投资开设鸿记和裕民两个打蛋厂，标志着民族资本工业开始萌发。中华人民共和国成立后，随着国家扶持私营工业、手工业社会主义改造、兴建国营企业等政策的实施，使丰镇"五小工业"（农机厂、化肥厂、水泥厂、变压器厂、标准件厂）初具规模。到 1978 年，全县工业总产值达 4255 万元。改革开放后，丰镇工业体制几经更易，逐步新增合作工业和个体工业，打破了国营工业、二轻工业、乡镇工业三位一体的格局。1990 年撤县设市后，伴随着丰镇发电厂一期工程两台 20 万千瓦机组的建成并网发电，丰镇市抓住机遇，加快发展，大力实施"工业立市、农业稳市、流通活市、科技兴市、开放富市"的战略，着力推进工业化进程，使丰镇工业走上了振兴之路。

"九五"期间，全市国有工业企业实现了转制，完成了所有制结构的战略性调整，使一大批企业盘活了存量资产，焕发了生机，以非公有制经济为主的全方位改革开放格局已形成，三次产业结构比重调整为 28：54：18，工业经济的主导地位开始确立，电力、石材、制酒、冶金、建材、农畜产品加工等六大主导产业已成为丰镇市工业经济的支柱和中坚。2000 年末，全市工业

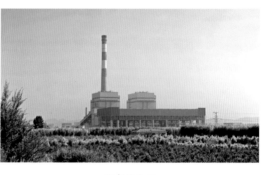

新丰热电厂

增加值达到 7.021 亿元。

　　"十五"期间，丰镇市不断推进改革开放和现代化建设，经济结构进一步优化，产业层次明显提高，三次产业的比例调整到 15：65：20，第二产业得以迅猛发展。规模以上企业由"九五"期末的 7 户增加到 28 户，新上了丰电三期、新丰热电、雪鹿啤酒、二氟乙烷、大丰石墨等一大批工业大项目、新项目，电力、重化工、氟化工、建材、制酒、纺织等优势产业集群初步形成。丰镇市委、政府响亮地提出"依托丰电，建设丰镇；围绕丰电，发展丰镇"的战略思路，高标准、高起点建设了氟化工业园区，引进和建设了以二氟乙烷为核心的氟化学工业项目。2005 年底，重化工业新增产能 40 万吨，生产能力从原来的 1.5 万吨发展到 120 万吨，新增产能和总产能均居乌兰察布市各旗县市区之首。同时，引进燕京雪鹿集团和大丰贸易公司分别兼并原啤酒厂和原京丰石墨厂，新建了以轻纺、乳制品、肉羊加工为主导的轻工业科技园区，从而使我市工业经济由单一产业、单一品种迈上了多门类、多品种的发展之路，产业和产品结构更趋合理，应对市场变化的能力明显提高。"十五"期末，全市规模以上工业增加值达到 12.7 亿元，比"九五"期末增长 1.68 倍，年均递增 21.7%。

　　"十一五"期间，市委、市政府抓住东部发达省区产业向中西部地区转移加快的历史机遇，紧紧围绕"富民强市"目标，把发展壮大工业经济作为优化经济结构的主攻重点，进一步优化投资环境，加大招商引资力度，以项目建设为依托，以重化工、氟化工和科技轻工业三个园区为平台，坚持扩总量、调结构、促转变相结合，按照布局园区化、产业集群化的思路，坚定不移地实施大项目带动战略，全力壮大电力、氟化工、冶金、建材、制酒、轻纺、绿色农畜产品加工等优势产业集群。坚持"发展循环经济、创建绿色化工"理念，着力延长产业链条，提高科技含量，重点引进建设了氟化工项目的 6 家企业，基本形成了化工—下游产品—附产品再利用的循

氟化工

环经济发展模式。氟化工业主要有硫酸、无水氟化氢、氟橡胶等 14 个产品，其中三爱富公司生产的二氟乙烷和三氟乙烷，产量分别达 2.5 万吨和 5000 吨，是国内产能最大的氟化工产品；奥特普公司生产的聚三氟乙烯，科技含量居全球顶尖水平。这一时期，6 家氟化工企业累计完成固定资产投资 10 亿元，生产能力达到 10 万吨，产值 20 亿元，利税 3 亿元；2007 年三爱富公司被自治区评为高新技术企业，2008 年氟化工业园区被内蒙古自治区列为第二批循环经济示范园区，2009 年丰镇市氟化工产业发展规划通过中国氟硅工业协会专家评审，2010 年被列入蒙西地区 22 个重点产业园区之一。京隆发电公司 2 台 60 万千瓦机组、新丰热电厂 2 台 30 万千瓦机组全部投产发电，全市发电总装机容量由120 万千瓦发展到 300 万千瓦；引进了上海华谊集团投资 26 亿元的氟化工二期，新建了成丰公司 16 万吨镍铁、盛世公司 10 万吨硅钙、丰宇公司 25 万吨锰系合金、新钢联公司 16 万吨铬铁、凯帝斯公司电梯二期扩建、丰川酒业公司一期 8000 吨乙醇等一大批工业项目，工业经济总量不断增加，初步形成了以电力、氟化工、冶金钢铁、建材、农畜产品加工、机械制造等产业为主导的现代工业体系。

"十二五"以来，丰镇市紧紧抓住内蒙古自治区打造沿黄沿线经济带和实施"双百亿工程"的有利时机，坚持工业强市不动摇，按照项目拉动、园区推动、产业互动的思路，把做大工业经济总量作为加快发展的首要任务，以产业结构调整为主线，以项目建设为突破口，优化产业布局，促进产业集聚，着力构建以电力、氟化工、冶金钢铁、建材、机械制造和农畜产品加工为主导的多元发展、多极支撑的现代工业经济体系，工业经济发展质量和效益的明显提高，推动全市经济社会实现了率先快速发展。五年累计实施工业重点项目 126 项，固定资产投资完成 241 亿元，规模以上企业达到 45 户，规模以上工业增加值增速达 14%。

电力工业　坚持火电、风电、光电同步推进，电力工业已成为全市的主导工业。"十二五"末，全市火力发电丰镇发电厂、京隆发电厂、新丰热电厂3家企业共8台机组，总装机容量260万千瓦。其中，丰镇发电厂装机容量4×20万千瓦（根据国家节能减排、淘汰落后产能关停2台机组），京隆发电装机容量2×60万千瓦，新丰热电厂装机容量2×30万千瓦机组。2015年，三家发电企业总发电量150亿度，实现利税3.36亿元。"十三五"期间，将新上丰电四期2×100万千瓦机组、京隆二期2×60万千瓦机组、新丰二期2×66万千瓦超临界发电机组火电项目，争取国电山西新能源、大唐集团新能源、北京中节能风电和太阳能光伏发电项目落户，到"十三五"末，全市装机容量将达到740万千瓦，其中火电560万千瓦、风电130万千瓦、太阳能50万千瓦，建设成为内蒙古自治区

京隆发电厂

西电东送的重要出线口和华北地区重要的电力能源生产基地。

氟化工业　"十二五"时期，完成固定资产投资20亿元，形成了25万吨的综合产能，年销售收入在25亿元左右。2011年以来，按照发展循环经济、扩大生产规模、提升产业层次的思路，坚持把产业转型升级作为推动经济发展的重要抓手，扩量与提质并举、成型和转型并重，引进了总投资26亿元的上海三爱富新材料公司16个氟化工系列产品开发项目；完成了三爱富、万豪、奥特普三家公司的整合重组，2.5万吨二氟乙烷、2万吨二氟一氯乙烷、1万吨聚偏氟乙稀等项目顺利实施。累计投入6000多万元用于科技创新和技术引进，取得了一系列的科研成果。奥特普公司科研平台投资1500多万元，研发的氟橡胶无皂乳液聚合生产工艺技术填补了我国氟化工业领域内的技术空白；3个高新技术成果获得国家专利，即一种耐高温高透明聚三氟氯乙烯的制备方法、一种降低含氟聚合物杂质含量的制备方法以及氟硅弹性体的制备方法，实现了丰镇市工业自主专利成果零的突破；"新型耐极低温度的氟橡胶工艺技术"项目，经国家科技部专家组的严格评审，被列入2013年国家高技术研究发展

计划，即"863计划"；二氟溴乙酸乙酯和三氟乙酸生产新方法通过了内蒙古科技厅的评审论证，已申报国家专利。一系列新科技、新产品的研发与引进，激发和调动了企业自主创新的积极性，加快企业自主创新的步伐，促进了高科技氟化工产业逐步向装备现代化、产品高端化、生产循环化方向发展。今后，要重点推进5万吨二氟乙烷、4万吨二氟一氯乙烷、2万吨聚偏氟乙烯、30万吨硫酸等项目，到"十三五"末，氟化工系列产品种类将达到25种，产能达到50万吨，届时丰镇将成为全球最大的氟化工产业基地。

冶金钢铁产业 主要以硅锰、铬铁、镍铁、硅钙等产品为主，投产企业30户、56台矿热炉，综合产能150万吨。"十二五"期间，围绕节能降耗，通过延长产业链条、发展精深加工、提高产品附加值和"上大压小"等措施，加快淘汰冶金落后产能，将1.25万千伏安以下的矿热炉全部淘汰拆除，大型环保矿热炉产能占到电石铁合金总产能的70%，促进了产业升级。按照"横向延伸抓配套、纵向延伸抓升级"的思路，先后引进建设了丰宇25万吨锰系合金、盛世10万吨硅钙、新太50万吨铬铁、金九龙8.8万吨石灰氮、新大60万吨线型钢材和天烁10万吨低微碳铬铁、10万吨硅铬合金、13万吨高碳铬铁等项目。重点扶持投资48亿元的上泰实业有限公司100万吨镍铬合金、投资3亿元的同盛硅钙有限公司包线芯等一批大项目建设；全面促成总投资 80 亿元的吉铁公司 300 万吨铁合金产品系列项目一期工程建设开工。到"十三五"末，全市冶金钢铁综合产能将达到 300 万吨，着力打造蒙西地区重要的冶金钢铁生产基地。

建材工业和机械制造业　丰镇市建材工业发展重点是水泥、石墨、涂料、新型墙体材料、铁合金废渣利用以及粉煤灰综合利用等。加快粉煤灰、铁合金废渣综合利用，促成天津鑫茂集团投资 10 亿元粉煤灰提取三氧化二铝项目，开工建设了泡沫陶瓷防火隔热材料、蒸汽加压砌块等 6 个粉煤灰、铁合金废渣处理项目，年可消化粉煤灰 50 万吨、铁合金废渣 80 万吨；积极推进大丰石墨、宏丰水泥技改，争取固宝龙高分子涂料、丰汇 30 万吨甲醇制稳定轻烃、海驰化工低汞触煤项目顺利投产，万洁燃气、华新绿源废旧电器拆解等项目的实施和投产，形成了一批核心竞争力较强的优势产业集群，丰富了工业门类，培育壮大了清洁能源、绿色环保资源综合利用产业。

机械制造业主要以电梯制造和农机具加工为主。凯帝斯电梯是西北地区规模较大的一家电梯制造企业，拥有自主知识产权，能够设计研发各种型号电梯和升降机，现已形成 5000 台（套）的生产能力，年产值在 6 亿元左右。2011 年又开工建设了高峰机械 5000 台（套）农用

机械设备制造、奥博1.5万吨钢球衬板等项目，机械制造业不断发展壮大，逐步形成产品配套、功能齐全的产业体系。

农畜产品加工业 主要以羊绒衫、乳制品加工等产品为主，全市建成和在建的农畜产品加工企业达到15家，其中规模以上企业4家。爱立特公司年产羊绒衫40万件，产品全部出口到欧洲、东南亚地区；蒙原食品公司主要生产高油乳清粉，产量在5000吨左右；啤酒厂是北京燕京集团的子公司，现有生产能力5万吨，2012年公司再投资5亿元，将产能扩大到20万吨；白酒是丰镇的传统工业，2010年酒星公司与四川贵妃酒厂共同出资1.6亿元扩大生产规模，产能将达到2.5万吨；以

食品产业园为依托，以发展绿色食品、有机食品、无公害产品和地理标识产品为主攻方向，按照扩规模、上水平、创品牌的思路，引导和规范糕点加工作坊入园生产经营，做大做强"丰镇月饼"产业。

园区建设（氟化工业园区）丰镇市氟化工业园区是内蒙古自治区第二批循环经济示范园区，也是蒙西经济带22个重点工业园区之一。2011年园区销售收入达到158亿元，是乌兰察布市唯一一家进入内蒙古自治区"双百亿"工程的园区，氟化工园区升格为准处级单位入驻企业75户，企业存量资产约200亿元，综合产能150万吨左右，已初步形成四大循环产业链：氟化工产业链、电石化工产业链、电力和铁

变电站

合金产业链、铁合金废渣和电厂粉煤灰产业链。氟化工业园区分东、西两个园区，"十一五"期间建成了占地面积13平方千米的氟化工东园区，入园企业达到52户。为满足工业经济发展的需要，2010年以来，按照"一次性规划、高标准建设、分年度实施"的要求，在城区西南5千米处，建设了占地19平方千米的西工业园区。"十二五"期间，全面完成了园区的路网（8纵10横）、绿化、亮化、通信、供水、污水处理（日处理污水2万吨的污水处理厂1座）等基础建设，配套建设了22万伏变电站一座，加快推进园区直供电工作；同时，为加快园区产业升级，积极争取京蒙对口帮扶资金，在西园区投资700万元建设了集实验室、多功能培训中心、化学分析室、产品试验基地和专家楼等为一体的循环经济产学研中心，目前正在进行主体工程建设，建成后将进一步增强园区综合配套能力，使园区成为承接产业转移的重要载体和平台。目前入园企业已有12户。

招商引资环境建设 丰镇市坚持把软环境建设作为优化经济发展环境的主要抓手，积极扶持项目的引进建设和企业的生产经营，采取一系列切实有效的措施促进企业平稳运行。一是不断完善园区配套设施建设，不仅配备完善了东工业园区22万伏变电站和2万吨污水处理厂等基础设施建设，而且还高标准建设了西工业园区；二是实行了市级领导和责任单位包企业项目制度，切实抓好重点项目建设，严格执行服务承诺制和"一门受理、联合审批、一口收费、限时办结"的一站式工作制度，为投资商和企业提供全方位保姆式的服务，严肃查处在项目审批、工程建设、生产经营中不作为、乱作为的不正之风；三是开通园区运输原料车辆绿色通道，保障了煤电油运等生产要素，积极争取多边交易电价，通过贯彻落实上级电价优惠及地方财政补贴等政策，为企业争取优惠电价6分多，如期兑现优惠政策，及时返还地方留成部分，极大地降低了生产成本；四是积极推行工业经济月调度、季调度工作机制，及时解决企业在建设、生产过程中遇到的困难和问题，为企业发展创造良好的环境，实现了企业和区域经济效益"双赢"。

城镇化建设

丰镇市坚持"规划先行、城乡互动、建管并举"的原则，按照拓展发展空间、提升综合功能、营造宜居环境的发展思路，大力推进"五城联创"，城市功能日益完善，城市品味明显提升。

自清朝乾隆年间，丰镇便成为北方的文化、商贸重镇，是内地与牧区进行商贸交流的集散中心。中华人民共和国成立后，尤其是 20 世纪 80 年代以来，全国上下掀起了发展经济的热潮，"要想富，上马路，拆倒围墙建小铺"的思想充斥了每个城市的基础建设。拆墙扩店现象也同样席卷了古城丰镇，大量的临街违章建筑应运而生，这些临建的产生为繁荣市场、发展经济确实起到了一些作用，但是，不符合城市规划要求的建筑也给城市的容貌和整体形象留下了后遗症，不利于长远的经济发展。马路市场、马路停车厂、沿街垃圾点对市容市貌的负面影响已远远超出了它积极的意义。至 20 世纪 90 年代初，城区建设速度近乎"老牛爬坡"，市政基础设

施严重落后，全市仍然没有一处像样的标志性建筑，商业门店陈旧不堪、街道狭窄、路况极差、街不平、灯不明、东西一条路、出门脏乱差是市容市貌的真实写照。独特的区位优势和资源优势与落后的城市面貌形成了强烈的反差，城市建设形成的"痼疾"已经成为经济发展的"瓶颈"，令许多商贩望而却步、投资者"敬而远之"，城市建设的滞后严重制约了丰镇经济快速发展的步

人工湖

伐。20世纪90年代中期，丰镇市委、市政府一班领导对城市建设有了重新的认识和定位，没有高品位的城市建设就没有高效益的经济发展，把城市基础设施建设作为全面振兴经济的突破口，决定打一个城市建设的翻身仗，力争用5到10年时间再造一个崭新向上的新丰镇。

1992年，经内蒙古自治区人民政府批准，丰镇市制定出台了《丰镇市1995—2010年城市建设总体规划》，这是丰镇发展史上第一个关于城市建设的规划，从整体上构画出了城市建设未来发展的蓝图。为顺利推进城市拆迁改造，1994年，又制定出台了《丰镇市城市房屋拆迁管理办法》。至此，市委、市政府把改造丰镇、建设丰镇、发展丰镇，使古城丰镇成为名符其实的经济强市、商贸大镇、文明新城，摆上了重要议事日程。从1994年到1998年，先后完成了站前广场扩建工程、北立交桥扩孔改造工程和羊沟沿街、马桥西街的改造建设工程，初步构筑起了迈向现代化城市规划的基本框架。

1999年，丰镇市委、市政府面对财政困难和城市建设改造任务繁重的突出矛盾，坚持"解放思想、实事求是"的思想路线，以改革创新精神指导和推动城市改造建设，紧紧抓住国家实施西部大开发和加大基础设施建设投资的政策机遇，一改过去量体裁衣搞城建的旧模式，树立规模化经营城市的新理念，打破常规，迎难而上，确立了"投资主体多元化、城市建设市场化"的发展思路，坚持新城开发和旧城改造同步，引资开发和自拆自建并举，商住楼建设和公益建设并进，规划

管理与改造建设并重，加大拆迁力度，加快发展进程，成功地利用外部资金走出了一条欠发达地区"以街面吸资金、以让利促开发、以地片引资金、以开发促改造、以城建促商贸"的经营城市新路子。与此同时，为进一步规范、完善城市拆迁改造建设的管理体制和运行机制，市委、市政府又先后制定出台了《关于加快城市改造建设规范建筑市场管理的若干规定》《关于城市改造拆迁中若干问题意见》《建筑安装市场税收管理办法》《丰镇市建筑工程施工招投标管理办法》等一系列文件，这些文件的出台和实施，为城市建设迈出全新的发展步伐提供了有力的政策和法规依据，至此，丰镇城市建设揭开了跨越式发展的历史新篇章。1999年至2002年，全市共投入城市建设改造资金3.2亿元，完成总拆迁面积32万平方米，新建建筑面积50多万平方米，建设资金、拆迁面积、新建面积分别是前五年的2.3倍、5.6倍和4倍。在市区道路改扩建中，全市投入3000多万元，完成了市区10条主街道共计18.2千米的改扩建工程，并完成了马桥街等5900多米的给排水工程和市区主街道两侧3.5万平方米的人行道铺装工程，建公厕30余座，建设了日处理污水2万吨的污水处理

厂，新建、改建城市集中供热点12处，实施城市基础设施建设项目30多个。丰镇发生翻天覆地的变化，市容市貌焕然一新。2003年，完成了第三轮城市总体规划和详规的编制，全面启动了新区建设，市区面积新增10平方千米，开工建设了党政办公区、大型住宅小区、科技轻工业园区以及学校、广场等。"十五"期间累计投入城市建设资金25亿元，实施了道路、给排水、污水处理、垃圾处理、专业市场、广场、城市绿化等60多项城市基础设施建设工程，特别是新区主干道，包括照明、绿化、给排水、通讯、电缆、热力等综合管网工程全线贯通，打通了丰镇市的西出口，为加快新区开发步伐奠定了基础，实现了新旧区联动建设。

"十一五"期间，丰镇市坚持"规划、建设、经营、管理并重"的原则，按照人口向城市集中、工业向园区集中的新思路，进一步加快城市建设步伐。完成了第四轮城市总体规划修编，构建起新区、旧区、工业园区"三区"联动的框架，城区面积由2005年的19平方千米扩展到29平方千米，城镇化率达到40%。五年累计投资50多亿元，实施了道路建设、小街巷硬化、集中供热、危旧房改造、污水处理、城市绿化、

饮马河综合治理等70多项民心工程，新增城区道路31条、50千米，集中供热面积达到150万平方米，商品房竣工面积超过100万平方米，人居环境明显改善，城市品位明显提升。在新区合理规划布局了行政办公区、住宅小区、科技园区等基础设施完善的功能区，配套建设了学校、医院、广场、公园等现代城市所需的公共服务区。旧区重点建设事关人民群众住行的净化、亮化、绿化、美化工程，不断完善旧区道路、供水、供热、排污等基础设施，提高垃圾、污水处理和集中供热能力。垃圾无害化处理率达到85%，污水处理率达到80%，集中供热率达到50%；同时，充分发挥商业密集的优势，加大了旧城拆迁力度，建设大型超市

和集贸市场。规划筹建了高速公路以西10平方千米的丰镇市经济开发区，形成旧区、新区、经济开发区"三区"联动、相互促进、共同发展的格局。

"十二五"以来，丰镇市按照拓展发展空间、提升综合功能、营造宜居环境的发展思路，坚持老城区、新区、统筹示范区、氟化工业园区、轻工业园区协调推进。五年

累计完成投资130亿元，是"十一五"时期的2.45倍，全市城区面积达到33平方公里，城镇化率提高到43%以上，大力推进"五城联创"，成功创建了自治区园林城市。老城区突出基础设施和民生工程，先后启动实施了大西街、二道湾、建设街等棚户区改造项目和道路、天然气、小街巷硬化、集中供热、给排水、绿化建设等70多项公共服务设施工程，累计完成危旧平房改造拆迁53.6万平方米，新建道路22条、34.6公里，硬化小街巷130条、69公里，建设完善北山、薛刚山等广场公园7处，建成污水处理厂3座、垃圾处理厂1座，日处理生活用水2万吨的中水回用厂正在紧张施工，增强了城市承载能力。新区建设突出"显山、露水、透绿"特点，建成了城乡统筹示范区、氟化工业西园区、人民公园二期工程、滨河公园、城市规划展览馆、北环路、公园西路、城市出入口等重大项目建设，

段建宁 摄

开工建设了科技文化服务中心、体育馆、医院等一批公建项目；铺设天然气管网12千米，完成改排水管网135千米、道路绿化38千米，建设商住楼、住宅小区300万平方米，人均住房面积达到32平方米，高层建筑林立，城市品味和档次明显提升，实现了富有品位、体现特色、适宜人居的目标。截至2016年底，全市建成区道路总长40.2千米，道路完好率达98.2%；建成区绿地面积由684.02公顷提高到859.5公顷，绿地覆盖面积由741.45公顷提高到905.5公顷，绿化覆盖率由34.29%提高到36.22%，人均公园绿地面积由9.17平方米提高到14.7平方米；集中供热面积达到300万平方米，集中供热率和天然气普及率分别达到95%和70%，自来水普及率达95%，污水处理率达91%，生活垃圾处理率达93%。与此同时，以创建内蒙古自治区文明城市为契机，围绕解决城市建设中的"脏乱差"问题，集中力量开展了城乡环境集中整治活动，在国道、省道、重要交通出入口等重要地段和市区显要位置设置大型宣传标牌，更新了楼体、灯箱等载体的广告和市区宣传标语，开展了小街巷治理、亮化绿化、垃圾清理、交通环境整治等一系列活动，城市环境和硬件设施得到进一步优化和完善，城市功能更加完善，城市品味明显提升。

农牧业产业化建设

丰镇市始终坚持用工业化思维谋划农牧业，紧紧围绕"农业转型升级、建设现代农牧业"的主题，突出发展设施农业和高效畜牧业，加快新农村建设步伐，促进了农业增效、农民增收。

长期以来，丰镇市农牧业基础薄弱，农业结构单一，偏重于以粮油作物生产为主的种植业，生产条件相对滞后，经济效益较低。改革开放后，丰镇开始推行各种形式的生产责任制，极大地激发了农民的生产热情，有力地促进了全市农村经济的发展。

现代化灌溉

"十五"期间，市委、市政府按照城乡经济协调发展的要求，紧紧围绕农业增效、农民增收两大任务，以建设畜牧业大市为目标，积极调整农业和农村经济结构，举全力做强做大乳业、肉羊、马铃薯（蔬菜）、饲草饲料四大主导产业，农村经济呈现出持续、稳定、健康发展的良好势头。在农业生产上，按照"保面积、攻单产、抓良种、提品质"的总体工作思路，逐步改变了以"两麦一薯"（小麦、莜麦、马铃薯）为主的种植格局，突出抓好具有优势的马铃薯和蔬菜等农作物生产。始终坚持"集中连片、规模发展"之路，全市形成马铃薯规模种植36万亩，健全了马铃薯四级良种繁育体系，实现了种薯四年一轮换，马铃薯单产水平显著提高。设施农业主要以日光温室、塑料大棚等保护地蔬菜和马铃薯喷灌圈为重点，并且利用日光温室发展反季节蔬菜取得较好效益。种植业实现了由粮经二元结构向粮经草三元结构的转变，由粗放经营向精种高产的转变，农业综合生产能力显著提高。在畜牧业发展上，大力培育和壮大奶牛、肉羊业，建立了以蒙丰生物公司为龙头，以改良站点建设为核心的奶牛胚胎移植、肉羊杂交改良体系。2002年，在全盟率先实施了奶牛胚

胎移植工程。通过建立健全繁育改良、疫病防治、饲草料加工、棚圈建设、科技培训、服务管理六大服务体系，促进了畜牧业增长方式的转变，畜牧业的质量和效益有了大幅提升，已成为农民增收的主导产业。2005年底，奶牛存栏达到3.51万头，基础母羊存栏达到60.1万只，肉羊出栏153万只。同时，坚持"公司＋农户＋基地"的可持续发展模式，大力招商引资，培育和扶持农牧业龙头企业，增强农牧业产业化后劲和活力。先后引进兴建了马铃薯淀粉加工、草业加工、3万吨奶粉厂、100万只肉羊加工、120万件羊绒衫等规模较大的龙头企业。2005底，全市农牧业龙头企业达7家，总投资1亿多元。这些龙头企业的引进和发展壮大，不仅拉长了产业链条，提高了农牧业产业化层次和农牧业抗风险能力，而且可解决1万多人的就业问题，开辟了丰镇市农牧业产业化发展的新纪元，农村经济出现了发展优势产业、高效产业和避灾产业的新格局。

"十一五"期间，丰镇市委、市政府坚持把发展设施农业和高效畜牧业作为转变农牧业发展方式的主攻方向，重点发展乳业、肉羊、马铃薯（蔬菜）、饲草饲料等产业。调整种植业结构，为养而种、为加

工而种、为卖而种，大力种植专用马铃薯和反季节蔬菜及玉米、杂粮，全力发展设施农业、订单农业，增强粮食和饲草饲料综合生产能力，为产业化经营奠定基础。全市设施蔬菜、膜下滴灌喷灌和覆膜种植面积大幅度提高，种植业实现了由精种高产向集约化生产的转变，抵御自然灾害能力明显增强。2010年底，全市马铃薯膜下滴灌达到2万亩、旱作覆膜突破6万亩，蔬菜种植面积达到7万亩，其中设施蔬菜1.1万亩。畜牧业依托蒙丰生物、科维尔等龙头企业，重点推广细管冷配、胚胎移植、杂交改良等先进技术。2009年成功克隆出国内首例美利奴肉羊，2010年又成功克隆出日本和牛和荷斯坦奶牛，使奶牛、肉羊个体产奶量和产肉量显著提高，养殖业规模化、标准化程度不断提高，

畜牧业在大农业中的比重进一步凸显，比较效益显著提升。到2010年，全市优质奶牛存栏达到5万头，年产鲜奶达到25万吨；出栏肉羊120万只，产肉量达到3万吨。支持龙头企业以利益联结方式带动基地和农户发展，使产业实现成龙配套；发展壮大农村中介服务组织，培养种养专业大户和营销大户，进一步壮大经纪人队伍，努力提高农牧业生产的组织化程度。新农村建设方面，按照生产发展、生活宽裕、乡风文明、村容整洁、管理民主的要求，调整优化产业结构，强化基础设施建设，改善公共服务，在搞好试点的基础上，稳步推进社会主义新农村建设。按照工业反哺农业、城市支持农村的思路，公共财政逐年加大对农村水、电、路等基础设施的投入，推广使用沼气、太阳能等洁

净能源，实施村庄"五化"（硬化、亮化、绿化、净化、美化）、"四改"（改水、改厕、改灶、改圈）、"五通"（通路、通邮、通自来水、通讯、通有线电视）、"三室"（图书室、文化室、文体活动室）建设，消灭无电无邮自然村，使 20% 的农户通电话，50% 的农村通自来水。实施农村饮水安全工程，解决干旱缺水和高砷高氟村庄的人畜饮水安全问题。加快农村剩余劳动力转移步伐，发展劳务经济，切实搞好农民转岗转业培训，让走出去的农民具备较强的务工技能，适应城市和工业文明。"十一五"时期，农业人口减少到10 万。

"十二五"以来，丰镇市始终坚持用工业化思维谋划农牧业，紧紧围绕农业转型升级、建设现代农牧业的主题，突出发展设施农业和高效畜牧业，全市基本形成了乳产品、寒羊产业、马铃薯产业和草产业多种经营体系，加快新农村建设步伐，促进农业增效、农民增收。全市耕地面积保证在 79 万亩，其中粮播面积 66 万亩，高效农田灌溉面积 15.3 万亩。粮食作物 20 多个品种，主要以马铃薯、玉米、蔬菜、特色种植、杂粮杂豆等为主，粮食总产量正常年份稳定在 3 亿斤左右。到2016 年，农民人均可支配收入达到10726 元，是 2010 年的 1.95 倍，年均增长 8%。

农牧业产业结构调整　"十二五"时期种植结构调整取得明显进展，以马铃薯、玉米为主的优势产业逐年壮大。马铃薯产业健康发展。通过建基地、引良种、拓市场、兴龙头、

新农村建设

创品牌，不断扩大种植规模，提升产业水平。全市马铃薯播种面积稳定在35万亩左右，占总播种面积的46%，建成良种繁育基地3万亩，良种覆盖率达100%；大力推广旱作覆膜、高垄栽培、膜下滴灌、水肥一体化等技术，建成千亩示范基地3个、万亩示范片1个；通过申报无公害产品和有机产品认证，全市35万亩马铃薯通过了无公害认证，1500亩马铃薯通过了国家有机产品认证；引进民丰薯业，建设高标准智能化种薯繁育温室1处，带动建设马铃薯原原种基地2000亩，原种基地2万亩；针对马铃薯大面积集中上市导致增产不增收的问题，通过部门、乡镇、村社联推，企业、协会、农户联动，全市共建成各类贮窖3万多个，其中储存能力在千吨以上的8

个，马铃薯总贮藏能力达到20万吨；引进马铃薯加工龙头企业3家，年加工马铃薯3万多吨；以京蒙对口帮扶为契机，积极开拓北京市场，强化农超对接、农餐对接、农企联合，现已将本地的优质马铃薯打入了北京市场，成为了北京地区重要农产品供应基地之一。全市共有各类马铃薯运销户1000多家，从业人员3000余人，在市场的拉动和运销组织的带动下，每年外销马铃薯达15万吨。全市覆膜玉米播种面积稳定在20万亩左右，占总播种面积的26%；累计种植以紫花苜蓿为主的人工牧草达60万亩，为畜牧业发展奠定坚实的饲草料基础。

设施农业、特色农业 把设施农业作为调整农业产业结构的关键，制定了加快发展设施农业的规划。

全市膜下滴灌达到14.7万亩，覆膜种植达到30万亩，重点打造了2个万亩滴灌区和5条旱作覆膜产业带；全市五年新增设施蔬菜1.5万亩，达到2.6万亩；先后引进了内蒙古万博、包头廉优地作、乌兰察布绿田、大连奇和、中泰华丰、绿康源等龙头企业，建成四个千亩蔬菜设施园区和1个果蔬标准园、1个大田蔬菜标准园，基本形成了公司加基地连农户的产供销一体化格局。中泰华丰公司500亩樱桃和草莓套种基地是产出全国二月份上市最大的樱桃和草莓的生产基地；内蒙古绿康源生态农业有限公司以"绿色、安全、环保、可持续"和"传统与现代相结合"的发展理念，率先在丰镇市建立绿色蔬菜和杂粮杂豆综合配送生产基地，打造有机农产品生产、加工、包装、销售全产业链的现代农业企业。丰镇市认证有机农产品生产基地3万亩，注册了"爱优"和"丰露"两个商标。目前完成投资1000万元，建设温室40亩并配套产品展厅、恒温库及恒温配送车、包装消毒配送车间和办公区、农耕工具展示区，"十三五"期间将建设成为集农事活动、生态观光、休闲娱乐、科普农教、环境保护为一体的开发式综合性高科技农业园区。同时，全市以育苗、樱桃、万寿菊、中药材、甜菜、向日葵、花卉、冷凉蔬菜为重点的特色农业种植面积达到15万亩，其中冷凉蔬菜种植达7万亩，品种主要包括甘蓝、大白菜、萝卜类、西兰花、洋葱、南瓜、莴笋、娃娃菜、生菜、芹菜、甜玉米等，市场走俏，效益明显。

高效畜牧业　立足资源优势，坚持改良畜种与科学饲养相结合，稳定发展生猪、蛋鸡，大力发展奶牛、肉羊等标准化养殖，积极推进现代畜牧业良种繁育、标准化生产、产业化经营和动物疫病防控水平等全面升级，引进了二商集团30万口生猪养殖、青青草元10万亩紫花苜蓿和肉牛养殖、飞宇30万羽肉鸽养殖等项目，有力地促进了养殖业向园区化、规模化、标准化、集约化方向发展。截至2016年底，全市家畜存栏达到52.6万头（只），其中大畜存栏4.2万头（奶牛1.03万头），小畜存栏41.9万只（基础母羊30.8万只），生猪存栏6.5万口，禽类存栏42.8万羽（只），全年出栏生猪21.4万口，出栏肉羊82万只，出栏禽类153万羽，鲜奶产量达到5.2万吨，肉类总产量3.8万吨。

农牧业经营体制和服务体系建设　坚持稳定农村土地承包政策和"依法、自愿、有序、规范"的原则，按照《丰镇市关于规范农村土地承包经营权有序流转的实施意见》，采取转包、出租、入股、互换和反租倒包等多种模式，全市土地流转面积达到22.53万亩，引进了绿康源生态农业有限公司、青青草元有限公司、金海农业有限公司、田创公司、中泰华丰农业有限公司等一大批农牧业龙头企业，创建自治区级示范合作社3家、乌兰察布市级16家、认定完成家庭农场40个，这些龙头企业和专业合作社已成为引领示范现代农业发展和农牧业产业化发展的中坚力量，通过土地流转等方式，不断完善企业、基地、农户之间的利益联结机制，构建起以合作经济组织为基础，龙头企业为骨干，多层次、多形式、多元化的新型农业社会化服务体系，提高组织化程度，促进了现代农业的快速推进。

注重加强农牧业科技服务体系建设 根据"围绕中心抓切入、突出重点抓示范、依托项目搞服务"的思路和原则，大力推广喷灌、滴灌、高垄栽培、水肥一体化、测土配方施肥、北方温室越冬保温、有机蔬菜生产、甜菜直播等30多项新技术，引进马铃薯、玉米等40多个优势作物新品种，探索出"股份合作"和"技术入股"两种科技特派员长效化科技服务模式，建立起5个农牧业科技示范基地，通过基地带动和新品种、新技术的示范推广，提高了农民科技素质，培育了一大批高产示范典型，辐射了一大批先进科技农

户，平均增产 10% 以上，取得了明显经济效益。

新农村建设　认真落实"生产发展、生活宽裕、乡风文明、村容整洁、管理民主"的要求，结合美丽乡村和小城镇建设，不断增加农村基础设施投入。积极发展巨宝庄、隆盛庄、红砂坝、黑土台、三义泉等基础条件好、人口相对集中的中心集镇建设，逐步将自然条件恶化、水源缺乏、交通不便的自然村进行整合，形成以中心集镇发展为主、小村整合为辅的新农村建设格局。五年累计投入资金 20 多亿元，基本完成了 5 个中心集镇、91 个行政村所在地、425 个自然村的建设任务，并同步实施了 30 户以下的 192 个小村撤并工作。积极推广农户使用沼气、太阳能等清洁能源，全面实施"四清、四改、五化"工程，加快农村医疗卫生和公共文化服务网络建设。通过"美丽乡村""小城镇建设"等措施，有效地补齐了农村基础设施、公共服务等落后的发展现状，惠及农民 10 万多人，改善了农民生产生活条件，加快了新农村建设步伐。同时，结合"万村千乡市场工程"，全市建成农家店和农村便民连锁超市总数已达 500 多家，乡村覆盖率达到 95% 以上，城乡网点布局结构逐步趋于合理化，极大地繁荣了农村消费市场、改善了消费环境、方

便了群众生产生活。

精准扶贫 丰镇市既是内蒙古自治区扶贫开发重点市又是革命老区市，是内蒙古自治区和乌兰察布市确定的2016年"脱贫摘帽"贫困县。中央发出打赢脱贫攻坚战的动员令后，丰镇市委、市政府把打赢脱贫攻坚战作为践行共享发展理念、实现第一个百年奋斗目标的最大政治任务和头号民生工程来抓，按照供给侧结构性改革补短板的任务要求，全力开展精准扶贫、精准脱贫工作，认真落实"六个精准""五个一批""四个清"的工作方法，最大限度地挖掘、整合、利用好有限的资源和力量，做到了底数清、扶持谁，责任清、谁来扶，办法清、怎么扶和措施清、如何退。截至2015年底，丰镇市符合国家标准的建档立卡贫困人口共计5025户10786人。其中因病致贫4011人，占贫困人口37%；因残致贫308人，占贫困人口2.9%；因学致贫732人，占贫困人口6.8%；因灾致贫505人，占贫困人口4.7%；因缺乏技术致贫430人，占贫困人口4%；因缺资金致贫2578人，占贫困人口24%；因自身发展不足致贫984人，占贫困人口9%；其它原因致贫1238人，占贫困人口11.4%。

面对艰巨的扶贫任务，丰镇市委、市政府及时调整充实了由市委

书记任组长，政府市长任第一副组长的领导小组，全面强化对脱贫攻坚的组织发动、宣传落实，明确不脱贫不摘掉贫困县帽子，市乡党政正职不得离岗提拔。建立了市级领导包乡镇、市直单位包村、干部包户制度，为90个行政村选派了由后备干部组成的驻村第一书记和市直科局主要负责人任队长的精准脱贫工作队，包括乌兰察布市级下派包扶干部在内，共抽组2719名干部结对帮扶全部贫困人口，做到了"帮困不漏户、户户见干部"，以"干部脱皮"换取"群众脱贫"。

在具体扶贫措施上，丰镇市委紧紧围绕贫困人口致贫原因、贫困类型等，主要采取"一人一策、一人多策"的扶贫措施，形成脱贫攻坚"1+N"的配套政策，大打政策组合拳，呈现出"1+1>2"的脱贫成效，全力实施"十项重点扶贫工程"。一是"三到村三到户扶贫"工程。从2014年开始在50个重点贫困村实施了贫困村基础设施建设、产业扶持、生态脆弱地区移民扶贫工程、金融富民工程5个方面的项目。2016年又对2014、2015两年已脱贫的贫困户采取种养殖技术指导、生资圈舍补贴、金融富民工程贷款支持、加入农业合作组织等措施，继续滚动扶持"扶上马、送一程"，

确保持续稳定脱贫。二是"美丽乡村"建设工程。2014 年到 2016 年，投资 17 亿元，改造危房 11000 户，硬化道路 952.2 千米，解决了 128 个自然村群众的安全饮水问题，建成标准化卫生室 83 个，建成文化活动室 91 个，建成便民连锁超市 138 个，安装"户户通"16000 套，完成村村通电及农网改造升级工程，为 9.8 万人次提高养老保险标准，为 19478 人次发放高龄津贴，彻底整治村庄村容村貌，解决了贫困户住房安全、饮水困难、出行难、院落老旧等突出问题，极大改善了农村基础设施，夯实了农村基本公共服务基础，城乡差距进一步缩小。三是产业扶贫工程。对于生产条件好、有开发潜力的贫困地区及有劳动能力的贫困人口，按照"龙头带动与自我发展相结合"的原则，充分发挥扶贫龙头企业在贫困地区的辐射带动作用，着力构建与贫困农户的投入、产品保护价收购等利益联结机制，形成扶贫龙头企业参与脱贫攻坚工程的格局，真正发挥出龙头的带动作用，通过改善生产条件、发展特色农牧业，不断增加收入，促进贫困农户稳步增收。四是生态扶贫工程。坚持扶贫攻坚和生态建设相结合，对浑源夭乡、元山子乡、官屯堡乡等天然林区和其它生态脆弱地区通过聘用护林员 250人，增加工资性收入实现脱贫，工

资每人每年6000元。五是小村整合与易地扶贫搬迁工程。承接上级易地搬迁脱贫项目和资金，与"美丽乡村"建设工程相结合，坚持群众自愿、积极稳妥的原则，通过改善其住房和水、电、路等基础设施条件，促进贫困人口均等享受教育、卫生、文化等公共服务，从根本上扭转贫困人口起点低、发展空间狭窄、收入低下的状况。截至2016年底，累计实施易地搬迁1829户、3938人。六是社会保障兜底扶贫工程。加强社会保障工作与扶贫攻坚工作有效衔接，对全市60岁以上以及因残因病丧失劳动能力的人进行社会兜底脱贫。2016年已将应保的4408人纳入社会兜底保障范围，其中低保879人，每人每年3600元，现金直补3529人，每人每年2600元。七是金融扶贫工程。以金融扶贫富民工程信贷支持为手段，重点围绕扶贫项目开展金融扶贫服务，让有发展意愿和劳动能力的贫困户都能得到3000到50000元的扶贫贷款。截至2016年底，已享受金融扶贫富农贷的有4113户，其中贫困户1313户，贷款资金2657万元。此外，再加上教育扶贫、劳务输出扶贫、健康扶贫等措施，全市2016年末共脱贫3180户、6544人，实现了"一收入、两不愁、三保障"的脱贫目标。同时，为了保证贫困户持续稳定脱贫，按照"扶上马、送一程""脱贫不脱政策"的要求，制定了2017—2019年三年滚动扶持计划，按照包扶队伍不散、任务不变的要求对2014年以来所有建档立卡贫困户以及返贫户全部予以不间断的扶持，使其能够稳定脱贫，积极落实三年滚动扶持计划，确保2017年底使贫困户实现全面稳定脱贫，如期全面建成小康社会。

第三产业

丰镇市区位优越、交通便利，商贸行业自古就比较发达，历史上就是一个重要的商品集散地和晋商通往蒙古、俄罗斯的主要通道，素有"塞外古镇""商贸客栈"之称。

人民共和国成立初期，丰镇的商户不下几百家，20世纪50年代，大小商号响应国家号召，走上了公私合营的道路，为恢复国民经济作出了积极贡献。改革开放后，一些中青年秉承了父辈经商的优良传统，用国库券、铜火锅、铜酒具交易，大胆地走向全国，特别是华东地区的

铜制品

丰镇市第三产业起步于较早的商业贸易，商业贸易从清末就逐步发展成开放型，晋冀京津等地客商纷至沓来，由于忻州和朔州客商特别多，并且大部分逐渐在丰镇定居，时称"小忻州"。民国时期，特别是平绥铁路通车后，丰镇的商业贸易繁荣昌盛，与归绥和包头齐名，成为塞外三大贸易重镇之一。中华

上海、苏州、杭州、无锡、常州一带，他们带回的不仅是当时稀缺的紧俏商品，也带回了市场信息和发展资金，搞活了一方市场，促进了商业贸易的发展。

进入21世纪，在工业经济崛起的带动下，丰镇市第三产业迅速发展，金融、信息、房地产等现代服务业逐步兴起。特别是"十一五"

以来，丰镇紧紧抓住产业结构调整的有利时机，大力实施"流通活市"发展战略，把第三产业作为经济增长和增加居民收入的着力点来抓，按照大力发展新型服务业、着力培育现代服务业的思路，认真贯彻内蒙古自治区出台的60条优惠政策，加快推进以现代物流、商务信息、金融服务等为主的第三产业发展。充分发挥丰镇市晋煤和准煤外运汇集地这一优势，大力发展以煤炭转运为主的运输业，全市煤炭运销企业达40多家，年创税收达5000万元。建设了温州步行街、马桥街再就业市场、万人商厦等商贸流通服务场所，构筑了商业核心区；新建了晶鼎国际酒店、丰缜大酒店等星级宾馆，大大提升了丰镇市餐饮和接待水平。充分挖掘、整合丰镇市红山林场、古民宅、古寺庙等旅游资源，改善旅游基础设施建设，塑造自然和人文景观。大力发展邮电通讯、金融保险、信息中介、房地产等现代服务业，拉动了第三产业的快速发展，加快了传统服务业向现代服务业的转变步伐，使服务业真正成为发展县域经济的增长点，促进城乡就业，实现群众增收。到2010年底，第三产业在GDP中的比重超过了30%，全市从事餐饮服务、商贸物流、金融保险等优势服务业的企业和个体工商户约1万户，第三产业增加值达到36.5亿元。

"十二五"以来，丰镇市坚持商贸兴市战略不动摇，按照市场化、专业化、社会化方向，改造提升商贸物流业、餐饮住宿业、旅游业等传统服务业，积极发展金融保险业、信息中介业等新兴现代服务业，形成适应全市经济社会发展的现代服务产业体系，进一步提高服务业占国民经济的比重。第三产业比重占到全市经济总量的35%，社会消费品零售总额达到34亿元，是2010年的1.8倍，年均增长12.5%。

商贸物流业 立足丰镇市处于京津冀晋、呼包鄂四小时经济圈的区位交通优势，加快了物流园区的建设步伐。五年累计实施商贸物流项目19个，总投资42.9亿元。重点发展了投资2.88亿元以丰镇月饼加工销售和农贸市场为主的食品产业园，投资5亿元可容纳500家商户的金牛建材城，投资4.8亿的元久福商业城，投资5亿元年吞吐1000万吨煤炭运销的红砂坝煤炭物流园区，投资15亿元年交易量105万吨以仓储货压和电子交易平台为主的中铁尚卿铁合金物流园，投资7.1亿元以大型购物中心、金融街、餐饮街为主的凯帝斯商业广场，现代物流业初具规模，逐步形成辐射新区和工业园区的商贸网络。

餐饮服务业 在原有晶鼎国际酒店、丰镇大酒店、丰镇宾馆、满都拉不夜城等大型酒店和娱乐场所的基础上，先后建设了王府国际酒店、聚阳商务酒店、金地假日酒店、

提升了餐饮等服务业的产业层次和档次。截至2016年底，全市从事餐饮服务等产业的个体工商户和企业达9500多户，从业人员近3.7万人，年产值达18亿元左右。

旅游业 市境内的旅游景点有

国宾豪美酒店等星级大型酒店。重点发展了，投资3.1亿元集购物广场、商务酒店、休闲健身等为一体的峰宇国际广场，投资1.2亿元集文化馆、体育馆、科技馆、青少年活动中心、城市展览馆于一体的科技文化服务中心等项目。同时，不断鼓励和引导餐饮服务企业深入挖掘丰镇市的餐饮文化积淀，在装修改造、菜系推新、接待服务等方面，突出地方特色，塑造餐饮服务品牌，有力地

多处，古迹有明长城遗址、南阁、牛王庙、金龙大王庙、隆盛庄清真寺、古民宅等历史文物景点等，其中明长城遗址被列为国家文物保护单位，南阁、灵岩寺和金龙大王庙被列入自治区级重点文物保护单位；自然景观有红山林场旅游区、蛤蟆石沟生态采摘园、小南梁绿色生态旅游区、饮马河绿色文化长廊、巨宝庄水库等多处；革命遗址有中共绥蒙区党政军驻丰旧址、贺龙元帅

明长城遗址

谈判驻地等 3 处以及元山子乡建成的革命历史陈列馆和民俗展览馆；人文景观有丰镇老城、古镇隆盛庄、人民公园、北山公园等多处。隆盛庄镇被列入全国首批传统村落和第六批中国历史文化名镇；隆盛庄庙会从清同治六年（1867 年）创办满隆社开始，至今已有 150 年的历史，隆盛庄庙会、四角龙舞和隆盛庄月饼系列干货制作工艺被内蒙古自治区列入非物质文化遗产名录。通过建立政府主导、市场运作、社会参与的投资开发机制，借助隆盛庄镇被列入全国首批传统村落和历史文化名镇的重要机遇，完成了《隆盛庄镇历史文化名镇保护利用设施建设规划》，建设民俗文化博物馆 1 处，保护修缮清真寺、南庙、明长城遗址和部分古四合院，打造晋商"走西口"第一站文化特色，形成古文化观光旅游线路；加大元山子乡红色革命旅游的宣传力度，开发红色旅游线路；加大红山林场旅游资源开发力度，力争注册完成"黄石崖"商标，全力建设红山狩猎场、滑雪场、饮马河风景区等景点，形成休闲娱乐旅游线路；着手开发巨宝庄水库、沿淖沟水库、蛤蟆石沟、八棱山生态区等自然景观，形成绿色生态旅游线路；加快投资 5 亿元的蒙古文化风情旅游基地建设进度、争取丰镇古街景恢复项目开工建设，增加丰镇特色旅游要素，推进旅游业的快速发展。同时，充分利用蒙晋冀（乌

大张)长城"金三角"区域合作机制，加强与北京、张家口、大同等地的旅游线路、旅游活动、旅游要素的对接，加大丰镇旅游品牌的宣传力度，不断提升丰镇旅游的知名度，打造内蒙古自治区南部"旅游窗口"及"乌大张"地区重要旅游节点城市。

特色产业和新兴服务业 丰镇月饼制作古来已久，在北方地区久负盛名，逐渐形成了"丰镇月饼"特色品牌，2015年"丰镇月饼"成功注册地理标志证明商标。为促进"丰镇月饼"这一特色优势产业发展，政府投资2.88亿元建成了集月饼、糕点加工、包装、销售及油脂深加工于一体的大型食品产业园，园区内已入驻月饼、油脂、油料等食品加工企业19户，为月饼产业的进一步发展壮大搭建了良好的载体和平台。2014年，园区内的月饼博物馆建成投入使用，体现并记载着丰镇260多年月饼文化发展历程，也为"丰镇月饼"走出全区、走向全国缔造了一张精美的"丰镇名片"。成立的丰镇市月饼协会，以行业协会的形式，促进企业加强自律，维护行业良性发展。截至2016年，已有18家丰镇月饼生产企业获得了QS国家产品质量认证和商标注册。"十二五"期间，"丰镇月饼"产业年可实现销售额3.2亿元，利税1800万元，月饼加工销售旺季可解决就业7000多人，并拉动全市餐饮、住宿、物流产业的发展。同时，丰镇市的社区服务、金融保险、信息中介等新兴服务业快速推进。全市注册家政服务业6家、中介服务业7家、租赁服务业13家、娱乐服务

业42家；2012年包商银行入驻丰镇市，至此，有9大银行、10家保险业、3家小额贷款公司和担保公司驻市，形成了以中国人民银行为核心，以国有商业银行为主体，其它金融机构并存的金融体系；电信、移动、联通、网通、铁通5大通讯体系覆盖城乡全境，现代新兴服务业不断趋于完善，服务于经济社会发展的能力显著增强。

专业市场建设 全市已形成了农贸、月饼、木材、二手货交易等10多个专业市场。煤炭运销市场占地面积23.4万平方米，可容纳30多家经营者；五彩食品加工销售农贸产品批发市场占地面积6.5万平方米，年营业额近5亿元；以温州步行街、华大商厦为代表的商铺已达2000多家，从业人员近1.1万人，年营业额逾34亿元；以华大超市、喜红超市、百姓超市为代表的日用品超市168家，从业人员3200多人，年营业额达3.8亿元；改造提升了马桥街农贸市场、商城农贸批发市场，建设了大西街回迁安置综合市场、粮库综合市场，极大地为居民的生产生活创造了方便条件。

社会建设

美丽富饶的新丰镇，在加快经济发展的同时，全面推进各项社会事业和民生工程建设，人民充分享受到了改革发展带来的成果和实惠。

改革开放以来，丰镇市各项社会事业全面发展，社会面貌发生了翻天覆地的变化。"十二五"末，全市城镇居民人均可支配收入和

温州商业街西门

农民人均纯收入分别达到 23750 元和 10166 元，分别是 2010 年的 1.6 倍和 1.8 倍，年均增长 11.1% 和 12.7%。

教育事业长足发展 "百年大计，教育为本"。改革开放近 40 年来，丰镇市教育事业稳步推进，师资队伍建设、学校建设、办学能力和教育教学水平等各方面都有了显著加强和提升。特别是"十二五"以来，丰镇市按照优先发展、育人为本、改革创新、提高质量的要求，坚持以素质教育为核心，深化教育教学改革，落实教育惠民政策，促进了教育事业的全面发展。一是各级各类教育协调发展。幼儿教育方面，全市共拥有幼儿园 20 所，其中农村幼儿园 13 所，形成了以公办为主、社会力量并举的多元化办园格局。学龄段幼儿入园率达 100%。义务教育方面，全面落实国家"农村牧区义务教育经费保障机制"和"两免一补"政策，严格执行国家课程标准，切实减轻中小学生课业负担，全市小学、初中适龄儿童入学率达 100%，小学巩固率 100%，初中在校生年辍学率控制在 1.2% 以内。普通高中教育方面，坚持以立德树人为核心，以教育教学改革为契机，大力推行"以学生为主体、以教师为主导"的教学新思路，注重体现学生在课堂教学中的主体地位，逐步培养学生的自学能力，从而提高教学质量。2016 年丰镇一中本科上线率达 75%，在全市同类学校中排名第一。特别注重音体美特色发展，2016 年获乌兰察布市初中女子足球冠军，被内蒙古自治区体育局命名为"内蒙古足球学校"和"内蒙古青少年体育俱乐部"。职业教育方面，秉承"以服务为宗旨，以就业为导向"的办学理念，瞄准市场办学，开设了烹饪、焊接、工艺美术、计算机、

丰镇市第一中学

财会等专业，其中烹饪专业被认定为内蒙古自治区精品专业，近1万平米的职中新办公楼和实训楼也已投入使用，办学条件得到进一步改善。民办教育发展特色明显，全市现有丰华、育贤、航天三所民办学校，就读民办学校的中小学生达4500人，民办教育是丰镇市教育事业浓墨重彩的一笔，使丰镇市的公办与民办教育均衡统筹发展并提升了教学质量，走在了乌兰察布市的前列。二是加强师德教育，从严"两支队伍"管理。以专业化专家型发展为目标，对校长队伍进行轮流竞聘上岗，强化校长队伍建设。制定出台了《丰镇市教职工请销假若干规定》《关于借调到外系统教师管理的规定》《关于公派公办教师扶持丰镇市义务教育阶段民办教育的意见》等相关规定和制度，有效规范了教师队伍的管理，理顺了教师队伍秩序。"十二五"期间，公开招聘全日制硕士研究生31名、本科生15名，优化了教师队伍结构，提升了教师队伍层次。采取"走出去、请进来""丰镇教育大讲堂"等方式，切实加大对教师队伍的培训力度，中小学师资队伍素质不断提高。2016年，教师学历合格率小

学为99.52%、初中为98.31%、高中为89.59%。一大批优秀教师脱颖而出，形成了一支国家、内蒙古自治区、乌兰察布市、丰镇市级不同层次的骨干教师队伍。其中获全国优秀教师1名，自治区级优秀教师4名、优秀辅导员7名、骨干教师34名，乌兰察布市"十佳教师"1名、"十佳师德标兵"2名、名师28名、优秀教师90名。三是稳步推进课堂教学改革。先后派出1100多人次教师、50多人次校长，去山西太谷、安徽铜都、山东杜郎口、包头市以及临

北山体育场

近旗县学习先进课改经验，并请这些地区的课改专家和优秀教师来丰镇市传经送宝，成功引进山西太谷"24字教学法"和安徽铜都课改经验，按照"精讲多练""突出学生的主体地位""变讲堂为学堂"的课改思路，积极推进全市的课堂教学改革，并取得明显成效。2015年，

在乌兰察布市首届课堂教学改革好课堂大赛中，丰镇市取得小学团体第二、初中团体第一、高中团体第四、团体总分第一的好成绩；参赛的19名选手中，获得特等奖3名，一等奖11名，二等奖5名。四是办学条件不断改善。近年来累计投入2.6亿元用于校安工程、校舍改造、教学设施配备等建设，使全市学校的校容校貌和办学条件得到极大改善，实现了教育均衡发展。同时，认真落实校园安全制度、措施，落实了安全责任制，构建了层层负责、纵向到尾、横向到边的安全管理格局。成立了校园保卫大队，建设了校园公安警务室，建起了丰镇市青少年禁毒教育基地，规范运营了校车公司，校园安全管理工作成效明显。五是大力开展教育民生工程。2016年，共受理贫困大学生助学贷款1736人、贷款金额1154.9万元；筹资2211.5万元资助1340名低保家庭和困难家庭学生，为困难家庭学生顺利完成学业提供了保障。同时，通过结对帮扶、红十字会扶助以及爱心人士的帮助，加强了对留守儿童和"三残"儿童的关爱。特别是加大了与北京市朝阳区教育工作的对口帮扶，在教育理念、办学能力、办学条件、教学水平等方面开展了一系列的形式多样、扎实有效的帮扶活动，促进了丰镇市教育事业的全面进步。

积极推动科技创新 本着"围绕中心抓切入、突出重点抓示范、依托项目搞服务"的思路和原则，依据全市产业发展的总体需求，制定了"十一五""十二五""十三五"科技发展规划，在工农业科技服务方面努力开展科技创新工作，为全市经济社会持续健康快速发展起到了积极的科技支撑作用。一方面围绕奶牛、肉羊、马铃薯、蔬菜和饲草料五大主导产业搞服务。丰镇市在内蒙古自治区率先实行了科技特派员制度，制定出台了《科技特派员实施方案》和《考核管理办法》，设立了科技特派员专项经费，鼓励科技人员走出机关、走向市场，以技术入股、创办公司，采用有偿服务等多种形式与企业、合作社、园区、农户结成利益共同体，风险共担，利益均沾；在科技特派员制度的实施过程中，加快了乡土人才队伍的建设，落实乡土人才也可聘为科技特派员的政策，每年在科技人员和乡土人才中选聘农牧业类科技特派员50名，培养乡土人才500多人作为全市实施的重点科技项目的主力。在科技特派员的带动下，近年来累计引进50多个农牧业优良品种，成功推广了良种羊胚胎移植、肉牛肉羊杂交改良、饲草玉米青贮、礼品西瓜和南瓜的二元嫁接、机械化耕作、高垄栽培、膜下滴灌、测土配方施肥、生物防控等 30 多项农牧业新技术，促进了农业增效、农民增收。2006 年，丰镇市承担实施了国家科技部 UNDP（联合国开发计划署）科技特派员项目，作为全国的 30 个试点县市之一，率先在全国对市场经济条件下的农村科技服务机制模式进行了探索。丰镇市培养使用乡土人才的做法在全国性会议上进行了介绍推广。另一方面在服务工业项目上取得新突破。积极帮

助企业加强工业人才队伍的建设，引进高新技术人才，10 年来共引进博士生 5 人，本科生 50 多人，专科生 150 多人。注重工业科学研究工作。氟化工园区企业通过自主创新，先后有 8 项技术和产品获得了成果鉴定证书、国家专利证书，8 项科技成果也全部转化，有 2 个产品获得内蒙古自治区科技名牌产品。2012 年，由氟化工园区司林旭博士牵头进行的耐极低温度氟橡胶科研项目获得成功，并得到了国家科技部"863 计划"重大科技项目的支持。再一方面围绕劳动者生产技能，

在科普宣传和科技培训上实现创新。通过科技活动周、"三下乡"、科普宣传周、现场观摩培训等一系列活动，累计举办各类培训班 2000 余期，培训人数达 300 万人次，组织科技人员编印发放了《现代农民百科读本》《冷凉蔬菜种植技术手册》《奶牛肉羊实用技术手册》《马铃薯膜下滴灌种植技术手册》等各类技术手册 500 万多册，强化了对农民的科技培训，并有计划地对企业创新人才和技术骨干进行了培训，农民技术员、科技带头人、企业技术骨干等技术型人才逐年增加；先后组织企业、合作社和科技特派员积极争取国家和自治区的各类科技项目 30 多个，争取科技项目经费 2000 多万元，推进全市工农业的科技创新，科技成果显著，科技贡献率明显提升，连续三年被评为"科技特派员工作先进单位"，连续十年通过国家科技进步旗县考核。

高度重视卫生和人口计生工作

丰镇市顺应卫生计生职能重组机构改革的新要求，把卫生和人口计生工作列入重要议事日程，同部署、同落实。一方面坚持计划生育基本国策，提高出生人口素质，提升家庭发展能力，促进人口长期均衡发展。2016年末，全市总人口

344444人，其中，常住人口247955人，流出人口96489人，出生人口783人，出生率为2.3‰，持续保持低生育水平。深化服务，把免费优生健康检查作为为民办实事项目之一，稳步有序开展"国家免费孕前优生健康检查项目"。关注民生，完善利益导向政策体系。全面落实国家奖励扶助等"三项制度"，继续加大"吉祥草原惠民计生行动"的落实力度。全市有奖励扶助对象790人，特别扶助对象48人。对10户当年失独、伤残计划生育特殊困难家庭实施亲情关爱工程，每户一

次性分别给予1万元和8000元精神慰籍费；为1803名0—14周岁"三民"独生子女加入爱心保险；独生子女父母奖励费全部通过"一卡通"形式进行了发放。继续推进"一杯奶"生育关怀行动，享受"一杯奶"生育关怀994人。积极推进"新家庭计划——青少年健康发展"项目试点工作；认真贯彻执行计生法律法规，严格执行"七不准""四缓征""四公开"等制度，切实做好征收社会扶养费工作，切实维护育龄群众的合法权益。另一方面努力提高城乡医疗保障水平，强化医疗卫生工作。启动城镇医疗保险异地就医即时结算工作，城镇职工和居民门诊慢性病报销病种增加到30种，新型农村合作医疗实现常住人口全覆盖，新农合参合农民门诊慢性病报销病种增加到35种，慢性病和特种病门诊报销封顶线由1万元提高到1.2万元，大病报销封顶线提高到25万元。全面推进公立医院试点改革，改革公立医院补偿机制，调整医疗服务价格，取消药品加成；加快乡镇、村和卫生机构建设力度，健全市乡村三级医疗卫生服务体系，标准化卫生室达到村村全覆盖。积极引进承接北京地区医药、医疗保健器材

生产企业和项目，大力推进与北京朝阳区中西医结合医院、垂杨柳医院等5家医院建立远程医疗、专家会诊、人员培训、转院就诊等各种形式的合作，努力提升全市人民的健康水平。

其他社会工作不断完善　近年来，丰镇市牢牢树立"群众观念是第一观念"的思想，把社会保障和劳动就业工作作为改善民生重中之重来抓，在推进地区经济发展的同时，下大力气解决广大人民群众最关心、最直接、最现实的利益问题，财政每年用于社会保障、劳动就业等民生方面的支出占到总支出的一半以上。一是努力稳定和扩大就业，认真落实各项就业优惠政策，多渠道增加就业岗位，通过免费培训、公益性岗位、小额担保贷款等方法，年均安置城镇就业人员5000人左右，城镇登记失业率控制在3.9%以内，扶持自主创业2.5万人次，转移农村劳动力4万人左右。二是切实加强社会保障工作，不断扩大社会保障覆盖面。全市城乡居民社会养老、城镇医疗、失业保险参保人数分别达到13.2万人、9.3万和1.6万人。全面推行农村社会保障信息化服务互联互通，提高便民惠民整体水平；

完善城乡居民养老保险制度，做好企业退休人员基本养老保险待遇调整工作；继续推进各类社会保障提标扩面工作，尤其在农村为4万人提高社会养老保险标准，为7306人发放高龄津贴。提高城乡低保和五保供养水平，切实做到城乡最低生活保障动态管理下的应保尽保，五保对象集中供养和散居供养标准分别达到8000元和3850元，集中供养率达到50%以上。给予困难儿童和困境家庭儿童每人每月505元救助。三是加大保障性住房建设力度，开工建设公租房1600套，建设保障性住房8271套，完成农村危旧房改造

1万多户，幸福互助院5041户，逐步解决低收入群体的住房困难问题。四是全力维护社会稳定。紧紧围绕"平安丰镇"建设，抓好基础信息化、警备实战化、执法规范化、队伍正规化建设，严厉打击严重影响社会稳定的违法犯罪行为，坚决防止重

特大事件的发生。弘扬法治精神，加强法治宣传教育，在全社会营造知法、懂法、守法、用法的良好氛围。巩固完善食品药品安全监管体系，建设"食品药品安全城市"。建立信访工作长效机制，畅通群众诉求表达渠道，及时化解矛盾纠纷。严格落实属地管理责任，抓好重点行业、重点区域安全监管，有效防范安全生产事故发生。深入开展民族团结进步创建活动，推动社会全面进步。

道路交通建设"脱胎换骨"

"十一五"以来，全市完成公路建设投资 17.3 亿元，是"十五"时期公路建设投资的 5 倍，相继建成了 208 国道丰镇段、G55 高速公路丰镇段、呼阳公路丰镇段、云丰公路丰镇段、丰隆一级公路、土贵乌拉至麦胡图三级油路丰镇段和连接 8 个乡镇的通乡油路等路网建设。十多年来，丰镇市的公路建设发生了翻天覆地的变化，昔日的羊肠小道，如今已成大路通衢，昔日的背扛肩挑乘车难，如今滚滚车轮遍城乡，基本形成了以市区为中心，以京包大准铁路、G55 高速公路、208 国道和即将建成的 512 国道（原呼阳省道）为骨架，以县乡公路为沟通的四通八达的交通运输网络。截至 2016 年末，全市境内通车里程达 1202 千米，拥有公路 31 千米，乡镇通油路率 100%、行政村通路率 100%、自然村通路率达 88%，实现了"公路通、百业兴"。日新月异的交通事业对经济拉动作用明显增强，实现了"人便于行、货畅其流"的交通运输发展目标，极大地带动了运输业的蓬勃发展。全市客货运输经营户增加到 3700 户，客运线路增加到 30 多

条，客运班车直达呼和浩特、包头、东胜、北京、太原、石家庄等大中城市。2015年，年客运量达260万人、客运周转量达14100万人千米；年货运量达1200万吨、货运周转量达21350万吨千米，客运量、客运周转量、货运量、货运周转量分别比"十五"时期增长了82.6%、83.5%和88.3%、89.7%，交通运输事业步入自治区先进行列。

文化建设

随着改革的进一步深化，丰镇市的文化建设与经济建设、政治建设、社会建设、生态建设协调发展，大文化的构建绽放出更加灿烂的光彩，为建设北疆亮丽风景线做出了重要贡献。

文化是民族的血脉，是一个地区的灵魂，承载着广大人民群众的生命力、创造力和凝聚力，而文化基础设施建设是地方文明程度的体现和繁荣富裕的标志。

丰镇市委、市政府历来非常重视文化建设，在突出抓好经济建设和民生问题的同时，始终把文化建设作为促进社会发展、提高软实力的一项基本工作来抓，特别是近年来，丰镇市将文化活动基础设施建设纳入城乡建设规划中，先后建设了新区广场、北山公园、人民公园、滨河公园等7个文化广场，总建筑面积达55万平方米；扩建了文化馆、会演中心、体育场等一大批文化基础设施，为群众文体活动的蓬勃兴起提供了有效平台。全市建成乡镇综合文化站8所、草原书屋83个，实现了公共文化服务全覆盖；农村广播电视"村村通""户户通"工程覆盖率100%。值得一提的是，2013年，市委、市政府本着"唱

响城市文化名片，着力打造城市文化气息"的理念，充分挖掘地方特色、民族特色、地域文化特色，投资 3200 万元，在新区以高起点建设了集规划展示、科普教育、旅游宣传、招商引资、信息查询、廉政教育等多功能为一体的综合性城市规划展览馆。展馆建筑面积 4600 平方米，共分两层，其中一层展厅主题为"活力之城"，主要由历史文化展区、建设成就展区、产业发展展区、廉政教育基地等组成；二层展厅主题为"魅力之城"，由序厅、总体规划展区、总体规划智能模型、乡镇风貌展区、5D 影院组成。展览馆的建成，不仅是展示丰镇城市形象的一个重要窗口，也是市民和游客了解丰镇、关注丰镇、走近丰镇的生动教材，是丰镇对外宣传的"金

名片"和展示丰镇形象的"会客厅"。同时，投资 2000 万元，在食品产业园规划建设了建筑面积约 1500 平方米的月饼博物馆，是一座以月亮、中秋、月饼为主题，通过艺术品定制为展览方式的特色博物馆，包含一个序厅和六个主展厅。全馆收藏展示了几十位艺术家近五十件不同主题的定制艺术品，艺术品形态类型丰富，涵盖了传统艺术、民间手工艺、现代艺术及多媒体艺术，整个博物馆的展览体现并记载着丰镇二百多年历史的月饼文化发展历程，同时也为"丰镇月饼"走出全区、走向全国缔造了一张精美的"丰镇名片"。与此同时，丰镇市非常重视文化遗产的传承保护和开发，围绕西口文化对古寺庙、古城堡、明长城的"三古修复"，加大市井文化开发力度，建设了占地面积 5000 平方米的古玩市场，进一步助推丰镇市文化产业发展。

加强文艺创作，是提高文化质量产品的重要途径。丰镇是草原文化、农耕文化和晋商文化的结合地带，文艺题材丰富，近年来，丰镇市文艺工作者抓住浓郁的时代气息

和地区特色，秉承为人民服务、为社会主义服务的"二为"方针，文艺创作异彩纷呈，全市文艺性刊物有《丰镇文艺》《丰川诗苑》，两个文艺主阵地成为全市广大文艺工作者创作的平台。《丰镇文艺》作为综合性刊物每年发表区内外及本市作者的作品达300余篇，创作体裁包括小说、散文、诗歌、文学评论、书法、美术、摄影作品等，该刊物已交流到内蒙古自治区各盟市及周边的晋冀和广东、深圳等地，每年来丰的文艺团体达10多个，文化交流日益活跃。《丰川诗苑》作为古诗词创作的艺坛，其会员有200多人，其中中华诗词学会会员30多人，刊物交流到全国各地。个人文艺专集出版也丰富多彩，近年来个人文艺专集出版了20多部，其中长篇历史小说《草莽惊雷》获内蒙古自治区出版社编辑奖和乌兰察布市"五个一工程"奖；由中国作家出版社出版的诗词合集《三友吟》获乌兰察布市"五个一工程"入选奖；由中国文联出版社出版发行的长篇电视小说《魂断古镇》获乌兰察布市"五个一工程"优秀作品奖；东路二人台《真情》荣获内蒙古自治区"五个一工程"奖；

微电影《手艺》获内蒙古网络剧微电影大赛三等奖，这些精品创作，不仅丰富了群众的文化家园，而且进一步扩大了丰镇市的影响力和知名度。同时，历史文化挖掘工作取得新进展，隆盛庄镇被国家住建部、文化部、财政部评为"全国历史文化名镇"，由清华大学美术学院的几位教授创办的"画家村"也落户隆盛庄，成为辐射周边地区文艺创作的中心。丰镇文艺创作正处在发展的繁荣期，一个百花齐放的文艺春天正在到来，作为建设文化大市的组成部分，文艺创作也必将为全市文化事业的大发展注入新活力。

把社区广场文化作为建设文化大市的重要内容，以满足人民群众精神文化需求为出发点，大力开展以"文化进社区""三下乡"等为主的群众性文化活动，社区文化、机关文化、企业文化蓬勃发展。重

新组建了乌兰牧骑，并公开招聘22名一专多能优秀演艺人才充实到演艺队伍中，丰镇市乌兰牧骑晋升为自治区乌兰牧骑一类单位。与此同时，职能部门因势利导，派专业人员进行指导、培育业余文体活动带头人，成立了群众广泛参与的武术、篮球、乒乓球、象棋、书画、京剧等15个业余文体协会，组建了夕阳红秧歌队、舞蹈队、老年剧社、文艺表演队、健身操队、老年门球队、武术队等数支业余文化活动队伍，经常性地开展文化下乡和文化进社区活动，赛事不断。每年组织开展春节文艺晚会、节日庆典活动、社区老年文体活动、街头文艺表演、社区文艺汇演、全民健身操表演、全市体育运动会、书画展、歌咏比赛、

爱国主义优秀影片展映、广场艺术节等丰富多彩、形式多样的群众性文化活动，极大地丰富了群众的文化生活。尤其是正在兴起的夕阳红秧歌队、舞蹈队、老年剧社、木兰拳等数支业余文化活动队伍，更成为城市一道亮丽的风景，2010年在上海举办的"迎世博"友好城市木兰拳精英赛中，丰镇市作为自治区唯一一支队伍参赛，并取得了二等奖的优异成绩；京剧家协会是全乌兰察布市内唯一的京剧群团组织，协会与大同、张家口等地的京剧票友有着密切的联系。随着城市文化元素构成的多元化，广场文化和社区文化精彩纷呈，在新建成的多处中心广场内，晨练者或在音乐声中翩翩起舞，或剑光闪烁。社区文艺爱好者组成的文艺演出队经常活动于社区每个角落，二人台、晋剧表演为辖区内群众送去了欢乐，"文化丰镇"的足迹无处不在。

丰镇市始终把文化环境作为创建文明城市的重中之重。深入开展"文明社区""文明村镇""文明生态村""文明行业""文明窗口""文明单位""百家诚信企业"等群众性精神文明创建活动和主题创建活动，全市创建各级文明单位87个、文明生态村29个、文明社区12个、文明行业示范点6个，其中全国文明单位1个、区级文明单位8个、乌兰察布市文明单位31个。进一步深化公民基本道德规范教育，引导群众

积极践行《市民文明公约》和《乡规民约》等日常行为规范，"富强、民主、文明、和谐，自由、平等、公正、法治、爱国、敬业、诚信、友善"的社会主义核心价值观深入民心，全市公民的文明水平不断提高。

政治建设

丰镇市始终突出政治建设，着力营造风清气正、团结和谐、干事创业的浓厚氛围，凝心聚力建设美丽富饶新丰镇。

推进改革发展核心在党，关键在人。丰镇市按照"党要管党、从严治党"的要求，深入贯彻落实《中国共产党地方委员会工作条例》《中国共产党党组工作条例（试行）》、自治区党委"1+3"制度体系和乌兰察布市委"147"党建工作思路，扎实开展党的群众路线教育活动和"三

严三实""两学一做"专题教育，全面加强和改进党的建设，不断提升党的建设科学化水平，为推动全市经济社会各项事业发展提供了坚强保证。

加强思想政治建设，增强发展动力。巩固党的群众路线教育实践活动和"三严三实"专题教育成果，推进"两学一做"学习教育常态化，教育广大党员干部牢固树立正确的世界观、人生观、价值观，坚定理想信念，坚持政治定力，在思想上、政治上、行动上时刻与党中央保持高度一致。不断完善党委理论中心组学习、党校培训和干部在职自学制度，通过主题教育、专题讲座、"双休日大讲堂"等形式，引导教育广大党员干部树立重视学习、善于学习、终身学习的观念，真正把

学习作为一种政治责任，一种精神追求，一种生活方式，不断适应新形势、新变化，用开放的、前瞻的、统筹的思维去谋划发展、推进工作，切实提高驾驭全局的能力、贯彻落实任务的能力、处理利益关系的能力和推动发展的能力。

加强基层组织建设，构筑战斗堡垒。全市有基层党组织 447 个，其中党委 17 个、总支部 29 个、支部 401 个，有党员 10886 名，其中村民党员 3740 名，居民党员 1287 名，非公企业党员 426 名。以"六有十星双服务"为载体，全面推进农村、社区、机关事业单位、非公有制企业和社会组织等领域基层组织建设。加强农村基层组织建设，先后累计筹资 1500 万元，对 70 个村党支部的活动阵地进行了新建和改扩建，基层阵地明显改善，树立了马家库联村党支部、沙沟沿村党支部、东官村党支部等一大批农村党建新典型，探索形成了以马家库联村"支部+培训学校+园区企业"、巨宝庄村"支部+协会+公司+农户"和南瓦夭村支部建在专业合作社上等模式的大党建工作格局，并从全市机关干部中下派行政村第一书记 91 名，实现了村级组织的全覆盖，引领群众发展生产、推进新农村建设和脱贫攻坚的能力显著提高。社区组织建设稳步推进。到 2016 年，全市 27 个社区办公活动场所面积全部达到 300 平方米以上。积极开展"智慧社区"平台建设工作，不断巩固和深化"三有四化""六园一港""一

居一品"建设成果，零距离为居民解决实际困难，打通了服务群众"最后一公里"。机关党建以"六型十好"创建为重点和主抓手，着力提高机关服务全局、服务发展、服务群众的能力；非公有制企业和社会组织以开展"四好企业（组织）"创建为重点，按照"未组建促覆盖、已组建促规范、已规范促服务"的工作思路，着力扩大党的组织和党的工作覆盖，不断提高企业和社会组织的社会认可度和满意度。坚持民主集中制，各级党组织按照"集体领导、民主集中、个别酝酿、会议决定"的原则，建立健全了党组织议事规则、"三重一大"等决策机制，规范完善了决策程序，不断提高决策的科学化、民主化水平。

加强干部队伍建设，凝聚发展力量。牢固树立正确的用人导向，认真落实《党政领导干部选拔任用工作条例》，坚持德才兼备、以德为先的选人标准，注重从基层一线选拔干部，大力培养青年、妇女、少数民族人士和非党干部，真正把政治上靠得住、工作上有本事、作风上过得硬、群众信得过的好干部选拔上来。坚持党管人才，健全人才引进培养机制，积极营造吸引人才、尊重人才、留住人才、用好人才的社会环境，吸纳各方面的优秀

人才参与到丰镇建设和发展的各项工作中来。不断探索加强和改进党员发展、教育、管理的措施和方法，着力提升干部队伍素质。严格执行领导干部个人有关事项报告制度，深入贯彻执行中央八项规定和自治区党委、市委配套规定，大力整治形式主义、官僚主义、享乐主义、奢靡之风，着力推进干部作风转变，密切联系党群干群关系，牢固树立敢于负责、勇于担当的责任意识，大力发扬求真务实、真抓实干的优良作风，切实做到权为民所用、情为民所系、利为民所谋。

加强廉政建设，营造清风气正的政治生态。认真落实党风廉政建设主体责任，切实把党风廉政建设和反腐败工作纳入全市经济社会发展总体规划，同经济社会工作同部署、同落实、同检查。严格落实"第一责任人"责任，时刻把党风廉政建设记在心上、扛在肩上、抓在手上。各级党员干部严格遵守廉洁从政各项规定，深入落实中国共产党《廉洁自律准则》《纪律处分条例》《问责条例》，主动在思想上划出红线、在行为上明确界限，真正做到敬畏法纪、遵守规矩。加强对权力运行的制约和监督，强化制度的刚性约束，真正把权力置于阳光下运行。进一步完善"一查、二纠、三建、

四改、五教，以查促纠、以建促改、纠建并举、查改结合、警示教育"的纪律审查工作机制，严肃查处各种违纪案件，积极营造干部清正、政府清廉、政治清明、风清气正的政治生态。

加强党对人大、政协各方面工作的领导，汇聚干事创业的强大合力。积极支持人大及其常委会围绕全市改革发展大局依法履行职能，充分发挥人民政协政治协商、民主监督、参政议政的作用，建立"一事一议"协商民主机制和"两代表一委员"等常规工作制度。重视发挥工青妇等群团组织的桥梁纽带作用和工商联、无党派人士的优势作用，扎实做好老干部、民族宗教、党管武装等各方面工作，汇聚各方力量，共促丰镇发展。

生态建设

绿色是经济社会发展的共同梦想，丰镇市牢固树立"绿水青山就是金山银山"的生态文明理念，坚持生态立市、绿色惠民，建设美丽丰镇，守护好首都生态安全屏障。

"生态建设不仅事关人类生存的环境，同时也是经济社会发展的基础"，这是丰镇人民在经济建设实践中对生态建设的深刻认识。进入21世纪，丰镇市紧紧抓住国家实施西部大开发的机遇，大力实施退耕还林、京津风沙源治理等重点生态工程，把生态建设作为加快农村经济结构调整，加快畜牧业发展和增加农民收入的重要切入点，采取一系列行之有效的措施，举全力开展生态建设，实现了生态建设和经济社会的双赢发展。"十五"时期，

新丰大街

全市累计投入生态建设资金 2.28 亿元，生态治理总面积 132.3 万亩，占全市总土地面积的 38.8%，全市耕地总面积从 102 万亩减少到 75 万亩，绿化总面积从 8.25 万亩增加到 116 万亩，累计人工种草 63 万亩，其中见效的紫花苜蓿达 50 万亩，成为全区人工种植紫花苜蓿单位面积最大的旗县市。同时，切实加大禁牧舍饲力度，加强了林草管护，使生态得到了自然修复，进一步巩固和扩大了生态建设成果。

水利水保工程也稳步推进，农田水利设施得到明显改善。2005 年，新打机电井 60 眼，新增灌溉面积 1.73 万亩，节灌面积 2.04 万亩，水保治理面积 10 万亩，完成人畜饮水工程 4 项，解决了 1.1 万人、3.23 万头（只）畜的饮水问题。

生态建设是一项系统工程，科学规划是搞好生态建设的基础和前提。"十一五"时期，丰镇市把生态项目规划纳入全市经济发展的总体规划，与土地利用、农牧业区域布局、产业结构调整、扶贫开发等规划有机结合起来，最大限度地发挥生态建设的效益。在落实政策方面，严格兑现落实国家先后出台的一系列关于加强生态建设的政策文件，极大地调动了农民参与生态建设的积极性，为全面加强生态建设奠定了坚实基础。在规划建设方面，坚持抓质量出精品，始终遵循生态建设与畜牧业发展相结合、重点突出、因地制宜原则，将退耕还林草工程、京津风沙源工程、生态移民工程统筹规划，集中连片，同步推进。"十一五"末，全市的森林覆盖率达到 20.6%，林草覆盖率达到 45%。

紫花苜蓿

同时，生态建设促进了农村经济结构的调整，实现了由种植业主导型向畜牧业主导型转变，农民人均来自畜牧业的收入由 2005 年的 16%，提高到 2010 年的 66%，畜群结构由过去的黄牛、绵羊为主，调整为奶牛、肉羊为主，在此基础上伴随着一些草业、肉食品加工企业的引进，进一步延伸了农牧业产业链条，促进生态建设的效益转化，全市初步形成了生态建设—草业加工—奶牛寒羊养殖—科技改良—龙头企业带动的产业发展格局。

"十二五"期间，丰镇市紧紧围绕"生态立市"和建设内蒙古自治区园林城市的目标，坚持把生态立市和可持续发展作为推进全市经济社会发展的重大战略，采取一系列强有力的措施，统筹兼顾，强势推进生态建设。全市共完成京津风沙源治理 41.25 万亩，巩固退耕还林成果工程林业项目 13.778 万亩，植树造林 58.668 万亩；完成地方重点区域绿化 3.39 万亩，其中通道绿化 0.24 万亩、村屯绿化 0.15 万亩、厂矿园区绿化 1.5 万亩、城镇周边绿化 1.5 万亩；建设义务植树基地 1.75 万亩，全民义务植树 380 万株、四旁植树完成 230 万株。到 2016 年底，全市累计完成京津风沙源治理、巩固退耕还林成果等重点生态工程 143.44 万亩，林业用地面积达到 222.33 万亩、草地面积达到 185.13 万亩，森林覆盖率和林草覆盖率分别达到 24% 和 52%。

稳步推进集体林权制度改革 全面完成集体林权制度改革工作，林业产权发证总面积 194.37 万亩，其中商品林面积 12.77 万亩、公益林面积 171.6 万亩，全市共发放林权证 4.3 万本。全面加强森林资源管理和保护。严格贯彻执行国家林业局《全国林地保护利用规划纲要（2010-2020 年）》和自治区林业厅下达的各项控制指标，开展县域中长期林地保护利用规划，逐步推行限额用地和用途管制。全市凭证采伐率和木材凭证运输证合格率全部达到 100%，有效遏制了破坏森林资源的违法犯罪现象，保护了森林资源安全。

水利和水保工程建设 "十二五"时期，丰镇市进一步拓宽节水、治水、管水、兴水工作思路，扎实推进饮水安全工程、病险水库除险加固、中小河流治理、风沙源小流域治理等民生水利工程建设。投入资金 1.15 亿元，发展高效节水灌溉面积 5.24 万亩，实施农村饮水安全工程 244 处，解决了 7.1896 万人、5.2291 万头（只）牲畜的饮水困难问题；启动 2013—2017 年国家水土保持重点工程项目，投资 1496.87 万元，完成四座小型水库除险加固工程。城市水利建设方兴未艾，完成了饮马河综合治理工程、人民公园二期改造工

程人工湖建设等城市水利工程项目，这些工程项目的实施，不仅担负起蓄洪滞洪、削减洪峰的城市防洪重任，而且体现出了城市显山露水的风景带，提升了城市品位，改善了城市人居环境。同时，严格落实水资源管理制度，加强水资源开发利用控制红线管理，全面推进节水型社会建设。2016年末，全市工业取水量下降了7%，工业用水重复利用率达到60%以上。

环境保护　在新《环保法》颁布实施的新常态下，丰镇市以生态保护为主线，以污染防治为核心，大力加强环境监督管理力度。深入贯彻落实《国务院大气污染防治行动计划》《自治区大气污染防治行动计划实施意见（2013—2017年）》《乌兰察布市大气污染防治计划切实改善大气环境质量实施方案》文件精神，制定印发了《丰镇市大气环境综合整治实施方案》，重点完成了三家电力企业脱硝除尘脱硫改造和氟化工业园区矿热炉企业进行环境整治，实现了工业企业大气污染物达标排放。2016年末，全市主要污染物消减量分别为：COD 812吨、氨氮42吨、二氧化硫7228吨、氮氧化物19819吨，全面完成了"十二五"期间丰镇市的主要污染物减排任务。加大热力管网建设力度，城区热力管网基本实现全覆盖，供热燃煤锅炉全部拆除。依法妥善处置危险废物、医疗废物、工业"三废"，开展了农村畜禽养殖场污染治理和石材废弃物环境整治工作。按照《中华人民共和国环境影响评价法》和环保法律法规，严格执行建设项目环境影响评价制度和"三同时"验收制度，保证开工项目环评执行率达到100%。制定了《丰镇市饮用水水源地保护区划分方案》，设立了12个地下水长期动态监测网点，定期对3家发电厂、3个工业园区和污水处理厂等重点行业进行取样水质检测，对全市农村乡镇集中式饮用水水源地现状开展了全面调查，对已批准实施的城镇集中式饮用水水源地保护区3处（5眼水井），设置了地理界标、交通警示牌和水源地保护宣传牌，同时对水源地保护区范围内的河道采砂等违规行为下达整改通知，责令限期整改，确保全市饮水安全。

国土资源保护与利用　近年来，丰镇市认真贯彻落实国家关于国土资源开发保护与利用的一系列方针政策，依法保护开发利用区域内国土资源。修编了《丰镇市土地利用总体规划（2009—2020年）》，编制了《丰镇市矿产资源总体规划（2008—2015年）》，切实增强依法保护开发利用国土资源的执行力和约束力。全面落实耕地保护工作。为加强土地调控和坚守耕地红线，市政府与各乡镇签订了《土地管理和耕地保护目标责任状》，制定了基本农田保护责任制度、基本农田保护区用途管制制度、占用基本农田严格审批与占补平衡制度、基本农田质量保护制度、基本农田环境保护制度和基本农田保护监督检查制度六项制度，进一步明确了基本农田保护责任和奖惩措施，守住了全市58200公顷的耕地"红线"。统筹安排各类、各区域用地，保障符合国家产业政策和土地利用强度高的工业项目用地，盘活闲置建设用地和低效用地，挖掘未利用地。加大矿山地质环境恢复治理，市政府每年都要举行一次矿产资源市场秩序治理整顿，对违法违规行为进行有效打击，有效地促进和规范矿业秩序的持续健康发展，保护生态环境，预防地质灾害的发生。

丰川人物

HUASHUONEIMENGGUfengzhenshi

丰 川 人 物
F E N G C H U A N R E N W U

在丰镇这片热土上杰出人士层出不穷：有革命志士，有在战争中奋勇杀敌的英雄，有建设者和筑梦者，有学科带头人，也有为国争光的运动员。

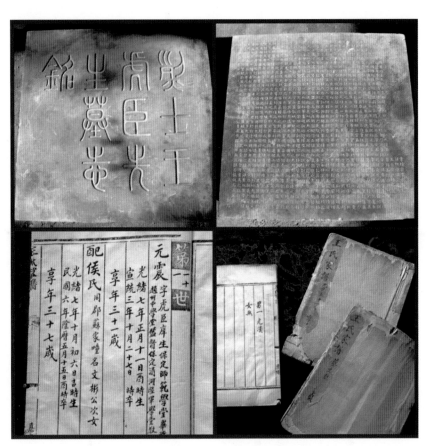

王虎臣（1881 年—1911 年）字元震，河北省赵县王家郭村人。家庭贫寒，自幼聪明好学。七岁读私塾，11 岁通五经，12 岁应本郡童子试名列前茅，15 岁从师习武，精于跳跃短打，16 岁考入赵州州学，

21岁入太原东方学社，不久回乡入中学堂，兼学英汉文。清宣统三年（1911年）10月，武昌起义打响，革命者向清王朝发起总攻，王虎臣在北平组织调停团，拟电呼吁黎元洪、张绍曾、袁世凯三军合力逼宣统退位，以和平革命部署，避免国人自相残杀，后因袁世凯向山陕革命郡进攻，遂停止调停，与陆军学堂二千余名学生密谋袭击北平武库，因机密泄露，起事失败，于11月中旬离开北平来到丰镇厅。王虎臣来丰镇结识了同盟会会员弓富魁、"独立队"首领张占魁（人称"小状元"）、绅士李苑林等赞成革命意欲推翻清王朝的义士，积极策动革命。清宣统三年（1911年）12月，革命军在孤山村起事，遭大同府陈希义毅军攻袭丰镇，遂分兵三路撤出丰镇城，王虎臣率兵一路向南转移，至得胜口被俘遭杀害，时年31岁。民国元年（1912年）5月，《中华民国报》等报道了追悼王虎臣烈士之盛会。民国6年（1917年），山西督军阎锡山为王虎臣申请，由国民政府执政段祺瑞签署命令，陆军总部追认王虎臣为烈士，发给其遗属5年的抚恤金，并追赠王虎臣为陆军少将。

李苑林（1881年—1911年）字子翰，丰镇厅人，禀生，幼喜兵书。清光绪末年加入中国同盟会，弃官还乡（江苏省嘉定知县），积极投身于推翻清王朝的革命，与王虎臣等同盟会员做推翻满清的宣传，暗中策动革命。不久，他赴太原任山西省咨议局议员。1911年10月29日，同盟会在太原起义，李苑林奉命回丰镇厅布置口外各厅起义事项，呼应太原起义，行至雁门关时，不幸被大同巡防第二营管带张华亭侦悉捕，张华亭百端威逼利诱，终不能动其心，遂枪杀之，时年30岁。民国初年，山西督署优恤李苑林遗属3年，并为其建昭义祠，以旌忠烈。

武万义（1882年—1926年）蒙名道尔基，字爱德，正黄旗五苏木挞营子村人。15岁到玫瑰营点心铺当学徒，3年出徒自立。清宣统二年（1910年）春，武万义毅然离家去山西太原寻求革命。清宣统三年（1911年）8月，他返回家乡，组建反对清政府的独立队，自任首领。民国元年（1912年）4月，丰镇革命军在忻州整编，武万义被编在抚顺马队任副队长。民国13年（1924年）10月，武万义拜见冯玉祥，冯玉祥将丰镇、集宁两个游击队营扩充整编为三十一团，武万义任团长，兼任绥东五县剿匪司令。民国15年（1926年）春，武万义执行冯玉祥的战略，三十一团配合韩复榘的一师二旅强攻孤山和镇川堡守军丰玉玺旅，经过两天激战，攻克孤山和镇川堡。战后，三十一团扩编为骑兵混成独立第二旅，武万义任少将旅长，驻军丰镇和集宁守护交通要道。同年9月，武万义驻防集宁桥西，奉军第一旅董怀清任旅长驻防集宁桥东，两旅对峙。奉军抢劫商号，奸淫妇女，武万义部凡遇到奉军违纪，便行驱赶和武力制裁，两旅矛盾日益激化。11月29日，董怀清设下鸿门宴请武万义和谈，被董怀清扣留，于次日下午乘武万义小便之时，从背后射击，武万义被害，时年45岁。

张占魁（1890年—1912年）人称"小状元"，丰镇隆盛庄饮马沟人，自幼家贫，曾放羊、当长工。青年时迫于饥寒率民造反，组成百余人的"独立队"，活动在张皋、隆盛庄一带，打家劫舍，劫富济贫，深得老百姓拥戴。清宣统三年（1911年），结识同盟会员王虎臣，接受民主思想，率队参加革命军。是年，他与王虎臣等共同策动丰镇辛亥起义，被推为革命军首领，于12月攻下丰镇城，释放囚犯，开仓放粮救济贫民。中华民国元年（1912年）4月，山西督军阎锡山调丰镇革命军到忻州整编，张占魁被任命为抚顺马队营长。当年，大同镇守使以张占魁斗志低落、部下纪律涣散为由，行派系斗争为实将其杀掉。

胡一新（1907年—1940年）原名胡佃敬，又名胡一庭，丰镇县大庄科村人，出身农民家庭。1925年考入北京私立艺文中学，因生活所迫，中途辍学，做了帮工，后加入了阎锡山的晋军。1931年毅然脱离晋军，投考了冯玉祥的汾阳军校，入学不久，加入了军校内中共地下党组织领导的士兵委员会。1932年加入中国共产党，并接受党的派遣，返回家乡开辟抗日工作，在丰镇县官屯堡乡十五坡村组建了大阳丰（即大同、阳高、丰镇三个地区）反帝大同盟，后改为雁北反帝大同盟中心委员会，胡一新任反帝大同盟中心委员会主任，该中心委员会后编为抗日同盟军第二师。1933年第二师被国民党宋哲元部收编，胡一新和该师未暴露身份的共产党员奉党的指示继续留在军中，但不久就与上级失去联系。1934年9月到达西安入杨虎城将军举办的步兵训练班，通过训练班地下党组织与中共西安市委取得了联系。1935年去延安学习后任西北抗日救国会秘书。1936年在瓦窑堡重新入党，受党的派遣前往三边（安边、定边、靖边）地区做兵运工作，后随国民党傅作义部队开赴绥远抗战前线，参加了著名的百灵庙战役。1937 年，他先后受党的派遣任中共清水河县委员会书记、中共晋绥边区特委宣传部长。期间，他运用演讲、文艺演出等多种形式，在雁北西部和缓南宣传党的抗日民族统一战线政策和《抗日救国十大纲领》，积极帮助所属各县进行抗日民族党校的建设，举办区、县两级党员干部培训班，为雁北和缓南地区的抗日斗争培养了大批干部。1938 年 7 月任八路军 120 师独立团第 6 支队政治委员。为适应山区游击战的特点，他刻苦进行骑射训练，亲自指挥支队骑兵营和步兵营，参加了长流水、小破堡、厂汉营、杀虎口等多次战斗，歼灭了大量日伪军。1939 年 11 月于山西省右玉县杀虎口作战负伤，1940年 4 月转入延安国际和平医院治疗，同年 11 月 26 日，因医治无效而逝世，时年 33 岁。

刘四虎（1927 年—1954 年）男，汉族，丰镇新营子曹碾湾村人。1946 年 8 月参加中国人民解放军，中共党员，历任战士、班长、排长、副连长、连长，是特等战斗英雄。1946 年 9 月，刘四虎参加攻打大同战斗，作战勇敢，身负重伤。1947年在甘肃西华战斗中，刘四虎所在连队突击失利后被封锁在一处院里，他自告奋勇掩护连队突围。掩护中

他右腿中弹负伤，但仍组织战士共同抗敌直到晚上。部队发起总攻后他们胜利归队。1948 年 2 月，宜川战役打响，在夺取瓦子街东南高地战斗中，与他一起战斗的五名战士全部牺牲，他利用手榴弹爆炸的烟雾作掩护，冲进敌群，一口气连续刺杀七个敌人。这时敌人发现他孤

身一人，便将他围在中间试图活捉他。但刘四虎临危不惧，大喝一声端枪突出重围，同时将子弹射向敌人。几个敌人应声倒地，其余的趴在地上不敢追击。冲出后他又发现不远处班长正与敌人肉搏，便奋力跃起冲向敌人，但由于用力过猛闪身跌入沟渠，敌人用刺刀刺向他，他躲闪不及便赤手抓住刺刀与敌人扭打在一起。此时，刘四虎已身负

11 处伤，搏斗中终因伤势过重昏迷倒下，敌人摆脱后凶狠地向他脑门补刺一刀后仓皇逃跑。战斗结束后，刘四虎被战友发现并奇迹般救活。部队给他记特等功一次，授"特等战斗英雄"称号，并让第一野战军在部队开展"向英雄刘四虎学习"活动。同年 10 月，刘四虎还被评为"第一野战军爱兵模范"。2009 年 7 月，刘四虎被评为"100 位为新中国作出突出贡献的英雄模范"之一（候选）。

陈佃林（1927 年—1982 年）男，汉族，内蒙古丰镇市刘成官窑人。家中 7 口人，有破土窑 3 间，虽有几亩山坡地，但种地没籽种，耕地没牛马，一年下来打不了多少粮，只能饥一顿饱一顿地艰辛生活。为了谋生他经常在深山中打猎，练就了好枪法，人称"神枪佃林"。参加民兵后不久，被丰东县政府任命为八村联合民兵队长。丰东地区政府为帮助他改善生活，贷款给他家买了一头牛，浑源窑村的黑杀队知道陈佃林当了民兵队长，便进村搜捕，陈佃林得到消息，转移到了黄石崖山上，躲过一劫。黑杀队没抓住陈佃林，把他的乱窑放火烧毁、铁锅砸烂、耕牛牵走。陈佃林的妻子躲在深山沟里，一天没吃没喝，儿子也生病发起了高烧。黑杀队撤离后，游击队找到了陈佃林的妻子

和儿子，把仅有的一点马肉煮熟了让受苦的母子吃饱，丰东县游击队大队长范建国把她们母子接送到安全地点。黑杀队的残暴更加激起了陈佃林对敌人的仇恨，战友的情谊也增强了他对敌斗争的勇气和信心。他率八村民兵更加坚定地与国民党反动政权和土匪进行战斗。1947 年 10 月，陈佃林加入丰东游击中队。1948 年初，陈佃林秘密参加了中国共产党。丰镇解放后，陈佃林多次率民兵参加丰东地区的剿匪战斗。陈佃林凭着神枪手的本领，曾亲手击毙匪首马天元，活捉匪成员数人。1952 年，陈佃林被评为"全国民兵英雄"，出席了全国群英会，受到毛主席和周总理的接见。1982 年陈佃林因病去世，丰镇县人民政府和人武部为他举行了隆重的追悼会。

王士鑫（1928 年—1949 年）生于北平市通县，张家口铁道学校电报科毕业后，在平地泉（今集宁区）铁路电报房工作，1945 年 8 月八路军解放集宁后参加革命，在平地泉铁路管理科工作，1946 年加入中国共产党。1947 年 1 月，参加随军工作团赴晋中参加解放战争，曾在山西省岚县八路军军政干部学校学习。1948 年解放军发动第二次绥远战役，他随军北上，在集宁平绥铁路西段管理处任秘书、人事科长

1985年秋杨植霖（右一）走访丰镇时题词

1987年8月，鲁晋（左三）走访

1985年7月，姚喆（左一）走访丰镇与群众交谈

1987年8月丰镇县主要领导接待鲁晋（前排左七）等曾经战斗过的元山子的革命前辈

大青山游击根据地政治部主任

人民纪念碑前留念

贺龙之女贺小明来访丰镇

亲当年战斗过的地方

2014年元月乌兰察布市老促会会长王国湘与丰镇市老促会会长张林元率队在元山子乡视察慰问老党员

等职。1949年7月在归绥联络处执行任务时遭特务开枪射击，壮烈牺牲，为绥远人民的和平解放献出了年轻的生命。7月26日，华北人民政府驻归绥联络处祭奠王士鑫后，将灵柩运回绥东解放区中共绥远省委、省政府的驻地丰镇，葬于铁路旁，后移至薛刚山革命历史纪念碑侧。

傅婵香 大兰窑村是浑源窑乡黄石崖山下的一个偏僻小村，山高沟深，土地贫瘠，南可通阳高，北能去兴和，又便于隐蔽，是武工队打游击的理想区域。傅婵香是大兰窑村的一个贫困妇女，思想进步，积极可靠，武工队常来她家落脚吃饭，那个年代穷人家粮食极其短缺，她总是想尽办法为武工队的同志们做一顿丰盛的歇脚饭。同时，她还组织乡民们为武工队送信、站岗、抬担架、护伤员、做军鞋，只要有任务，他们总是积极地去完成，为武工队开展工作奠定了坚实基础，也为丰镇的解放事业做出了积极的贡献，被称为"红嫂"。

弓德荣 男，汉族，中共党员。1931年7月出生，丰镇西南园子人。1951年5月入伍，1955年毕业于解放军兽医学校。先后在内蒙古军区健康大队、骑一师、新疆军区兽医研究院等单位工作，并担任护士、医助、兽医、助理研究员、副研究员等。同时又是野战防寒专家，加温防冻创始人之一。1995年4月6日，经党中央、国务院、中央军委批准，享受政府特殊津贴、省部级干部待遇。弓德荣于1951年5月参加志愿军抗美援朝；1952年12月随骑一师在西藏、甘南、青海高原剿匪；1958年8月随部队在西藏参加平息反革命叛乱；1962年随骑一师进疆，1979年8月任八师卫生科科长。从1969年开始从事防寒研究工作，其加温防冻理论、防冻份系列研究在全军寒区部队推广，被人们誉为"西北防冻王"。研究成果62项，其中"防冻药箱""低温注射""戈壁、高原地区冻伤防治"获军队进步二等奖2项，"新疆地区冻伤防治研究"获自治区级进步二等奖1项，"保温取暖担架床""单兵煮饭器""军用水壶加热器"获兰州军区进步三、四等奖3项，"自动防冻药箱"获乌鲁木齐军区科学大会奖，"两用被褥"等6项保暖加热型防寒设备获国家专利。弓德荣在解放军军事医学科学院野战卫生装备所专刊发表学术论文24篇，其中1篇获纪念建国35周年优秀论文奖。弓德荣在部队先后荣立二等功1次（1958年）、三等功6次（1953年、1954年、1955年、1956年、1957年、1974年）。1978年，在新疆军区科学大会上受到表彰。电台、电视台、军队大小卫生刊物均对其作过报道。

贺恭　男，1943年出生，丰镇隆盛庄人，中共党员。中国华电集团公司专家委员会主任、教授级高级工程师，中国书法家协会会员，中国电力书法家协会主席。1967年

组织领导了漫湾大型水电站工程的施工准备、大江截流、立体工程施工、机组安装和移民搬迁等全部工作，提前一年完成大江截流，第一台机组按时投产发电，连续五年安全度汛。1993年7月6日，时任国务院总理李鹏签署任命书，任命贺

毕业于武汉工学院（现武汉理工大学）机械二系拖拉机设计及制造专业，毕业后分配到云南某水电工地工作。1971年加入中国共产党。1980年任云南省电力局办公室副主任，1983年4月任云南省电力局副局长。1985年任国务院水利电力部党组成员和中共云南省委、省政府漫湾水电站工程管理局局长。期间

恭为中国长江三峡工程开发总公司副总经理、大江截流常务副总指挥、现场总指挥。经过四年艰苦奋斗，三峡工程于1997年11月8日顺利完成大江截流。贺恭于1992年当选云南省劳动模范；1993年当选第八届全国人民代表大会代表。

赵国华　男，汉族，1954年出生，1973年高中毕业后任教于丰

镇一中。1978年考入东北工学院，1984年获中国科学院生物学学士学位，1990年在比利时王国列日大学化学系蛋白质工作中心——霉学实验室进修，并于1996年获生物学博士学位，同年在美国俄克拉何马州医学院研究基金会工作，任高级研究员。

高玉葆 男，汉族，1955年生，丰镇市巨宝庄人。1982年1月内蒙古大学生物系毕业，1985年1月内蒙古大学生物系硕士毕业，1992年9月在英国威尔士大学科学系植物生态学专业获博士学位。高玉葆1975年参加工作，在丰镇县巨宝庄学校任民办教员；1985年1月—1988年10月在内蒙古大学生物学系任助教、讲师；1992年10月—1995年12月

任南开大学生物系副教授；1995年12月任南开大学生命科学院教授；1998年12月被遴选为博士生导师。高玉葆自1996年起，历任南开大学生命科学学院副院长兼生物系主任、南开大学校长助理兼国际学术交流

处处长等职；2002年任民盟天津市委员会副主委，2007年任天津师范大学校长，2013起任天津师范大学校长、全国政协委员、民盟中央常委、民盟天津市委会主委。高玉葆主要从事温带半干旱气候条件下草地植被和草本植物生态学的研究。出国留学前曾参加国家"六五"和"七五"科技攻关项目以及中国科学院基金项目，研究重点是草地资源的空间分布与动态；回国后主持承担国家"973计划"子项目、国家自然科学基金项目、教育部科技项目等11项，集中进行栽培牧草对干旱胁迫适应性的生理生态与种群生态研究，逐步形成了自己的研究工作特色。在国内外重要学术期刊上发表学术论文60篇，其中10篇被SCI收录。高玉葆的主要学术兼职有：东北林业大学森林资源与环境学院兼职教授，东北师范大学草地生态工程国家重点实验室客座教授，武汉大学兼职教授，北京大学"地表过程分析与模拟"教育部重点实验室学术委员会委员，中科院植物研究所内蒙古草原生态系统定位研究站学术委员会委员，《生态学报》编委，《植物生态学报》编委，《植物科学进展》编委，中国生态学会理事，中国生态学会种群生态学专业委员会委员，中国植物学会植物生态学专业委员

会委员，天津市生态学会副理事长。

赵进才 男，汉族，1960年12月出生于内蒙古丰镇县。中国科学院院士，中国科学院化学研究所研究员，博士生导师，华中大学、三峡大学双聘院士，光化学重点实验室副主任，能源与绿色化学研究中心副主任，中国科学院分子科学中心学术委员会副主任。1982年7月，赵进才获内蒙古大学化学学士学位；1986年8月，获硕士学位。1994年4月毕业于日本明星大学理学院化学系获博士学位，之后在日本从事博士后研究。1995年4月回国，1997年获国家杰出青年基金，2011年当选中国科学院院士。赵进才一直从事纳米材料与技术产生的高毒性、难降解有机污染物光催化分解以及典型的纳米材料界面吸附和界面光化学反应机理方面的研究，主要为环境污染物光化学氧化分解寻找新方法，是环境中污染物光化学反应机理、纳米材料及纳米光催化项目总负责人，完成国家863重点项目、973课题、国家自然科学基金重大国际合作项目及重点项目、中科院"九五"重大研究项目、中科院知识创新方向性项目、国家杰出青年基金项目等；主持承担国家重大研究计划项目首席科学家、国家基础研究发展计划

（973计划）课题、国家863重点项目、国家自然科学基金重点项目、国家自然科学基金重大国际合作项目、中国科学院知识创新方向性项目等多项科研项目，在JACS、Angew、EST等国际SCI刊物上已发表论文218篇，研究成果被SCI他引10000次以上。主要学术兼职还有在《Environ.Sci.Technol.》《Energy Environ.Sci.》《ChemPhysChem》《ChemCatChem》《Catal.Commun》《Int.J.Photoenergy》及《J.Adv.Oxid.Technol.》等国际SCI期刊任编委或顾问编委，《环境科学学报》《环境化学》任副主编；被聘为国家环境咨询委员会委员、国家自然科学基金委化学学科评审组组长、副组长，国家自然科学基金委化学学部专家咨询委员，总装备部陆军保障

装备技术专业组专家，国家科学技术奖评审专家，中国化学会环境化学委员会委员。2005年获国家自然科学二等奖（第一完成人）、中国科学院—拜尔（德国）青年科学家奖、军队科技进步二等奖。

闫勇 男，汉族，1963年2月出生，内蒙古丰镇市人。1980年考入清华大学，1989年赴英国留学，1992年获英国提赛德大学流量测量专业博士、博士后。闫勇曾任英国格林威治大学工程学院教授，创建

并担任先进仪表及控制研究中心主任，担任英国工程技术协会(IET)、测控协会、物理协会的会士。现任英国肯特大学电子系教授和自动化仪表及潜入式系统研究中心主任。2005至2011年先后被浙江大学聘为"光彪"特聘教授和111引智教

授。2006至2009年任天津大学长江学者讲座教授，也是检测技术与自动化装置领域中的首位长江学者。天津大学电气与自动化工程学院检测技术与自动化装置专业教授，博士研究生导师。2010年被命名为IEEE Fellow。2010年入选中组部"千人计划"，就职于华北电力大学控制与计算机学院。自1995年以来，他先后主持并完成了由英国政府、欧共体和工业界等资助的30多项大中型科研项目，总经费约四百万英镑。带领的研究小组在煤粉/生物质流量和粒度分布在线测量和火焰数字成像监测等领域取得了国际领先水平的研究成果，已发表学术专著12部和国际期刊及国际会议论文260余篇。

董林望 男，1964年出生于内蒙古丰镇市，1981年考入内蒙古医学院医疗系学习，1986年大学毕业后进入河北省医学科学院读硕士，师从心血管生理学知名专家于占久教授，在国内率先从事心肌前置缺血研究，在国际上首次建立了小动物活体反复多次心肌梗塞—缺血再灌注模型，并用于心肌缺血的研究。1989年获得心血管生理学硕士学位，同年以第一的成绩考入北京大学医学院攻读博士，师从著名心血管病理生理学专家，国家"973""863"

重大科技攻关项目首席科学家苏静怡教授、唐朝枢教授。1993年获得北京大学医学院心血管病理生理学博士，博士论文《心血管活性多肽在休克发病中致病机制》获得了中国休克学会青年学者一等奖（桂林，中国休克学会，1994）。期间获得卫生部及国家自然科学基金委员会的奖励。1993—1995年，留校任职于北京大学医学院心血管病研究所、卫生部心血管活性肽重点实验室，在韩启德院士及唐健、唐朝枢教授指导下，从事心血管疾病的基因治疗研究。参与编写了《心血管病理生理学进展》（协和医科大学出版社，1994）一书。1995年5月，应邀到美国密苏里州圣路易斯大学心血管药理中心从事博士后研究，致力于休克时心衰、肝衰的发病机理研究，并于1998年被聘为助理教授，期间指导药理中心的博士及博士后科研，并积极推进了北京大学医学院与美国圣路易斯大学的科研合作、人员联合培训和技术交流。工作期间被Banner医学中心提升为心力衰竭中心主任及肺动脉高压中心主任，同时被选为BannerHealth北科罗拉多医学中心科研处主任。在繁忙的临床工作之余，作为美籍华人，他热情致力于中美临床合作和交流，协助中国政府开展住院医师

规范化培训及在美培训和交流合作。多次受邀出席中国心脏学会及上海东方心血管疾病会议并讲学；在钟南山院士领导的广州呼吸疾病研究所进行肺动脉高压的临床及研究指导工作。现任美国心脏学院院士，美国内科学会会员，美国心脏协会会员，美国超声协会会员，国际心脏研究会会员，美国核医学、心脏学会会员，美国华人医师会会员及多种专业杂志评审专家。2002年，通过了美国医学院资格考试及临床实践技能的考试，成功进入了美国内科住院医的临床培训，于2005年获得内科医师执照，并以该医院首位住院医成功获得心血管住院医师资格证，于2008年获得美国心血管医师执照。在内科住院医及心脏科住院医培训期间，都被评为杰出医师。2008年受聘于美国前八大医疗中心BannerHealth，从事心脏内科的临床工作，先后又考取了美国心脏超声最高别Ⅲ的执照，以及美国核医学——心脏病学执照。

杜晓帆　男，汉族，内蒙古丰镇市人，联合国教科文组织文化遗产保护专家。1980年从丰镇一中高中毕业后考入南开大学历史系博物馆学专业。毕业后留学日本获日本国立神户大学文学研究科艺术史专业硕士、文化构造专业博士学位。

曾先后在甘肃省博物馆、日本奈良国立文化财研究所工作。2001 年就职于联合国教科文组织北京（东亚）代表处，担任文化遗产保护专员，负责文化遗产保护项目的相关工作；中国文物学会世界遗产研究委员会副会长，并兼职复旦大学、中国科

学院、中国地质大学、北京工业大学，中山大学高级讲座专家、国家文物局专家库成员、日本文化财保存修复研究所客座研究员。自 1986 年以来，在国内外发表大量有关文化遗产保护与管理、文物科技以及美术史、博物馆学的论文，并承担国内外重大科研及规划课题。

郭峰 男，汉族，1980 年丰镇一中高中毕业后考入天津大学机械工程系，后在内蒙古大学稀土研究所工作，任所长、高级工程师，内蒙古工业大学材料与工程学院教授、副院长、博士、硕士研究生导师。2008 年成为博士生导师，2010 年任内蒙古工业大学研究生院院长。中国金属学会会员，内蒙古热处理学会副理事长。主要从事稀土研究，

主持多项科研工作并多次获奖，其中"稀土钢新工艺、新品种关键技术及产业化"获北京市科学进步一等奖。曾发表重要学术论文 20 余篇。

贾孟文 男，汉族，1970 年元月出生，丰镇人。1988 年 9 月考入武汉大学物理系学习，获学士学位。1998 年进入内蒙古大学物理系学习，2001 年获硕士学位，2004 年获博士学位。2004 年 7 月至 2006 年 7 月，在清华大学自动化系做博士后研究工作，现任教于天津市河北工业大学。主要从事理论生物物理、生物信息学方面的研究工作，已在国内外学术期刊上发表论文 10 余篇，其中属于 SCT 检索的论文 4 篇，属于 ISTP 检索的论文 1 篇。

徐科 男，汉族，内蒙古丰镇人。1988 年考入西安交通大学材料科学专业，后在中科院上海光学精密机械研究所无机金属材料专业读博士。留学于日本千叶大学光学光电子研究生，读博士后研究。1995 年以来，徐科一直围绕高质量氮化物半导体材料生长以及相关的材料物理和器件开展研究。开展了多种与 GaN 晶格匹配的单晶体生长，在 LiAlO2(100) 衬底上用 MOCVD 方法首次外延长出非极性 m 面 GaN；系统研究了 GaN 在 MOCVD 和 MBE 的生长机理，氮化物的极性选择、极性控制，

去北京大学的教职，携妻儿到苏州工业园区创业。近年来重点开展氮化物的氢化物气相外延（HVPE）生长研究、极低缺陷密度氮化物材料的物性研究，研发出可以连续稳定生产 GaN 单晶衬底的 HVPE 系统，开发出高质量完整 2 英寸单晶氮化镓衬底，并实现批量生产；组织开展纳米尺度空间分辨的综合光电测试技术与装备研制、微纳尺度原位加工与测试技术的融合，并用于低维结构的新奇物性研究。曾荣获 2007 年"苏州工业园区首届科技领军人才"称号、2008 年"首届姑苏创新创业人才""江苏省双创人才"称号、2010 年第十三届中国科协"求是杰出青年奖"、2011 年苏州市市长奖；2012 年入选国家"千人计划"（创业类）、入选 2016 苏州十大科技创新创业人物。现任"863"计划新材料领域主题专家、国家纳米标准委

阐明了极性对氮化铟（InN）生长的特殊影响。徐科是国际上最早发现 InN 窄带隙的研究者之一。2004 年被聘回国，担任北京大学物理学院副教授、宽禁带半导体研究所教授、博士生导师。2006 年起加入中科院苏州纳米所，任所长助理、测试分析平台主任。2007 年，徐科毅然辞

员会委员、中国电子学会高级会员。

王浩 男，1989年8月出生，内蒙古丰镇市人。2007年入选国家竞走队，当年分别获得全国竞走特许赛20公里竞走冠军、全国大学生运动会10公里竞走冠军。2008年4月，夺得国际田联竞走挑战赛20公里竞走亚军。8月，在北京奥运会以1小时19分47秒的成绩获得20公里竞走第四名，创造了当时中国竞走男选手在奥运会上的最好名次。2009年在葡萄牙国际竞走挑战赛夺得男子组20公里竞走冠军，在德国柏林举行的第12届田径世锦赛男子

20公里竞走冠军。2009年全国体坛风云人物评选中，王浩获得最佳新人奖。2010年5月，国际田联竞走世界杯在墨西哥举行，王浩和褚亚飞在20公里比赛中，夺得个人冠亚军，同时摘得团体冠军。同年11月，在广州亚运会男子20公里竞走决赛中，王浩以1小时20分50秒的成绩夺得金牌。

20公里竞走比赛中以1小时19分06秒的成绩获得亚军，这也让王浩成为继三级跳远名将邹振先、跳高名将朱建华以及飞人刘翔等之后，为中国男子田径夺得世锦赛奖牌的人；同年，获第11届全运会男子

HUASHUONEIMENGGUfengzhenshi

诗 咏 丰 川

SHIYONGFENGCHUAN

丰镇是乌兰察布地区建制最早的行政区域，有着悠久的历史和深厚的文化积淀。在历史上，不少文人骚客都留下了歌咏丰镇的诗篇。当代的丰镇人所创作反映丰镇沧桑巨变、赞美和歌颂丰镇的诗词也数量巨大。

古代诗词

汉乐府瑟调曲

饮马长城窟行

长城下有泉窟可以饮马，

战士运行之苦始于此

青青河畔草，绵绵思远道。

远道不可思，夙昔梦见之。

梦见在我旁，忽觉在他乡。

他乡各异县，辗转不可见。

枯桑知天风，海水知天寒。

入门各自媚，谁肯相为言。

客从远方来，遗我双鲤鱼。

呼童烹鲤鱼，中有尺素书。

长跪读素书，书中竟何如。

上言加餐食，下意长相忆。

王祯

丰川行

沧海桑田几变更，

河山尤是旧真面。

近年边地果如何，

荒域业已成芳甸。

我来丰川访古封，

晋魏事业杳无踪。

元山传是唐人寨，

曰周曰薛谁适从。

事业欲向东流问，

空留古迹余风韵。

英雄割据今已矣，

先民曷曾争声闻。

长城夜月白如银，

不见当年牧马人。

幸际五原兵革扫，

编氓共乐太平春。

行人莫道黄云戍，

居民鳞密如棋布。

文教蒸蒸看日上，
沧桑万载金汤固。

薛刚寨

峰头古寨旧遗痕，
唐将声名今尚存。
马道半留驰射迹，
阵云无复战兵屯。
英雄堪壮河山色，
姓字空传父老言。
岭外夕阳回照处，
寒流日夜听潺湲。

承章

石元山 *

英雄初遇李王时，
百万貔貅听指麾。
遗迹於今古井在，
山头不见树牙旗。

*即薛刚山。

游大王庙 *

才一登高眼便清，
绕山泉水自回滢。
平铺陇陌青无际，
远叠峰峦翠有情。
北望川原多毳幕，
南瞻高下见边城。
沙荒地亦随时化，
到处烟村雅趣生。

*即金龙大王庙。

石牛

牛石镇东门，
寻常带水痕。
牧童何处去，
千古卧黄昏。

张凤翔

牛心独秀 *

孤峰高秀处，
罗列少儿孙。
剩有云霞绕，
氤氲接远村。

*清代《丰镇县志书》记载丰镇有八大盛景：牛心独秀、云门古洞、青山藏宝、碧海风涛、烟浦灵泉、马脊双流、海楼夜月、山寺朝霞。

海楼夜月

星转斗移夜初晴，
气象应知画不成。
只有多情天上月，
送来光彩总无声。

马脊双流

岧峣天外似昂头，
神骏从来画不侔。
万里浮岚云拱向，
两湾滴翠水争流。

范大元
烟浦灵泉

元石山下海楼前，
寻得丰川第一泉。
夜静浮枕边塞月，
朝来呼吸满城烟。
龙蛇有感随萍出，
鸥鹭忘情傍石眠。
莫谓荒陬无胜地，
此中灵异已多年。

山寺朝霞

山寺楼台近碧空，
晴明风景望无穷。
远山遥送千重翠，
旭日初临一点红。
河抱晓光来塞北，
树含秋色入园东。
倚阑最是宜人处，
万丈飞霞射彩虹。

西阁晚晴

晚来登阁雨初晴，
西望人家入画屏。
日色渐分鸦背紫，
山光遥送马头青。
虹垂树挂丝千缕，
鹭下风翻雪一汀。
万丈落霞红未了，
盈城灯火点星星。

姚升闻
南楼秋晓

边城风景似中州，
曙色登临最上头。
万户有鸡皆报晓，
四围无树不含秋。
东园场圃全依水，
北郭人家半住楼。
塞外兴图何日辟，
甘棠谁与树荒陬。

王瑞庵
北海腾蛟

破浪翻涛大海中，
蛟龙吞吐气如虹。
昂头易撼波心月，
掉尾能生水面风。
更有山恋排左右，
尽多云雾绕西东。
知君不是寻常物，
直与鲲鱼变化同。

当代诗词

贾来天

故乡烽火台

风散狼烟鼙鼓催，
甲兵百万战歌哀。
君王醉里传金橄，
千载魂牵烽火台。

山乡杂诗三首

退耕还林

褪尽残衣砌绿墙，
陡坡断壑换新装。
龙王也恋新山色，
曲折蜿蜒不下冈。

膜下滴灌

膜被防寒促返潮，
细流入管点根条。
漠南十载九年旱，
滴水瓣开八瓣浇。

沼气便农

村头污臭古传承，
妙手擒来入管罂。
化作柴薪煮香饭，
山农心底点明灯。

满江红·求水谣

滴水难求，旱似火，田禾难活。
有谁问，山沟深处，酸甜苦辣？掘
出水龙甘雨降，驱除旱魅生灵悦。
投巨资，政府为三农，心关切。挖
水窖，融冰雪。推滴灌，根须喝。
为民生疾苦，耗尽心血。防护工程
林海现，沙源治理穷根绝。山农喜，
歌舞起翩跹，人如蝶。

张勇

春日郊游有感

浪漫情怀娇艳春，
踏青又遇顺时风。
荒原陌地山花缀，
丛岭滩涂柳絮重。
瑞气升腾温碧野，
祥云久绕罩黎鸿。
胸怀满载豪情溢，
瑰丽山川意趣浓。

咏薛刚山

旷野卧孤丘，沧桑渡叶舟。
朝霞听水涨，暮霭揽歌楼。
薛寨烽烟去，唐门殷血留。
生灵齐敬仰，同力生寒秋。

宋振儒

贺丰川诗社暨《丰川诗苑》周岁

去岁丰川诗苑开，
花香叶茂有人栽。
园丁相继勤浇灌，
万紫千红捷报来。

写在丰川诗社十周年之际

浣溪沙

十载辛劳聚八方，登堂大雅似辉煌。小园硕果亦芬芳。有意栽花新秀美，无心弃柳老株强。相传薪火继昂扬。

赵文卿

律诗联句

九曲奔腾入海流，

峥嵘岁月主沉浮。

河连古渡千秋变，

名与中华万古留。

天地沧桑情未了，

人间骇浪志难酬。

山川揽胜思甜蜜，

恰似摇篮梦里头。

烨子（田晓芬）

忆江南·与好友同游黄石崖 *

秋欲尽，落叶舞西风。行雁南归乘昼暖，云舒枫艳映长空。千树染群峰。今又见，旧友喜相逢。遥想笑声喧故苑，尝闻不羁惹蜂嗡。心曲应相通。

*黄石崖，位于丰镇东部的风景名胜。

云兮（张喜荣）

北山公园

塈岭从来满目荒，

而今青翠列花墙。

造型明丽随山势，

植被葱茏接曙光。

几线风筝空作舞，

树枝鸣鸟漫飞翔。

公园晨练人勤早，

飒爽英姿笑语昂。

刘明泉

七律·南阁 *

碧瓦飞檐玉脊斜，

古城犹记旧繁华。

海楼夜月麒麟阁，

烟浦灵泉龙凤茶。

正觉寺前能看戏，

紫霞殿里可拴娃。

说书人伴童年梦，

多半勾留是此家。

*南阁为清代时丰镇城南城门，名"肇丰门"。现在丰镇一中校园内，为自治区级重点保护文物。

满庭芳·游灵岩寺

日暖和风，暮春三月，兴赏灵寺霓裳。微风回处，烟柳亮朱墙。落落清清爽爽，枝欲瘦，粉蝶轻狂。青砖地，落后点点，香径向禅房。

彷徨，恒度量，木鱼声促，诵调凄凉。叹慧根有限，孽海苍茫，敢问菩提至境，能有几，超度迷航？行经阙，椒兰袅袅，一缕醒芬芳。

丰镇赋

灵气独钟，山水清秀；

韶风所毓，天道恒昌。

丰川沃野，处晋冀蒙交汇之地；镇宁藩卫，经周秦汉绵延而襄。数番招垦，汉民同旗人杂处，乃边邑之发轫；二族同耕，军地与民田毗连，实藩镇之滥觞。晋商云集，茶马互市，得塞外"旱码头"之誉美；东西贯通，南北襟连，内蒙古"南大门"其名彰。烟浦灵泉，海楼夜月，八景纷呈，不一而足；白莲引牛，薛刚饮马，人文荟萃，隽逸飞扬。

河清海晏，禹甸尧邦。锐意改革，力谱华章。高楼林立，彩泉喷射牛斗；生态和谐，坦途直达康庄。美乎丰川，风华不老；壮哉古镇，福祉绵长！

贾琼（贾秀芬）

沁园春·游春（新韵）

四月丰川，冰雪才消，杨柳初青。正仙姑舒袖，桃园烁烁；东君送雨，田地融融。湖荡清波、山披秀色，一阵清风廊苑逢。带思绪，飘飞千万里，已越长虹。忽闻雁唤声声，欣举目，天空已放晴。有金鱼摆尾，如游海底；雄鹰展翅，任傲苍穹。风劲风轻，挥收有度，银线长长曼舞中。拾童趣，喜纸鸢未老，与梦同行。

樊志勇

沁园春·祭胡一新烈士 *

光汝丰川，光汝亲朋，光汝祖宗。正少年豪气，斧镰淬蘸；英雄血脉，战火煎烹。云丰晨月，怀阳夕照，奋起刀枪斗寇凶。返桑梓，奉上司指令，组建同盟。龙行虎步无停，搞兵运三边再立功。把强兵劲勇，屡推前线；缴枪土炮，多送军营。剑戟无情，英雄有恙；医往延安不幸终。英烈录，岂家乡一隅，光耀华中。

*胡一新（1907—1940）丰镇大庄科人，1932年加入中国共产党，曾任八路军雁北6支队政委，1939年11月于山西省右玉县杀虎口与日寇作战负伤。1940年4月，胡一新伤口恶化，转入延安国际和平医疗治疗。同年11月26日，因医治无效而逝世，时年33岁。

贾振国

忆秦娥·访元山子乡

元山子，百年村落留青史。留青史。除匪抗倭，英烈无愧。中原小岗惊雷起，春风唤醒丰川地。丰川地。思源饮水，如鹏展翅！

闫永利

蛤蟆石沟 * 二题

一拍果花

桃面清香绕，小窗玉影裁。

挽春留一住，锁起缤纷回。

二遇枯木

枯木恰逢春，抽枝发叶新。

游人多玩赏，卧坐乐津津。

＊蛤蟆石沟是丰镇东部一风景名胜。

周国文

蛤蟆石沟观杏花

只在凡尘走一程，

争将万紫报春荣。

虽言不是花如海，

却是今朝最动情。

陈永利（丰镇市林业局高级技师）

大美丰镇

我的家乡丰镇城，

塞外古镇有名声。

上古属于燕赵地，

雍正年间始筑城。

丰川镇宁合一府，

起名就叫丰镇厅。

浑源原平忻州人，

统统来到丰镇城。

你开字号他粜粮，

白银挣的数不清。

顺城街的钱庄银楼连成片，

老爷庙街的衙署寺院真威风。

七大股来八大股，

尽是些当铺、药铺、绸缎铺。

碾房缸房榨油房，

南大场面日夜灯火明。

你粜米来他卖粮，

陆成行的粮米卖到大库伦。

山西大商人麻全忠，

他的资金全都拿到丰镇城。

带动丰镇大发展，

成就了内地的买卖人。

清朝同知刘鸿奎，

丰川书院他建成。

丰镇从此有了文化人，

秀才举人是层出不穷。

1900联军进了北京城，

《辛丑条约》赔白银。

财力不够开边外，

清政府决定开发丰镇城。

兴和前旗集宁城，

都是丰镇人民开发成。

武昌起义大爆发，

265

丰镇人民来响应。

小状元攻打丰镇城，

同知章同跑得精。

辘辘把巷把身藏，

中国历史记得清。

同盟会英雄王虎臣，

他为丰镇献青春。

北洋政府论功赏，

王虎臣成就英雄名。

1912京张铁路修至丰镇城，

造就了平安街繁华的老名声。

酒楼、澡堂和赌场，

肉铺、药铺、干货铺。

绸缎铺、鞋帽铺、

镶牙铺、瓷器店。

平安街应有尽有，

从早到晚人喧腾。

物华天宝风水地，

丰镇城一片盛世景。

说罢丰镇的光荣史，

再说丰镇的优美景。

海楼望月今犹在，

隆庄古镇有名声。

牛王庙的"山寺夕照"，

是一首流动的诗。

红砂坝的"牛心独秀"，

是一幅天上的画。

云门古洞景色秀，

不过现今归了阳高城。

南门城楼仍巍峨，

西阁东门存于老人们的记忆中。

薛刚山巍峨名声大，

外地人传说半个月才上到半山顶。

马踏印岩今犹在，

纪念碑高耸入云霄。

春天的杏花开满山，

赏花的游人也是多得很。

1937年汤恩伯抗日修地洞，

发现了唐代贵妇人。

金碟金碗金钗钗，

一齐送到了绥远归化城。

站在山顶，近看瓦窑村，

就好似武陵源里的桃花景。

远眺北山情，青山横北郭，

白水绕东城。

李白说的莫非是我们丰镇城。

饮马河上修大坝，

保卫首都人民饮水净。

大坝修的真威武，

大桥的彩灯夜晚映天空。

巨宝庄水库景色美，

水清草绿空气新。

鱼翔浅底好风光，

远看不亚于那西湖景。

逢到夏天，

烧烤的、钓鱼的、游泳的。

游人多的也是闹哄哄。

天然氧吧黄石崖，

吸引了晋冀蒙陕的旅游人。
松涛阵阵显威风，
好似到了黄山狮子峰。
文庙武庙建的精，
口外七厅有名声。
老爷庙的旗杆高又大，
远远就能看得真。
一对石狮真威武，
把守着武庙的南大门。
关老爷手持大刀殿上坐，
保佑我丰镇人民一方平。
逢到四月八开庙会，
香客多的是数不清。
大戏唱的是对台戏，
看戏人多的台下嚷纷纷。
"水阁凉亭"建的妙，
好像海上起仙宫。
四周围上木栅栏，
一条石板路通亭中。
站在亭中望文庙，
就像来到蓬莱城。
据说景色真优美，
不亚于苏州的大园林。
文庙供的是孔圣人，
大成殿上圣人集大成。
丰镇的念书人常来拜，
孔子保佑他们中举人。

万里长城威名远，
官屯堡的长城在其中。
烽火台高大又威武，

挡住了当年南下的蒙古人。
山势巍峨又连绵，
好似那北京的八达岭。
不信你去看一看，
能发古来幽情。
解放后丰镇喜气生，
红火热闹不过马桥街。
灯广场、新丰台、陆合源，
一百货、二百货、影剧院，
繁华好似那北京的大栅栏。
财神庙变成了展览馆，
举办过上山下乡的活动展。
很小的时候我去看，
展品丰富的确很好看。
知青们意气风发田头站，
微风吹起他们的单布衫。
解放后来了个县长叫刘三明，
刘三明，好领导。
骑个大马四处转，
体察老百姓的冷与暖。
好似那西藏阿里的孔繁森。

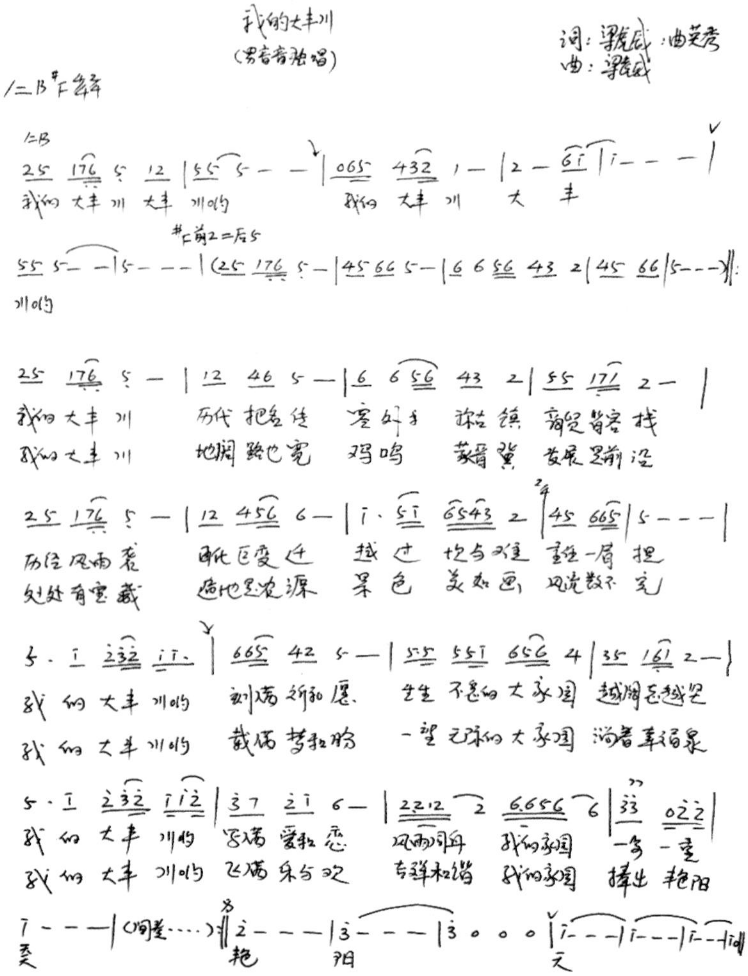

我的大丰川
（男音独唱）

词：梁茂威 曲芝岩
曲：梁茂威

1=B ♯F 4/4

我的大丰川 大丰 川的 我的 大丰 川 大丰
川的

我的大丰川 历代把名传 窗好手 珠镇 育贤豪名栈
我的大丰川 地阔路也宽 鸡鸣 犬吠嚣 发展路前途

历经风雨卷 旧貌巨变迁 越世 地与刘遣 重扭一肩把
处处有宝藏 遍地是资源 景色 美如画 风光数不完

我的大丰川的 刻病祈和愿 生生 不息的大家园 越幽邑越望
我的大丰川的 载倌劳和劳 一望无际的大家园 淌着幸福泉

我的大丰川的 幸福 爱和恋 风雨同舟 我的家园 一等一壹
我的大丰川的 飞福 乐与�之 吉祥和谐 我的家园 捧出艳阳

美 （间奏……）艳 阳 天

后　记

　　《话说内蒙古·丰镇市》一书，作为丰镇市献给内蒙古自治区成立70周年的礼物，受到了全市各级领导的高度重视。我们在相关单位的支持和帮助下，编撰工作终于圆满完成。该书用简洁客观的语言，全面、翔实地反映了丰镇市经济社会发展历程，同时也是第一次采用图文并茂的形式将丰镇市的文化底蕴、自然风光、传统习俗以及精神面貌展示给大家，望广大读者给予勉励指正。

　　本书的编撰组是由全市各单位中抽调的多名文史爱好者组成。在丰镇市委宣传部的直接领导下，历经数次修改完善，最终定稿。正文共分九个章节，包括丰镇市历史渊源、丰镇的近现代革命、怀古幽思、丰川美景、传统习俗、风味特产、资源优势、建设成就、丰川人物和诗咏丰川，字数二十余万。从筹划、征集资料到汇编，我们均进行了深入研究和精心考察，文字通俗易懂，内容真实、有效，配图生动、准确。

　　编写本书时，我们参阅了《丰镇县志》《丰镇市志》《丰镇市革命老区志》《人物志》《百年沧桑丰镇城》《丰川文化》以及部分党史、文史等资料，并得到各乡镇、办事处和有关单位的大力支持，他们为我们提供资料索引，协助我们取景拍摄、寻找历史遗留的景观，且我们得到数名多年从事文史编辑工作的老同志细心指导，为我们监证事实、稽考真伪。特别是杨名声先生为我们提供了他历时多年创作的古镇风貌市井图，为本书增色不少。在此，我们一并表示衷心感谢。

　　能够参与本书的编撰工作，我们深感荣幸。作为生活在丰镇这块土地上的后来者，我们对逝去的历史存在着太多的遗忘，了解的往往是一些过去的传奇故事和英雄人物。然而，此书的编撰过程，犹如让我们承载着丰镇市古老文明的曙光而重新走了一遍，让我们去体会、去感知其在漫长而曲折的历史演变中的发展的基础以及内在的动力和外在的条件，从而寻找轨迹、找准方向、传承发扬。

　　然而，曾经的历史、曾经的故事纷纭繁杂，由于时间所限，我们舍去了部分难以考究的残缺资料，这里呈现的也只是沧海一粟；再加上我们能力和经验有限，瑕疵在所难免，敬请读者批评指正。

　　书本犹如一座桥梁，无形中搭建了丰镇市与其它地区联系与交流的通道，更多的感受还须大家亲临体验，我们期待着您的到来。

编者

2016年12月